Johannes Kramer

Die betriebliche Gewinn- und Kapitalbeteiligung

Forschungstexte
Wirtschafts- und Sozialwissenschaften
Band 13

Johannes Kramer

Die betriebliche Gewinn- und Kapitalbeteiligung

als Grundlage einer vermögenspolitischen Lösung.
Dargestellt am Beispiel des Pieroth-Modells

Leske Verlag + Budrich GmbH, Opladen 1984

CIP-Kurztitelaufnahme der Deutschen Bibliothek

Kramer, Johannes
Die betriebliche Gewinn- und Kapitalbeteiligung:
Grundlagen e. vermögenspolit. Lösung dargest. am
Beispiel d. Firma Pieroth/Johannes Kramer –
Opladen: Leske und Budrich, 1984
(Forschungstexte Wirtschafts- und Sozialwissenschaften; Bd. 13)

ISBN 978-3-8100-0439-0 ISBN 978-3-663-01150-7 (eBook)
DOI 10.1007/978-3-663-01150-7

NE: GT

1. Vorwort

Eines der ungelösten Probleme marktwirtschaftlich orientierter Gesellschaftsordnungen wie der Bundesrepublik Deutschland ist die Beteiligung der Arbeitnehmer an den Erträgen und an der Eigentumsbildung in der Wirtschaft. Zu dieser Feststellung muß man kommen, obwohl dieses Problem so alt ist wie die „Soziale Frage" selbst und obwohl Forderungen nach einer Gewinn- und Kapitalbeteiligung der Arbeitnehmer seitdem immer wieder erhoben worden sind. Vermögenspolitik wird zwar vielfach umfassender verstanden: So umfaßt der Begriff nach allgemeinem Verständnis die politische Einflußnahme auf alle Vermögensarten, so die Sparförderung und Geldvermögensbildung, die Bausparförderung und die Bildung von Haus- und Grundvermögen sowie die Beteiligung am Produktivvermögen. Aber der eigentliche Kern der Vermögenspolitik ist nach Auffassung des Verfassers ausgerichtet auf die in Marktwirtschaften bestehende Ordnung des Privateigentums an Produktionsmitteln. Danach ist die Vermögenspolitik der politische Ansatzpunkt zur strukturellen Reform marktwirtschaftlich orientierter Gesellschaftsordnungen, ohne daß die grundlegenden Ordnungselemente wie das private Eigentum an Produktionsmitteln und die marktwirtschaftliche Steuerung in ihrer Wirksamkeit beeinträchtigt werden.

Zur Lösung dieses vermögenspolitischen Problems haben sich in den wissenschaftlichen Analysen und in den Vorschlägen der Parteien und Verbände neben „flankierenden Maßnahmen" vor allem der Steuerpolitik drei Grundmodelle herausgebildet: die betriebliche und die überbetriebliche investive Gewinnbeteiligung und der Investivlohn.[1] Während der Investivlohn bereits – mit Einschränkung – weitgehend in der Form tarifvertraglich vereinbarter und staatlich geförderter vermögenswirksamer Leistungen im Rahmen des 624-DM-Gesetzes praktiziert wird[2], bewegt sich die Diskussion nach dem – zumindest vorläufigen – Scheitern der Regierungsvorlage eines Modells der überbetrieblichen investiven Gewinnbeteiligung zunehmend in Richtung einer betrieblichen Beteiligung der Arbeitnehmer am Gewinn und Kapital des arbeitgebenden Unternehmens. Allerdings stößt dieses Grundmodell überwiegend auf den Widerstand des Deutschen Gewerkschaftsbundes.

Das Problem, das sich also stellt und in dieser Arbeit untersucht werden soll, ist das der politischen Durchsetzungschance und Tragfähigkeit betrieblicher Gewinn- und Kapitalbeteiligungen. Im Hinblick auf dieses Ziel der Arbeit stellen sich drei Fragen:

1. Von welchen politischen und ökonomischen Bedingungen ist die Durchsetzungschance vermögenspolitischer Maßnahmen allgemein abhängig? Und warum hat sich die vermögenspolitische Diskussion in den letzten Jahren auf die betriebliche Gewinn- und Kapitalbeteiligung konzentriert?
2. Welche Motive haben den Deutschen Gewerkschaftsbund zur Ablehnung der betrieblichen Beteiligung veranlaßt? Wie müßte – hält man dennoch an diesem Modell als Grundlage einer vermögenspolitischen Lösung fest – die betriebliche Gewinn- und

Kapitalbeteiligung ausgestaltet werden, damit die Gewerkschaften dieser Lösung zustimmen oder sie zumindest stillschweigend hinnehmen können?

3. Wie wird eine betriebliche Gewinn- und Kapitalbeteiligung von den Arbeitnehmern angenommen? Welche Verhaltensänderungen sind durch eine solche Beteiligung zu erwarten? Und lassen sich aus diesen Einstellungen und Verhaltensweisen Rückschlüsse ziehen, die in die Bewertung der Grundmodelle einfließen können?

Eine Reihe betrieblicher Beteiligungssysteme werden in der Bundesrepublik Deutschland seit Jahren auf freiwilliger Basis durchgeführt. Man könnte erwarten, daß Untersuchungen in ausreichender Zahl den Zielerreichungsgrad dieser Modelle empirisch geprüft haben. Aber „gerade über die Erfolge dieser Zielsetzung liegen bisher kaum Ergebnisse vor. Nur zu leicht wurden bisher in diesem Zusammenhang Wunschvorstellungen als empirisch erwiesene Tatsachen ausgegeben".[3] An dieser Feststellung hat sich seitdem nichts geändert.[4]

Wohl gibt es systematische Darstellungen über die Formen und Strukturen der bestehenden Beteiligungssysteme und über die Möglichkeiten ihrer rechtlichen Ausgestaltung, die sich auf Grund der Erfahrungen in den Betrieben anbieten und die aus der Perspektive der Betriebsleitungen als praktikabel und vorteilhaft erscheinen.[5] Aber über die Auswirkungen auf die Arbeitnehmer, deren Verhalten gegenüber Betrieben und Gewerkschaften und über den Beitrag der betrieblichen Modelle zur gesellschaftlichen Lösung der Probleme der Unternehmensverfassung und der Verteilungsfrage finden sich nur unzureichend abgesicherte Untersuchungen[6], die einer weiteren Prüfung bedürfen. Vor allem fehlt die politologische Fragestellung, unter welchen Bedingungen und in welcher Ausgestaltung ein solches Modell politisch tragfähig und parlamentarisch durchsetzungsfähig wäre.

Eine solche empirische Untersuchung betrieblicher Beteiligungsmodelle soll hier am Beispiel des Vermögensbeteiligungsmodells der Firma Pieroth vorgenommen werden. Für die Auswahl des Pieroth-Modells sprechen verschiedene Gründe: Einmal ist es in der öffentlichen Diskussion eines der bekanntesten Modelle, das auch als Vorbild für andere Unternehmen gedient hat. Zudem ist das Pieroth-Modell eine „laboristische Kapitalbeteiligung", das die Mitarbeiter nicht nur auf Grund einer Kapitaleinlage, sondern auch in ihrer Eigenschaft als Arbeitnehmer am Gewinn des Unternehmens beteiligt. Erst diese Beteiligungsform stellt eine strukturelle Veränderung dar. Und schließlich existiert das Pieroth-Modell bereits seit 1967, so daß sich die Erfahrungen mit diesem Modell genügend gefestigt haben können, um für eine wiessenschaftliche Untersuchung brauchbar zu sein.

Die Analyse des Pieroth-Modells soll also Aufschluß darüber geben, ob sich die betriebliche investive Gewinnbeteiligung anbietet, die wesentlich durch die Unternehmensverfassung hervorgerufenen Verteilungsprobleme zu lösen. Hiermit erfolgt eine Eingrenzung des Untersuchungsgegenstandes. Für die Fragestellung dieser Arbeit erhält das Pieroth-Modell seine politische und wissenschaftliche Bedeutung erst vor dem Hintergrund der vermögenspolitischen Diskussion in der Bundesrepublik Deutschland. Diese Diskussion – und damit erfolgt eine weitere Eingrenzung des Problemkreises – ist nur zu verstehen im Rahmen einer bestimmten Gesellschaftsordnung, in der das Privateigentum an Produktionsmitteln in seinem Wesensgehalt einen besonderen Schutz genießt und Grundlage einer überwiegend marktwirtschaftlichen Steuerung des Wirtschaftssystems darstellt. Versuche, die Vermögenspolitik als „Agitationsinstrument"[7] semantisch und strategisch zu nutzen, um das Privateigentum an Produktionsmitteln aufzuheben und die marktwirtschaftliche Ordnung zu verändern[8], scheiden damit aus dieser Betrachtung aus.

Die Untersuchung erfolgt in fünf Abschnitten:

- Zunächst soll die ordnungspolitische Dimension der Vermögenspolitik aufgezeigt werden, um so die vermögenspolitische Diskussion auf den Kern der politischen Auseinandersetzung zurückzuführen.
- Im zweiten Abschnitt werden in einer historischen Analyse schwerpunktartig die politischen und ökonomischen Bedingungen herausgearbeitet, die allgemein für die Aktualität und Durchsetzungschancen vermögenspolitischer Maßnahmen maßgeblich sind.
- In einem weiteren Schritt wird der Stand der aktuellen vermögenspolitischen Diskussion nachgezeichnet. Diese Diskussion hat sich verstärkt auf die betriebliche Gewinn- und Kapitalbeteiligung konzentriert. Zugleich werden aus der Analyse dieser Diskussion die Ansatzpunkte herausgearbeitet, die zu einer kompromißfähigen Lösung in der Vermögenspolitik führen könnten.
- Vor dem Hintergrund dieser Diskussion erfolgt die Analyse der Mitarbeiter-Beteiligung der Firma Pieroth. Diese Analyse, die den Schwerpunkt der gesamten Arbeit bildet, wird auf der Grundlage von Ergebnissen vorgenommen, die in einer zweiteiligen empirischen Untersuchung gewonnen wurden: Der Verfasser hat in der Firma Pieroth als „Werkstudent" eine anonyme, teilnehmende Beobachtung und über das Institut für Politikwissenschaft in Münster eine schriftliche Befragung aller Mitarbeiter der Firma im Inland durchgeführt. Beobachtung und Befragung dienten dem Ziel, die Einstellung der Mitarbeiter zur betrieblichen Beteiligung und die durch die Beteiligung hervorgerufenen Verhaltensreaktionen zu erforschen. Über diese Auswirkungen auf die Mitarbeiter hinaus sollen zugleich die Wirkungen des Pieroth-Modells für den Betrieb selbst aufgezeigt werden.
- Auf den Ergebnissen dieser Analyse aufbauend soll in einem abschließenden Kapitel untersucht werden, ob und inwieweit die bestehenden Bedenken gegen die betriebliche Gewinn- und Kapitalbeteiligung durch den empirischen Befund gestützt werden und in welcher Ausgestaltung die betriebliche Beteiligung als Grundlage einer vermögenspolitischen Lösung dienen könnte.

Inhalt

2. Die ordnungspolitische Dimension der Vermögenspolitik

2.1 Die ökonomischen Bedingungen der Einkommens- und Vermögenspolitik

Um die ordnungspolitische, damit aber auch die systempolitische Dimension der Vermögenspolitik sichtbar zu machen, muß man sich die für diese Frage relevanten ökonomischen Grundbedingungen vor Augen halten. Zu den ökonomischen Grundtatbeständen jeder Wirtschafts- und Gesellschaftsordnung gehört die Notwendigkeit, maschinelle Produktionsverfahren anwenden zu müssen, um den wirtschaftlichen Wohlstand zu sichern und zu steigern. Einer Ausweitung des wirtschaftlichen Leistungsvermögens über den vermehrten Einsatz von Arbeitskraft sind enge Grenzen gesetzt. Um das gesellschaftspolitisch allgemein anerkannte Ziel eines stetigen Wirtschaftswachstums erreichen zu können[9] – die Forderung nach einem „Null-Wachstum"[10] würde die Bedingungen nur marginal verändern, da auch bei Null-Wachstum der wirtschaftliche Wandel neue Investitionen notwendig machen würde –, erfordern maschinelle Produktionsverfahren eine ständige Investitionstätigkeit. Wegen dieser Notwendigkeit kann das jeweilige volkswirtschaftliche Leistungsvermögen nicht voll auf gegenwärtige Konsumzwecke ausgerichtet werden. Jede Gesellschaft muß deshalb Vorkehrungen treffen, daß ein Teil dieses Leistungsvermögens auch auf die Erstellung von Investitionsanlagen, auf Maschinen, Gebäude und die Bereitstellung von Boden ausgerichtet ist. Monetär ausgedrückt: ein Teil des Volkseinkommens muß zur Finanzierung der Investitionen bereitgestellt werden.

Dieser ökonomische Grundtatbestand ist systemunabhängig, d. h. er stellt sich sowohl in überwiegend marktwirtschaftlich als auch in überwiegend zentralverwaltungswirtschaftlich gesteuerten Wirtschaftssystemen. Erst die Frage, wie diese Investitionsfinanzierung geregelt wird, verweist auf unterschiedliche Wirtschaftssysteme. Zur Finanzierung der Investitionen stehen einer Gesellschaft – sieht man von Mischsystemen einmal ab – prinzipiell zwei Möglichkeiten offen: Die Investitionen können entweder öffentlich, d. h. durch die Gesellschaft bzw. durch den Staat als deren organisierter Repräsentant, oder privat durch einzelne Mitglieder der Gesellschaft finanziert werden. Da die Finanzierung der Investitionen notwendigerweise mit Entscheidungsbefugnissen über die Art und Verwendung der Investitionen verbunden sein muß, ist die Frage der Investitionsfinanzierung zugleich eine Frage der Investitionssteuerung und damit der Wirtschaftssteuerung. Für die Zentralverwaltungswirtschaft ist eine überwiegend öffentlich, für die Marktwirtschaft eine überwiegend privat finanzierte und gesteuerte Investitionstätigkeit charakteristisch. Ist die Entscheidung für die private Finanzierung der Investitionen getroffen und damit die Grundlage für eine marktwirtschaftliche Steuerung der Wirtschaftsordnung geschaffen[11] – mit allen Vorteilen, die dem privaten Eigentum als Ordnungselement und der Marktwirtschaft als Steuerungssystem zugeschrieben werden –, dann muß notwendigerweise für die Finanzierung dieser Investitionen den Privaten ein entsprechender Anteil am Volkseinkommen eingeräumt werden. Bleibt die Finanzierung – aus welchen Gründen auch immer – auf wenige Private beschränkt, ergibt sich eine institutionelle bzw. strukturell-ökonomische Grenze für den Wunsch, die Verteilung des Volkseinkommens zugunsten der nicht an der Investitionsfinanzierung Beteiligten verändern zu wollen. Die funktionelle Einkommensverteilung[12] ist wesentlich durch diese Grenze bestimmt.

Das zeigt sich z. B. an der relativen Konstanz der bereinigten Lohnquote.[13]

Eine Kritik an der Einkommens- und Vermögensverteilung in einem marktwirtschaftlichen System mit Privateigentum an Produktionsmitteln ist unglaubwürdig, wenn gleichzeitig eine Beteiligung an der Investitionsfinanzierung für die daran bisher nicht Beteiligten aus ideologischen Gründen abgelehnt wird; es sei denn, man möchte die Finanzierung durch Private ganz aufheben. Das aber bedeutet nach Auffassung des Verfassers letztlich die Aufhebung des Systems der Marktwirtschaft. Andererseits sind die beschriebenen ordnungspolitischen Grundlagen marktwirtschaftlicher Steuerung in keiner Weise beeinträchtigt, wenn vermögenspolitische Maßnahmen darauf abzielen, an der privaten Investitionsfinanzierung alle Mitglieder der Gesellschaft direkt – also nicht über den Umweg der Darlehensfinanzierung durch die Banken – zu beteiligen. Die für eine marktwirtschaftliche Wettbewerbswirtschaft notwendige Sanktions- und Haftungsfunktion des privaten Eigentums bliebe unangetastet. Die politische Legitimität marktwirtschaftlicher Systeme aber würde entscheidend erhöht.

Vermögenspolitik mit dieser Zielrichtung ist nur in marktwirtschaftlichen Systemen dankbar. In auf sozialistischen Vorstellungen fußenden Zentralverwaltungswirtschaften wird das Eigentum, vor allem an Produktionsmitteln, als Eigentum der Gesellschaft insgesamt definiert, also zum Eigentum des Volkes erklärt. Da gleichzeitig eine volle Identität zwischen Herrschenden und Beherrschten, zwischen dem Volk und seinen Repräsentanten unterstellt wird, wobei die Repräsentanten sich in der Lage sehen, die „objektiven" Interessen des Volkes bestimmen und die Entwicklung der Gesellschaft erkennen zu können, beansprucht die Partei als Repräsentant des Volkes die politische Entscheidungsgewalt. Das bedeutet für den Bereich der Wirtschaft, daß die Verfügungsgewalt über das Eigentum und die Bestimmung der Investitionen letztlich in den Händen dieser Partei liegen. Da zwischen Staat und Volk eine Identität unterstellt wird, wären vermögenspolitische Forderungen in einer solchen Gesellschaftsordnung systemwidrig.

Für die Verteilung des Volkseinkommens haben diese Überlegungen – unabhängig von einer kritischen Betrachtung dieser Identitätslehre – praktische Konsequenzen: Da der Staat nach wie vor Investitionen tätigen muß, kann er an die „Werktätigen" nur den Anteil am Volkseinkommen verteilen, der für Konsumzwecke zur Verfügung steht. Für die Verteilung des für die „Werktätigen" verfügbaren Einkommens stößt der Staat an die gleiche, oben beschriebene, strukturell-ökonomische Grenze. Bezeichnen wir diesen für die „Werktätigen" verfügbaren Anteil am Volkseinkommen als Lohnquote, dann zeigt sich, daß z. B. die Lohnquote in der DDR sogar geringer ist als in der Bundesrepublik Deutschland.[14] Aber im Gegensatz zu Zentralverwaltungswirtschaften, in denen diese Grenze nicht überschritten werden kann, ist in Marktwirtschaften diese Grenze durch vermögenspolitische Maßnahmen überbrückbar. Noch problematischer wird die Verteilungsfrage in Zentralverwaltungswirtschaften, wenn man nicht bereit ist, der Identitätslehre zu folgen, sondern Interessenunterschiede und -gegensätze zwischen Volk und Staat annimmt. Dann stellen sich die staatliche Verfügungsgewalt über das Eigentum und die staatliche Finanzierung der Investitionen zugleich dar als verschärftes Herrschaftsproblem.

Die unterschiedliche Möglichkeit der beiden Ordnungssysteme, auf die Verteilungs- und Eigentumsfrage zu reagieren, läßt sich an einem einfachen Schaubild darstellen:

Marktwirtschaftliches System

Das Volkseinkommen (VE) muß aufgeteilt werden für Investitionen (I) und Konsum (K). Sieht man einmal davon ab, daß natürlich auch Kapitalgeber konsumieren und Arbeitnehmer Investitionen finanzieren, dann läßt sich für die bisherige marktwirtschaftliche Ordnung vereinfacht sagen, die Investitionsquote (I) entspricht dem Einkommensanteil der Kapitalgeber und die Konsumquote (K) dem Einkommensanteil, der Lohnquote, der Arbeitnehmer. Solange die Arbeitnehmer an der

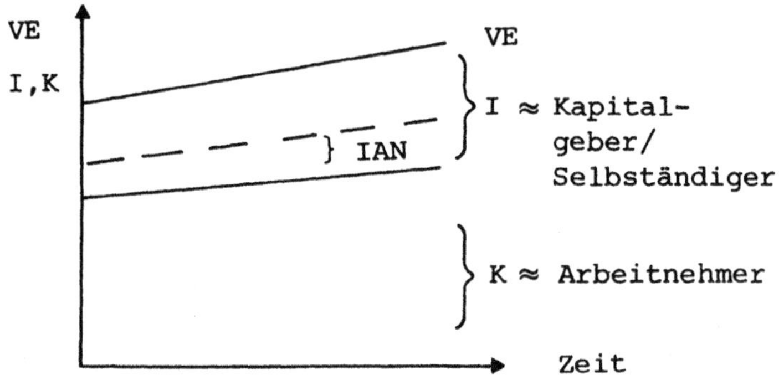

Investitionsfinanzierung nicht beteiligt werden, solange muß der Anteil der Kapitalgeber am Volkseinkommen mindestens so hoch sein, daß damit die Investitionen finanziert werden können. Hier zeigt sich die strukturell-ökonomische Grenze der funktionellen Einkommensverteilung. Durch eine Vermögenspolitik aber könnten auch die bisherigen Arbeitnehmer oder alle Mitglieder der Gesellschaft an der Investitionsfinanzierung (IAN) beteiligt werden. Dadurch würde den Arbeitnehmern nicht nur ein höherer Anteil am Volkseinkommen, sondern auch die Teilnahme an der Eigentumsbildung in der Wirtschaft ermöglicht. Theoretisch könnte – unabhängig vom Status Selbständiger/Arbeitnehmer – die Investitionsquote von allen finanziert werden; somit könnten alle als Kapitalgeber auftreten. Die Unterscheidung Selbständiger/Arbeitnehmer = Unselbständiger würde nicht mehr über die Kategorie „Privateigentum an Produktionsmitteln" vorgenommen; sie wäre nur noch durch die funktionelle Tätigkeit im Sinne von Leitungs- und Ausführungstätigkeiten im Produktionsprozeß selbst möglich.

Zentralverwaltungswirtschaft

In sozialistischen Zentralverwaltungswirtschaften ist die Aufteilung des Volkseinkommens (VE) in Konsum (K) und Investitionen (I) ebenso notwendig. Da das Produktionsmitteleigentum verstaatlicht bzw. „vergesellschaftet" ist und diese Form aus ideologischen Gründen nicht aufgehoben werden kann, ohne das System selbst in Frage zu stellen, können die „Werktätigen" persönlich nicht über das Eigentum verfügen und es verbleibt ihnen an verfügbaren Einkommen nur der Anteil, der für Konsumzwecke zur Verfügung steht [15]

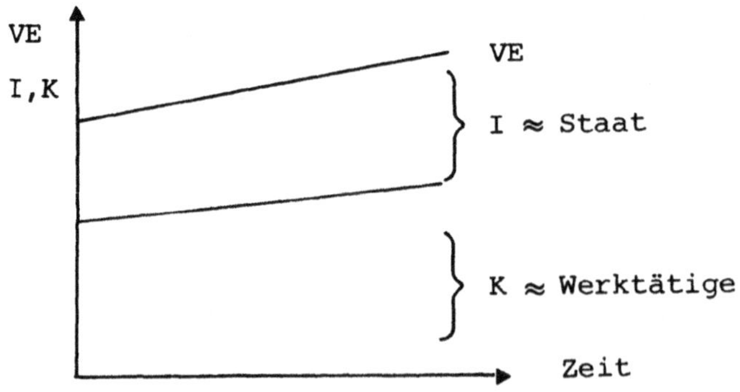

2.2 Die Eigentumsfrage

Die unterschiedliche Behandlung der Eigentumsfrage in den beiden Systemen wird verständlich, wenn man die beiden grundverschiedenen Perspektiven betrachtet, aus denen die Eigentumsfrage gesehen werden kann. Verfechter marktwirtschaftlicher Wirtschaftsordnungen kommen zu einer Bejahung des Privateigentums an Produktionsmitteln, weil sie durch ihre eher funktionale Betrachtungsweise die dem Privateigentum zugeschriebenen und möglichen Funktionen insgesamt positiv einschätzen. Diese Funktionen lassen sich in Individual- und Sozialfunktionen einteilen. Zu den Individualfunktionen werden die Dispositions-, Prestige-, Sicherheits- und Ertragsfunktion gezählt; zu den Sozialfunktionen die Ordnungs-, Machtverteilungs- und Allokationsfunktion.[16] Ist die eine oder andere Funktion unter bestimmten historischen Bedingungen nicht voll wirksam, dann ist es aus dieser Perspektive sinnvoller, die Wirksamkeit dieser Funktion (wieder-)herzustellen, als das Privateigentum ganz aufzuheben. So ist – unabhängig von vermögenspolitischen Maßnahmen – beispielsweise die These, die privaten Eigentumsrechte würden dem Eigentümer uneingeschränkte Verfügungsgewalt über sein Eigentum einräumen,[17] in modernen Marktwirtschaften längst zur Farce geworden, wenn man an die vielen Einschränkungen und Sozialbindungen denkt, denen das Privateigentum unterworfen ist.

Dagegen sind Verfechter zentralverwaltungswirtschaftlicher Systeme aus einer eher historischen Perspektive, aus der sie auch für die Zukunft eine geschichtliche Gesetzmäßigkeit ableiten, zu dem Ergebnis gekommen, daß mit dem Privateigentum an Produktionsmitteln notwendigerweise und unaufhebbar die Herrschaft von Menschen über Menschen und die Ausbeutung des Menschen durch den Menschen verbunden ist. In Verbindung mit marktwirtschaftlichen, „profitorientierten" Steuerungssystemen würde das Privateigentum wirtschaftliches „Chaos" und soziales Elend produzieren. Bei dieser Betrachtungsweise wird nur als Antwort gesehen, das Privateigentum aufzuheben und die Produktionsmittel zu vergesellschaften bzw. zu verstaatlichen.

In der Tat hat die Eigentumsordnung seit jeher im Mittelpunkt ordnungs- und verteilungspolitischer Auseinandersetzungen gestanden. Diese Auseinandersetzungen sind verständlich, wenn man die dem Eigentum an Produktionsmitteln innewohnenden Eigenschaften der Nutzungs- und Entscheidungsrechte betrachtet. Denn Nutzungs- und Entscheidungsrechte sind – anders ausgedrückt – Möglichkeiten der Herrschaft und der Einflußnahme auf die Verteilung der produzierten Güter. Macht und Herrschaft sozialer Gruppen sind bis in die Neuzeit über das Eigentum entschieden worden.[18] Kaiser und Könige haben über ihr Recht, Land vergeben zu können („Lehen"), ihre Herrschaft gefestigt. Ihre Macht wurde erst beschränkt, als es dem Adel in England und Kontinentaleuropa gelang, für diese „Lehen" auch ein Erbfolgerecht durchzusetzen. Mit der abnehmenden Bedeutung des Bodens als Produktionsmittel und der zunehmenden Bedeutung des Handwerks und der Manufaktur verlor der Adel ständig an Macht. Während in England der Adel auf diese Entwicklung durch Koalitionen mit dem „Landadel" und dem aufstrebenden Bürgertum reagierte und so gemeinsam dem Königtum parlamentarische Mitspracherechte abtrotzte, ist es dem kontinentaleuropäischen Königtum gelungen, diese Schwäche des Adels zu seiner absolutistischen Herrschaft zu nutzen. Hier konnte erst mit der „bürgerlichen Revolution" das die neuen Produktionsmittel besitzende Bürgertum die Macht an sich ziehen. Nur das zaristische Rußland hat diese Entwicklung nicht mitvollzogen. In dem bis in das 20. Jahrhundert hinein überwiegend agrarisch strukturierten Land war es dem Adel und dem Bürgertum nie gelungen, vom Zarentum nennenswerte Rechte zu erkämpfen. Die zentralistische Herrschaft war in Rußland bis kurz vor der im Jahre 1917 stattfindenden sozialistischen Revolution ungebrochen. Akzeptiert man den Anspruch der sozialistischen Revolution, dann hat damit die Arbeiterklasse die Macht errungen.

Was sich so als reiner, über die Eigentumsordnung ausgetragener Machtkampf zwischen den Ständen darstellt, hat sich auch geistesgeschichtlich niedergeschlagen. Der jahrhundertelange Kampf der Stände in England und Kontinentaleuropa um die Ausweitung ihrer Rechte hat einen europäischen Freiheitsbegriff geprägt, der dem Menschen, verankert und eingebunden in seiner Gemeinschaft, Selbst- und Mitbestimmungsrechte über seine persönliche Lebensgestaltung einräumt. In diesem Sinne ist die individuelle Freiheit zugleich eine sozialgebundene Freiheit. Der rein individualistische Freiheitsbegriff des Liberalismus hat sich im wesentlichen nur in den USA halten können. Auch dies ist über die Eigentumsordnung erklärbar, wenn man berücksichtigt, daß es vor allem europäische Einwanderer waren, die aus den Herrschafts- und Abhängigkeitsverhältnissen in Europa ausgebrochen waren, in Amerika das Land in Besitz nahmen und dort, wo – zunächst im Osten – aufgrund der Eigentumsverhältnisse neue Abhängigkeiten drohten, immer weiter in den Westen ziehen konnten. Für sie erschien der individuelle Handlungsspielraum „unbegrenzt". Im Gegensatz zu Europa und zu den USA hat sich in Rußland ein auf das Individuum bezogenes Freiheitsverständnis nie herausbilden können. Vielleicht war es daher kein geschichtlicher Zufall, daß eine das Kollektiv betonende sozialistische Ideologie sich vor allem in Rußland durchsetzen konnte.

2.3 Unternehmensverfassung als Ansatzpunkt vermögenspolitischer Strategien

Ausgangspunkt der aktuellen vermögenspolitischen Diskussion ist die in der Zeit der „Industriellen Revolution" entstandene und in den marktwirtschaftlichen Systemen im Kern bis heute unveränderte Unternehmensverfassung. Das in der damaligen Zeit ökonomisch bedingte Machtungleichgewicht zwischen „Kapital" und „Arbeit" – Kapital war knapp, Arbeitskräfte waren reichlich vorhanden – hat sich rechtlich niedergeschlagen in einem Unternehmens- und Gesellschaftsrecht, das ausschließlich den Kapitalgeber als Mitglied des Unternehmens vorsieht, während der Arbeitnehmer – analog zum Kapitalgeber eigentlich der Arbeit-„Geber" – nur durch einen Arbeitsvertrag von außen an das Unternehmen angebunden wird.[19] Zur Disposition stehen die Inhalte des Arbeitsvertrages wie Lohn- und Arbeitsbedingungen, die vor Beginn des eigentlichen Produktionsprozesses ausgehandelt werden und deren Ergebnis abhängig ist von der Verhandlungsmacht der beiden Kontrahenten. Eine Beteiligung der Arbeitnehmer an den Entscheidungen und Ergebnissen dieses Produktionsprozesses ist damit rechtlich nicht gegeben; dies, obwohl ökonomisch gesehen ein Unternehmen ohne die beiden „Produktionsfaktoren" nicht funktionsfähig wäre.

Will man diese Situation ändern, dann sind folgende Strategien denkbar:

1. Das private Eigentum an Produktionsmitteln als Grundlage der bestehenden Unternehmensverfassung wird aufgehoben und die Gestaltung des Produktionsprozesses wird der Verfügungsgewalt der arbeitenden Bevölkerung bzw. der sie vertretenden Partei übertragen (marxistisch-sozialistischer Ansatz).
2. Die Teilelemente der dem Privateigentum innewohnenden Rechte – Entscheidungsgewalt und Ertragsrechte – werden ohne Änderung des Unternehmens- und Gesellschaftsrechtes und ohne Änderung der arbeitsvertraglichen Position der Arbeitnehmer durch adäquate Maßnahmen der paritätischen Mitbestimmung und der expansiven Lohnpolitik ausgeglichen (Konzept gewerkschaftlicher Gegenmachtbildung).[20]
3. Die Unternehmensverfassung und das Gesellschaftsrecht werden dahingehend verändert, daß die arbeitsvertragliche Position der Arbeitnehmer in eine gesellschaftsrechtliche umgewandelt wird und die Arbeitnehmer nicht nur ökonomisch, sondern auch rechtlich zu Mitgliedern des Sozialverbandes Unternehmen werden. Mit dieser Strategie sollen Mitbestimmungs- und Ertragsrechte in einem „Neuen Unternehmensrecht" gleichzeitig gelöst werden (christlich-sozialer Ansatz).
4. Wie sich gezeigt hat, ist die gewerkschaftliche Strategie der „expansiven Lohnpolitik" zum Scheitern verurteilt. Möglicherweise ist auch der christlich-soziale Ansatz, das Gesellschaftsrecht zugunsten eines „neuen Unternehmensrechtes" zu ändern, aus ökonomischen und rechtlichen Gründen nicht sinnvoll oder politisch nicht machbar. Dann können sich ergänzende Maßnahmen der Mitbestimmung und der Vermögenspolitik gewährleisten, daß die Arbeitnehmer an den Nutzungs- und Entscheidungsrechten im Unternehmen beteiligt werden (politisch-pragmatischer Ansatz).

Eine weitere, allerdings nicht auf Veränderung der Situation ausgerichtete Strategie kann darin bestehen, vermögenspolitischen Maßnahmen zwar zuzustimmen, aber eher als Zugeständnis zu betrachten, um weitergehende Forderungen zu verhindern. Eine solche Position geht von der Einschätzung aus, der jetzige Zustand der Eigentumsordnung und der Einkommensverteilung sei leistungsgerecht und angemessener Ausdruck des marktwirtschaftlichen Wettbewerbs (klassisch-liberaler Ansatz).

In der Bundesrepublik Deutschland ist in der vermögenspolitischen Diskussion zunächst davon auszugehen, daß ein breiter Konsens herrscht über die marktwirtschaftlich orientierte Gesellschaftsordnung mit einer grundsätzlichen Bejahung des privaten Eigentums, auch an Produktionsmitteln. Ist man, wie der Verfasser, von dieser Gesellschaftsordnung und von der Notwendigkeit vermögenspolitischer Maßnahmen zur Verbesserung dieser Ordnung überzeugt,[21] dann müssen einige der genannten Strategien von vornherein ausgeschlossen werden, weil sie dieses Ziel nicht erreichen können oder nicht erreichen wollen. So scheidet schon allein aus ordnungspolitischen Gründen der marxistisch-sozialistische Ansatz als vermögenspolitische Strategie aus. Die Erfahrungen mit dem „real existierenden Sozialismus" zeigen zudem, daß die Verstaatlichung des Eigentums die Herrschaftsprobleme noch verschärft und die „Ausbeutung" vergrößert.[22]

Aber auch der klassisch-liberale Ansatz kann als eine die Forderung nach vermögenspolitischen Maßnahmen vorantreibende Handlungsmaxime nicht in Betracht kommen. Hinter diesem Ansatz stehen vor allem die Arbeitgeberverbände, die interessenbedingt eine Beschneidung ihrer Eigentumsrechte möglichst verhindern wollen.

Die Bemühungen, ein „Neues Unternehmensrecht" zu formulieren, das die Arbeitnehmer gesellschaftsrechtlich in das Unternehmen integriert und somit die Beteiligung an den Entscheidungs- und Nutzungsrechten gleichzeitig regelt, müssen bisher als gescheitert angesehen werden. Sowohl die Ergebnisse einer beim Justizministerium eingerichteten Unternehmensrechtskommission als auch die der Unternehmensrechtskommission der CDU, die im Auftrage des Hamburger Parteitages von 1973 ein „Neues Unternehmensrecht" erarbeiten sollte, sind im Hinblick auf das vorgegebene Ziel unbefriedigend. Beide Kommissionen haben vor allem die schwierigen rechtlichen Probleme nicht lösen können.[23]

Die Strategie der gewerkschaftlichen Gegenmachtbildung bleibt aus der Sicht der Vermögenspolitik unwirksam, wenn die Gewerkschaften weiterhin an der „expansiven Lohnpolitik" festhalten. Die relative Konstanz der bereinigten Lohnquote zeigt, daß es den Gewerkschaften bisher nicht gelungen ist, die Einkommensverteilung zugunsten der Arbeitnehmer zu verändern. Es ist bereits ausgeführt worden, daß dies in einer Marktwirtschaft auch theoretisch nicht möglich ist;[24] es sei denn, auch die Gewerkschaften erkennen die Vermögenspolitik als „strategische Größe" der Einkommenspolitik an.[25]

Die Chance aber, daß das gewerkschaftliche Konzept der Gegenmachtbildung auch um die vermögenspolitische Komponente pragmatisch erweitert werden könnte, ist bei deutschen Gewerkschaften durchaus gegeben. Das Selbstverständnis der deutschen Gewerkschaften war im Gegensatz zu den Gewerkschaften in anderen, vor allem romanischen Ländern nie allein von einer klassenkämpferischen, revolutionären Gegenmachtbildung geprägt. Sie verstanden sich zugleich immer auch als Ordnungsmacht, die darauf gerichtet ist, die Arbeitnehmer in die, allerdings sozial zu gestaltende Gesellschaftsordnung zu integrieren.[26] Nicht nur die christlichen und liberalen Gewerkschaften, sondern auch der sozialistische „Allgemeine Deutsche Arbeiterverein" unter der Führung von Ferdinand Lassalle sah seit seiner Gründung die Lösung der „sozialen Frage" darin, auf parlamentarischem Wege den Staat und die kapitalistische Gesellschaftsordnung so zu verändern, daß „der Weg zu einer neuen freien und gleichen Gesellschaft geebnet würde".[27] Je größer die Erfolge der Gewerkschaften auf diesem Wege waren, je mehr sich der Charakter des kapitalistischen Systems veränderte, um so mehr wurden die Gewerkschaften selbst zu Teilhabern des Systems. In Deutschland haben die Gewerkschaften diese sich wandelnde Rolle akzeptiert und pragmatisch genutzt. Beispiele der Mitbestimmung, der Gestaltung des Arbeitsrechtes und der Selbstverwaltung in Sozialversicherungsbereichen zeigen, daß die Gewerkschaften bereit sind, in die Institutionen der Gesellschaft hineinzugehen, soziale Konflikte zu kanalisieren und durch eine gemeinsame Konfliktregelung zur Stabilisierung der Gesellschaftsordnung beizutragen.

„Wenn man zum Abschluß die Entwicklung der deutschen Gewerkschaftsbewegung seit dem Ende des vorigen Jahrhunderts zusammenfassen will, so wird man folgendes feststellen dürfen: Personell und organisatorisch hat sich die Einheitsgewerkschaft unserer Tage sehr stark dem Muster der sogenannten freien, also sozialdemokratisch orientierten Richtungsgewerkschaften angenähert. Inhaltlich hat sich jedoch in der praktischen Gewerkschaftspolitik nicht die Idee der marxistischen Revolution, sondern die den Wurzeln der christlichen Sozialbewegungen entstammende Idee der sozialpolitischen Reformen durchgesetzt."[28]

Bereits in den 30er Jahren des 19. Jahrhunderts hatten sich auch Vertreter liberaler und christlich-sozialer Positionen zum Fürsprecher der bis dahin sporadisch und unorganisiert gegen ihre Lebensbedingungen aufbegehrenden Arbeiter gemacht.[29] Sie trugen mit dazu bei, die Öffentlichkeit über „die großen sozialen Fragen der Gegenwart"[30] wachzurütteln und durch die Gründung bzw. Reaktivierung von Vereinen die „soziale Bewegung" voranzutreiben.[31] Von Anfang an sahen diese Vertreter die Ursachen der Probleme in der Eigentumsordnung und ihre Lösung, neben der Mitbestimmung, in der auf das Unternehmen bezogenen Gewinn- und Kapitalbeteiligung der Arbeitnehmer. Sie wollten das Unternehmen durch Mitbestimmung und „Miteigentum" partnerschaftlich gestalten; eine Strategie, die von der christlich-sozialen Bewegung bis heute verfolgt wird.

Die Forderungen der Gewerkschaften und der Christlich-Sozialen nach Mitbestimmung der Arbeitnehmer müssen zumindest vorläufig als gelöst angesehen werden.[32] Im Sinne einer pragmatisch nutzbaren Strategie müßte der Schwerpunkt zukünftiger politischer Arbeit daher im Bereich der Vermögenspolitik liegen, mit dem Ziel, die Arbeitnehmer am Gewinn und Kapital der Unternehmen zu beteiligen.

Vor diesem Hintergrund hat sich die vermögenspolitische Diskussion in der Bundesrepublik Deutschland – nachdem der Staat die Geldvermögensbildung und die Bildung von Haus- und Grundvermögen bereits fördert – vor allem auf die breite Streuung des Produktivvermögens konzentriert. Nur die Ausrichtung auf das Produktivvermögen wäre auch in der Lage, die Probleme zu lösen, die sich aus der bestehenden Unternehmensverfassung ergeben. Dabei hat die vermögenspolitische Diskussion das Stadium der Ausarbeitung von praktikablen Modellen längst überschritten. Die parlamentarische Behandlung der Vermögenspolitik, das Einbringen konkreter Gesetzesanträge der CDU/CSU-Fraktion im Deutschen Bundestag sowie entsprechende Ankündigungen in den Regierungserklärungen nach 1969 zeigen, daß die Vermögenspolitik das Stadium der politischen Entscheidungsreife erreicht hat.[33]

Wenn dennoch immer wieder Verzögerungen eintreten, dann ist die entscheidende politische Frage die nach der politischen Durchsetzbarkeit konkreter vermögenspolitischer Modelle. Die Durchsetzbarkeit hängt wesentlich davon ab, ob zwischen den von den sozialen Gruppen verfolgten Strategien und den damit verbundenen Zielen zumindest ein befristeter Gleichklang erreicht werden kann. Führen nämlich gesellschaftliche Bedingungen zu politischen Konstellationen, in denen die jeweils verfolgten Strategien zu stark voneinander abweichen, kann eine Vermögenspolitik nicht nur daran scheitern, daß die großen Interessenverbände – hier insbesondere die Gewerkschaften und Arbeitgeberverbände – sich etwa in der Ablehnung jeglicher vermögenspolitischer Maßnahmen einig sind. Sie kann auch daran scheitern, daß unterschiedliche Strategien zwar auf Vermögenspolitik ausgerichtet sind, aber sich gegenseitig neutralisieren und damit zu einer Handlungs- und Entscheidungsunfähigkeit führen, weil die Kompromißfähigkeit nicht gegeben ist.

3. Die gesellschaftlichen Bedingungen für die Aktualität und Durchsetzungschance vermögenspolitischer Maßnahmen

3.1 Vorbemerkung

Für die Frage, welchen Beitrag eine betriebliche Gewinn und Kapitalbeteiligung der Arbeitnehmer am arbeitgebenden Unternehmen zur Lösung der vermögenspolitischen Aufgabe der Überwindung des durch die Unternehmensverfassung bedingten strukturellen Ungleichgewichtes in der Einkommens- und Vermögensverteilung leisten kann, muß zunächst geklärt werden, von welchen allgemeinen gesellschaftlichen Bedingungen die Durchsetzungschance vermögenspolitischer Maßnahmen abhängt. Denn in der aktuellen Diskussion kann es kaum mehr darauf ankommen, neue vermögenspolitische Modelle zu entwerfen und deren gesamtgesellschaftliche Auswirkungen zu analysieren; auch wenn möglicherweise – wie Bitz meint – es „auch auf die Qualität dieser Vorschläge selbst zurückzuführen sein" mag, daß „bisher nicht durchgreifendere Maßnahmen zur Beeinflussung der Vermögensverteilung ergriffen worden sind."[34] Der Umfang an Analysen und Vorschlägen vermögenspolitischer Maßnahmen, die im Bereich des Produktivvermögens ansetzen und von den verschiedensten Seiten unterbreitet worden sind, ist kaum noch übersehbar.[35] Ebenso sind die Auswirkungen dieser Vorschläge zumindest auf die gesamtwirtschaftlichen Ziele wie Wachstum, Vollbeschäftigung, Preisstabilität und außenwirtschaftliches Gleichgewicht in der Theorie weitgehend abgeklärt.[36] Nicht neue Modelle sind daher gefragt, sondern politische Entscheidungen.

In der pluralistischen Gesellschaft einer parlamentarisch-repräsentativen Demokratie unterliegen die Parteien dem Zwang der Stimmenmaximierung. Sie sind damit nicht nur dem Einfluß der Wähler, sondern auch dem großer Verbände, hier insbesondere dem Einfluß der Tarifparteien von Gewerkschaften und Arbeitgeberverbänden ausgesetzt.[37]

In dieser Gesellschaftsordnung hängt die Durchsetzungschance, hängen politische Entscheidungen einmal von der Aktualität der vermögenspolitischen Diskussion ab, die auf die Meinungs- und Willensbildung des Wahlbürgers einwirkt und die damit die Parteien zur Berücksichtigung solcher Diskussionen veranlaßt. Dabei kann die Aktualität und Intensität solcher Diskussionen nicht losgelöst von gesellschaftlichen Bedingungen und Entwicklungen gesehen werden. Die politischen Entscheidungen sind zugleich davon abhängig, ob zwischen den gesellschaftlichen Kräften – wenn auch nur partiell und zeitlich befristet – eine Interessenidentität erreicht wird. Darüberhinaus sind Entscheidungen möglich, die mit Hinweis auf übergeordnete Interessen eine Duldung an sich widerstrebender Kräfte erzielen.

Folgt man dieser Überlegung, dann kann es unabhängig von ideologisch begründeten Motiven im wesentlichen zwei Ansatzpunkte geben, von denen aus eine Vermögenspolitik Impulse erhalten kann:

Einmal kann die Vermögenspolitik Impulse erhalten aus übergeordneten Interessen, die der Erhaltung und Stabilität des Gesellschaftssystems dienen. Jedes Gesellschaftssystem ist auf die Erhaltung und Stabilität seiner Ordnung ausgerichtet.[38] Politisch ist die Stabilität des Gesellschaftssystems – auch in nicht-demokratischen Systemen –

u.a. von der Zustimmung oder zumindest von der Tolerierung durch die Gesellschaftsmitglieder abhängig. Passiver Widerstand oder gar Unruhen und Aufstände bewirken einen erhöhten Legitimationszwang. In diesem „ordnungspolitischen" Sinn kann ein Gesellschaftssystem sich gezwungen sehen, bestimmte Maßnahmen zu ergreifen, um die Zustimmung seiner Mitglieder zu sichern.

Als wirtschaftspolitisches Ziel kann u.a. eine sich stetig verbessernde Güterversorgung angenommen werden. Kommt es in diesem Bestreben zu Funktionsstörungen, die z.B. von den Instrumenten der Konjunktur- und Wachstumspolitik allein nicht aufgefangen werden können, kann ein Gesellschaftssystem sich genötigt sehen, zusätzliche wirtschaftspolitische Instrumentarien anzuwenden.

Sind in diesen Fällen vermögenspolitische Maßnahmen geeignet, die Bedürfnisse des Systems abzudecken, hat die Vermögenspolitik aus diesen übergeordneten „systemerhaltenden" bzw. „systemstabilisierenden" Interessen auch dann eine Chance, aufgegriffen und durchgesetzt zu werden, wenn die Maßnahmen der Vermögenspolitik der Interessenlage starker gesellschaftlicher Kräfte widersprechen.

Innerhalb dieses systempolitischen Rahmens können der Vermögenspolitik zudem Impulse aus der Konkurrenz der Parteien um Wählerstimmen erwachsen. In demokratischen Systemen sind Parteien darauf ausgerichtet, über das Votum der Wähler die Herrschaft zu erringen. In diesem Bestreben bieten sie Programme an, die die als vordringlich angesehenen Interessen der Wähler aufgreifen. Parteien und Wähler sind dabei eingebunden in politische Weltanschauungen; bedingt durch Probleme der unvollständigen Information und der Informationskosten.[39] Gerade in ordnungspolitischen Fragen ist daher das Konkurrenzverhalten nicht auf Parteien beschränkt. Um die Einflußnahme auf die Gestaltung der Gesellschaft konkurrieren politische Weltanschauungen, die von Parteien und sozialen Gruppen getragen werden. Zu fragen ist also, ob und unter welchen Bedingungen vermögenspolitische Maßnahmen ein Thema werden können, das für die Auseinandersetzungen von Parteien und politischen Weltanschauungen Bedeutung hat und der Interessenlage der Wähler entspricht.

Die beiden Ansatzpunkte sind nicht völlig voneinander zu trennen, da parteipolitische und weltanschauliche Strömungen auch ordnungspolitische Herausforderungen des Systems in ihre Forderungen und Programmangebote mit aufnehmen. Die gedankliche Trennung erleichtert aber die Antwort auf die Frage, aus welchen Beweggründen vermögenspolitische Forderungen aktuell werden können.

Im folgenden soll in einer historischen Betrachtung die vermögenspolitische Diskussion in Deutschland daraufhin untersucht werden, von welchen Impulsen und mit welchen Wirkungen diese Diskussion getragen worden ist. Mit dieser Analyse wird nicht der Anspruch erhoben, die historische Entwicklung vollständig wiederzugeben; die Analyse soll nur – unter besonderer Berücksichtigung betrieblicher Gewinn- und Kapitalbeteiligungen – schwerpunktartig die Bedingungen verdeutlichen, die der vermögenspolitischen Diskussion und Durchsetzung vermögenspolitischer Maßnahmen förderlich sind.

3.2 Politische und ökonomische Impulse für die Vermögenspolitik – eine historische Analyse –

3.2.1 Die „Industrielle Revolution" als politische Herausforderung

Auseinandersetzungen um das Privateigentum an Produktionsmitteln hat es immer gegeben.[40] Seit es diese Auseinandersetzungen gibt, hat es im weitesten Sinne auch Vermögenspolitik gegeben; sei es in Form von Bodenreformen und Landzuteilungen oder in Form von Gewinnbeteiligungen in der Seeschiffahrt, in Manufakturen und industriellen Betrieben.[41] Die schärfste ideologische Herausforderung für das Privateigentum an Produktionsmitteln aber muß in der Gesellschaftsanalyse von Karl Marx und in der durch diese Analyse beeinflußten sozialistischen Arbeiterbewegung gesehen werden." Marx betont im 'Kapital' ausdrücklich, daß die ursprüngliche Akkumulation, die Scheidung des Produzenten von den Produktionsmitteln und die damit verbundene Entfremdung in seiner politischen Ökonomie die Rolle der Erbsünde in der christlichen Theologie übernommen hat. Mit der ursprünglichen Akkumulation und der Arbeitsteilung wurde die Klassengesellschaft, die ihre höchste Ausprägung im Kapitalismus findet, eingeleitet. In der kommunistischen Gesellschaft wird mit dem Fortfall der Trennung des Produzenten von den Produktionsmitteln und mit dem Fortfall der Arbeitsteilung auch die Entfremdung aufgehoben."[42]

Wer die Institution des Privateigentums an Produktionsmitteln für die Ursache nahezu aller Probleme der Gesellschaft ansieht, kann nur auf die kompromißlose Aufhebung dieses Privateigentums dringen. Nur die Überwindung des „kapitalistischen Systems" in seiner Gesamtheit bietet sich als Lösung an.

Mit der Katholischen Arbeiterbewegung und der katholischen Soziallehre hat es in Deutschland schon früh Antworten auf die „Soziale Frage" und auf die Herausforderung des Marxismus gegeben. Zu nennen sind hier insbesondere Adolf Kolping und Bischof Ketteler.[43] Aus dem Bereich der Wissenschaft haben sich der „Sozialen Frage" insbesondere die „Kathedersozialisten" angenommen, die sich im „Verein für Socialpolitik" zusammengeschlossen hatten.[44] Die Gewinnbeteiligung der Arbeiter ist als Lösungsangebot bereits vor Erscheinen des „Kommunistischen Manifestes" von Vertretern der katholischen Soziallehre und Vertretern liberaler Positionen in die Diskussion eingebracht worden. Schon 1834 und 1835 forderte der katholischen Philosoph Franz von Baader eine Arbeitervertretung, die ihre Interessen in den und gegenüber den öffentlichen Entscheidungsorganen verteten sollte.[45] 1835 schlug der liberale Staatsrechtler Robert von Mohl vor, die Arbeiter am Gewinn und Kapital der Unternehmen zu beteiligen und hierzu einen Arbeitsausschuß zu bilden.[46] 1837 hielt Franz Joseph von Buß im Badischen Landtag seine „Fabrikrede", in der er das erste sozialpolitische Programm in einem deutschen Parlament vortrug.[47] 1842 nahm Peter F. Reichensperger, Mitbegründer des Zentrum und Reichstagsabgeordneter, den Vorschlag von Mohls auf und erweiterte ihn dahingehend, gemeinsam aus Arbeitern und

Unternehmern zusammengesetzte Fabrikausschüsse einzurichten. Die Ausschüsse sollten für soziale und wirtschaftliche Fragen, zu denen auch die Gewinnbeteiligung gezählt wurde, zuständig sein.[48] Die gleiche Forderung erhob 1848 das Frankfurter Paulskirchen-Parlament.[49] Der Forderung nach radikaler Beseitigung des Privateigentums an Produktionsmitteln wurde das „Recht auf Eigentum" eines jeden Menschen entgegengestellt. Durch eine Beteiligung der Arbeiter am Gewinn ihres Unternehmens und durch „Miteigentum" sollte eine breite Steuung des Eigentums erreicht werden. Der Schutz des Privateigentums könne nur erwartet werden, wenn breite Bevölkerungsschichten und nicht nur eine kleine privilegierte Oberschicht an dem Nutzen dieses Eigentums teilhaben.

3.2.2 Die Reaktion der Unternehmer

Eine kleine Minderheit von Unternehmern reagierte auf diese Herausforderung mit einer verstärkten Einführung freiwilliger betrieblicher Gewinnbeteiligungsmodelle. Die Beteiligungsidee reicht zwar bis weit vor Marx und weit vor die „Industrielle Revolution" zurück, es lassen sich aber vier zeitliche Schwerpunkt feststellen, die interessanterweise – ohne sofort einen unmittelbaren kausalen Zusammenhang herstellen zu wollen – jeweils in eine Phase verstärkter Marxismusdiskussion fielen.

Die erste Phase eines häufigeren Auftretens solcher Beteiligungsmodelle fällt in die Zeit zwischen 1867 und 1876.[50] 1848 war das „Kommunistische Manifest" erschienen und die bürgerliche Revolution ausgebrochen. Die Arbeiterschaft begann, sich in Gewerkschaften zusammenzuschließen. „Durch organisierten Zusammenschluß versuchte die Arbeiterschaft ihre soziale und wirtschaftliche Lage zu verbessern. 1865 bildeten sich die ersten Gewerkschaften in Form von örtlichen Berufsvereinen. Auf dem Parteitag in Eisenach im Jahre 1869 wurde von Bebel und Liebknecht die erste Arbeiterpartei gegründet"[51], die SPD, die sich zu dieser Zeit als marxistisch-revolutionär verstand.

Die zweite Phase fällt in die Jahre 1919 bis 1922 nach dem 1. Weltkrieg;[52] eine Zeit, in der die Abschaffung des Privateigentums drohte und mit dem Abbau der Monarchie und der ersten sozialdemokratisch geführten Regierung eine grundlegende Verschiebung der Machtverhältnisse stattfand.[53]

Der dritte Schwerpunkt muß in der Anfangsphase der Bundesrepublik Deutschland um 1950 gesehen werden.[54] Die „Neuorientierung" nach den Erfahrungen mit dem Nationalsozialismus, die Suche nach einem „Dritten Weg" zwischen Kapitalismus und Sozialismus, die Mitbestimmungsforderungen der Gewerkschaften beherrschten die politische Diskussion.[55]

Eine vierte Phase kann für die Jahre 1969 bis 1974 festgestellt werden.[56] Im Zuge der Studentenbewegung hatte die Marxismus-Diskussion in der Bundesrepublik Deutschland eine Renaissance erfahren, die sich in einer veränderten Haltung der Gewerkschaften und der SPD niedergeschlagen hat und die zusammenfällt mit der Übernahme der Regierungsgewalt durch eine SPD/FDP-Koalition.[57]

Funk sieht allerdings noch eine weitere Phase in den Jahren 1880 - 1910, die er aber weniger durch neue Einführungen von Beteiligungsmodellen als durch eine große Publizität charakterisiert, die dieser Idee durch die öffentliche Verbreitung der Modelle von Freese, Roesler und Abbe in diesen Jahren zuteil wurde.[58] Unter dem Aspekt der Konkurrenz politischer Weltanschauungen ließe sich für diese Phase anführen, daß nach

Aufhebung des „Sozialisten-Gesetzes" im Jahre 1890 die SPD und die Gewerkschaften verstärkt aus der Zeit des Verbotes hervorgegangen sind[59] und die ordnungs- und systempolitische Diskussion neu belebten. Faktisch aber hat in dieser Zeit das unternehmerische Engagement für betriebliche Beteiligungsmodelle abgenommen.[60] Diese Zurückhaltung ist u. a. darauf zurückzuführen, daß mit der Einführung der ersten Sozialversicherungssysteme unter Bismarck den Unternehmern eine eigene sozialfürsorgliche Verpflichtung als nicht mehr so dringlich erschien.

Die vier Phasen verstärkten unternehmerischen Engagements können wohl nicht als zufällig interpretiert werden. Es fällt auf, daß diese Phasen durch tatsächliche oder drohende Verschiebungen gesellschaftlicher Machtverhältnisse gekennzeichnet sind, die begleitet werden von einer tiefgreifenden Auseinandersetzung um ordnungspolitische Grundentscheidungen der Gesellschaft. Für Funk war es bis zum 1. Weltkrieg „ein mehr oder weniger deutlich ausgesprochenes Teilziel der Unternehmer, durch Maßnahmen der sozialen Betriebspolitik die Arbeiter ihrer Organisation zu entfremden".[61] Eine Aushöhlung der Solidarität der Arbeiter hätte in der Tat die sich gerade erst formierende Gewerkschaftsbewegung im Kern getroffen.

Die Einführung und Praktizierung solcher Beteiligungsmodelle andererseits ausschließlich in Abhängigkeit von der marxistischen Herausforderung und als reine Abwehrreaktion gegenüber gewerkschaftlichen Mitbestimmungs- und Sozialisierungsforderungen zu sehen, hieße, die Vielfalt einzelunternehmerischer Verhaltensweisen und Motive zu verkennen und zu reduzieren. So fallen zumindest drei der vier Phasen gleichzeitig in Zeiten relativ guter wirtschaftlicher Entwicklung. Nach dem deutsch-französischen Krieg 1870/71 gab es eine wirtschaftliche Boomphase; nach der Währungsreform 1948 den Beginn des „deutschen Wirtschaftswunders" und den „Korea-Boom"; nach der Rezession 1966/67 einen starken wirtschaftlichen Aufschwung mit enormen Gewinnsteigerungen. Die Weimarer Republik konnte allerdings erst ab 1922 eine Zwischenphase relativer Stabilität verzeichnen.[62]

Neben diesen volkswirtschaftlichen Bedingungen sind betriebswirtschaftliche Gründe zu nennen, die z. B. auf den Abbau innerbetrieblicher Spannungen und auf die Schaffung von Leistungsanreizsystemen ausgerichtet waren. Ebenso sind sozialethische Motive anzuführen, die im 19. Jahrhundert zunächst patriarchalisch ausgerichtet waren an den Maßstäben der damaligen familienorientierten Ordnung und die gerade angesichts der niedrigen Arbeiterlöhne sozialfürsorgerische Verantwortung wachriefen.[63] Gerade der Rückgang der Beteiligungsmodelle nach Einführung der Sozialversicherung – trotz verstärkter öffentlicher Diskussion über die Gewinnbeteiligung – beweist dies sehr deutlich. Daß die Unternehmer die Gewinnbeteiligung bis nach dem 2. Weltkrieg vor allem als Ergänzung zur Lohngestaltung verstanden haben, zeigt auch die Tatsache, daß bis dahin die Beteiligungsunternehmen überwiegend eine Barausschüttung vorgenommen haben.[64] Heute äußern sich diese sozialethischen Motive in Vorstellungen von Gerechtigkeit und Menschenwürde, die immer wieder unternehmerisches Engagement initiiert haben.[65]

Schließlich darf nicht übersehen werden, daß es auch erheblicher Anstrengung des Einzelnen bedarf, um aus der „Normalität" zeitbedingten Denkens und zeitbedingter Wertvorstellungen herauszutreten. Denn „ die Beteiligung des Arbeiters am Ertrag des Unternehmens ist ein Gedanke, der der liberalkapitalistischen Wirtschaftsordnung des 19. Jahrhunderts völlig wesens- und systemfremd war."[66] Insofern bedarf es häufig erst einer politischen Polarisierung und einer verstärkten öffentlichen Diskussion, um das Problembewußtsein und die Einsicht in die „Notwendigkeit" solcher Beteiligungen zu schärfen.

Alle diese verschiedenen Momente fließen ein in die Motivation der Unternehmer. Sie haben bis in die Gegenwart hinein immer wieder dazu geführt, daß einzelne Unternehmer freiwillig solche Beteiligungen vorgenommen haben. Nie aber hat die Zahl der Beteiligungsmodelle einen so großen Umfang angenommen, daß von einer gezielten und bewußt betriebenen gesellschaftspolitisch relevanten Abwehrstrategie der Unternehmer gesprochen werden könnte. Selbst wenn man eine sehr weite Definition der Gewinnbeteiligung nimmt, gab es in Deutschland 1878 nur 54 Unternehmen und nach dem Zweiten Weltkrieg nur 111 Unternehmen mit solchen Gewinnbeteiligungen.[67] Gegenwärtig wird bei einer engeren Definition die Zahl der Unternehmen mit Gewinnbeteiligungsmodellen mit rd. 770 angegeben,[68] wobei zu berücksichtigen ist, daß hierin auch viele Tochter-Gesellschaften von Unternehmen, die nur das Modell der Mutter-Gesellschaft übernommen haben, als eigenständige Modelle enthalten sind. Legt man vor allem Wert auf die unternehmerische Entscheidung zur Einführung solcher Modelle, ist die gegenwärtige Zahl originärer Beteiligungsmodelle erheblich geringer. Aus dieser freiwilligen unternehmerischen Initiative kann daher eine breit angelegte, von den Arbeitgeberverbänden getragene Strategie nicht abgeleitet werden. Selbst wenn Empfehlungen und Forderungen von Arbeitgeberverbänden sich für freiwillige betriebliche Gewinn- und Kapitalbeteiligungen aussprechen, sollten diese nicht gleichgesetzt werden mit dem Verhalten des einzelnen Verbandsmitgliedes.

3.2.3 Die Einstellung der Gewerkschaften

Auf der anderen Seite haben die Gewerkschaften, die in der Praxis ihr Hauptaugenmerk auf die Stärkung ihrer kollektiv-vertraglich ausgerichteten Lohnverhandlungsmacht und auf den Ausbau von Arbeiterschutz- und Mitbestimmungsrechten richteten, sich gegenüber betrieblichen Gewinnbeteiligungen zwar überwiegend skeptisch, aber in durchaus unterschiedlichen Ausprägungen geäußert.[69] Auch hier waren die Einlassungen abhängig von dem Grad der Ausrichtung der Gewerkschaften auf eine marxistische Klassenkampfposition. Je stärker die marxistische Ausrichtung war, um so mehr wurde die Gewinnbeteiligung aus prinzipiellen Gründen abgelehnt. Dagegen fand unter dem Einfluß der „Revisionisten“ eher eine pragmatische Abwägung der gesellschaftlichen und organisatorischen Folgen der Gewinnbeteiligung für die Arbeiter statt.[70] So wird z. B. festgestellt: „Die Arbeiterschaft wird sich mit dem Problem der Gewinnbeteiligung ernstlich befassen müssen.“ Eine Haltung, die von vornherein ablehnend ist, wäre „nicht sozialistisch, sondern doktrinär.“[71] Diese pragmatische Abwägung führte bereits Ende des vorigen Jahrhunderts zu einer Einstellung, die der heutigen sehr stark ähnelt. Eine betriebliche Gewinnbeteiligung würde dazu führen, daß die Arbeiter an das sie beschäftigende Unternehmen gebunden und von ihren Gewerkschaften entfremdet würden, daß die Unternehmen durch Mehrarbeit „Surplus-Profite“, also zusätzliche Gewinne machen könnten und daß ein dadurch entstehender „Betriebsegoismus“ der Arbeiter sie veranlasse, andere Mitbewerber nach Möglichkeit auszuschalten.[72] Je stärker aber die Gewerkschaften zu Beginn dieses Jahrhunderts und nach dem Ersten Weltkrieg wurden, um so mehr verließen sie ihre bis dahin defensive Haltung. Das Problem der Aushöhlung der Solidarität der Arbeiter und der damit verbundenen Schwächung der gewerkschaftlichen Organisation durch die betriebliche Gewinnbeteiligung wurde immer betont. Aber es zeugt doch von einem gewachsenen Selbstbewußtsein, wenn gesagt wird: „Heute freilich, wo das Unternehmertum auf der ganzen Linie vor den Gewerkschaften kapituliert . . ., brauchen wir diese gewerkschaftsfeindlichen Sozialpatriarchen nicht mehr zu fürchten und damit rücken auch viele Arbeiterwohlfahrtseinrichtungen in ein ganz anderes Licht."[73]

Nach 1945 nahm im Gegensatz zur Deutschen Angestelltengewerkschaft[74] der Deutsche Gewerkschaftsbund (DGB) als größte und einflußreichste Gewerkschaft[75] seine ablehnende Haltung gegenüber jeglicher Form der Vermögenspolitik zunächst wieder auf.[76] Statt dessen wurde eine „aggressive" bzw. „expansive Lohnpolitik" propagiert.[77] Diese Lohnpolitik will Lohnerhöhungen durchsetzen, die über den Produktivitätszuwachs hinausgehen, um so die Einkommensverteilung zugunsten der Arbeitnehmer zu verbessern. An diese Position knüpft Loderer an, wenn die IG Metall auch heute noch ein grundsätzliches „Nein zur Vermögenspolitik" ausspricht und eine „aktive Lohnpolitik" fordert.[78]

Seine kritisch-ablehnende Haltung hat der DGB erst aufgegeben, als sich mit der Entwicklung überbetrieblicher Gewinnbeteiligungsmodelle die Möglichkeit eröffnete, eine Beteiligung der Arbeitnehmer ohne Gefährdung der gewerkschaftlichen Solidarität zu erreichen.[79] Diese Pläne wurden u. a. auch deshalb aufgegriffen, da der DGB darin gleichzeitig die Chance sah, mit Hilfe zentraler Fonds die Vermögenspolitik zu einer grundlegenden Verschiebung wirtschaftlicher Macht zu nutzen. Unter diesem Gesichtspunkt wurden und werden dann Vorschläge wie „ewige Sperrfristen" für die Arbeitnehmeranteile oder eine Verwendung der Fondsmittel für „öffentliche Zwecke" erörtert.[80] In dieser Vorstellung wäre Vermögenspolitik nicht mehr mit persönlich verfügbarem Eigentum verbunden. Vermögenspolitik würde vielmehr zu einem Instrument, um kollektives Eigentum zu schaffen.

Eine Beurteilung der gewerkschaftlichen Haltung[81] unter dem Aspekt der Chancen zur Durchsetzung vermögenspolitischer Maßnahmen steht vor grundsätzlichen Schwierigkeiten. In der Geschichte der Gewerkschaftsbewegung sind häufig Widersprüche zwischen verbalen Erklärungen nach außen und dem praktischen Verhalten festzustellen, „ein Ergebnis des permanenten Widerspruchs von Theorie und Praxis der Sozialdemokratie."[82] Auch wenn in programmatischen Äußerungen marxistische Vorstellungen über die Ordnung der Gesellschaft enthalten waren, hat sich in der Praxis eigentlich immer gezeigt, daß die Gewerkschaften sich ihnen bietende politische und wirtschaftliche Möglichkeiten genutzt haben, um die Position der Arbeitnehmer zu verbessern. „Hierin spiegelt sich die objektive Situation der nationalen Arbeiterbewegungen und Gewerkschaften, denen es primär darum zu tun war, in einer Epoche des allmählichen Fortschritts und der industriellen Konjunktur ihren Anteil am Sozialprodukt stetig zu erkämpfen, ohne dabei durch die Folgen anarchistischer Putschversuche und eines ungeduldigen Revolutionarismus gestört zu werden."[83] Von marxistischer Seite wird den deutschen Gewerkschaften gerade dieses Verhalten zum Vorwurf gemacht, verbunden mit der Aufforderung, die gewerkschaftliche Praxis doch stärker einer sozialistischen Theorie anzupassen, die nicht nur auf eine Modifizierung der Verteilung des Sozialproduktes, sondern auf eine Veränderung der Produktionsverhältnisse selbst ausgerichtet ist.[84] Die sozialpolitisch wirksame Tätigkeit der deutschen Gewerkschaften hat die kapitalistische Gesellschaftsordnung in ihrem Charakter grundlegend verändert; sie hat die Integration der Arbeitnehmer in diese Gesellschaft gefördert. Die Gewerkschaften sind zum Bestandteil dieser Ordnung geworden. Daß die Regelmechanismen dieser Ordnung von den deutschen Gewerkschaften im wesentlichen mitgetragen werden, zeigen die Beispiele der Mitbestimmung und der Lohnpolitik. Mitbestimmung ist letztlich eine systemimmanente Kanalisierung von Konflikten durch die

Teilnahme der Betroffenen an den Entscheidungen und damit an der Verantwortung. Auch die Lohnpolitik hat sich relativ gemäßigt an den volkswirtschaftlichen Möglichkeiten orientiert. Konsequenterweise verstehen sich die deutschen Gewerkschaften – im Gegensatz zu Gewerkschaften in anderen, vor allem romanischen Ländern – nicht nur als Gegenmacht zur Macht des Kapitals, sondern auch als Ordnungsmacht in einer sozial zu gestaltenden und gestaltungsfähigen Gesellschaft.[85] Die in dieser Form wohl spezifisch deutsche Ausprägung kann nur erklärt werden mit der für Deutschland besonders ausgeprägten Situation des Aufeinandertreffens der ideologischen Grundströmungen des Marxismus-Sozialismus, des Liberalismus und der von der katholischen Soziallehre geprägten katholischen Arbeitnehmerbewegung. Diese ideologische Konkurrenz hat dazu geführt, daß letztlich auch die Arbeiterschaft und ihre Organisationen auf eine Integration in die Gesellschaft ausgerichtet waren. Da spätestens seit Bernstein auch die Sozialdemokraten und die sozialistischen Gewerkschaften einen evolutionären Weg zum Sozialismus suchen, hat sich die revolutionäre Komponente in der deutschen Arbeiterbewegung nie durchgesetzt.[86] Soziale Integration aber setzt sozialen Ausgleich voraus.

Für die Vermögenspolitik heißt das: In der praktischen Gewerkschaftspolitik dürfte eher eine pragmatische Haltung zu erwarten sein, so daß eine vermögenspolitische Konzeption, die den Organisationsinteressen der Gewerkschaften nicht entgegensteht, von der Gewerkschaft doch mitgetragen oder zumindest toleriert werden könnte.

3.2.4 Das Handeln auf der politisch-staatlichen Ebene

Auf der politisch-staatlichen Ebene ist die vermögenspolitische Diskussion erst sehr spät in das Blickfeld gerückt – sieht man von der kurzen Episode der Deutschen Nationalversammlung der Frankfurter Paulskirche einmal ab. Ausschlaggebend für das staatliche Verhalten war das vorherrschende Staatsverständnis und die Rolle, die der Sozialpolitik in diesem Verständnis zukam.

Sowohl in dem monarchistisch geprägten Kaiserreich, in dem alle im Parlament vertretenen Parteien in Opposition zur Regierung standen und nur mit minimalen Rechten ausgestattet waren, als auch in der Weimarer Republik war das Selbstverständnis des Staates stark von Vorstellungen eines wirtschaftlichen Liberalismus geprägt, der staatliche Aktivitäten in der Wirtschafts- und Sozialpolitik – zumindest im Innenverhältnis – vorwiegend als unproduktiv und störend für das Funktionieren der marktwirtschaftlichen Abläufe ansah. Der Staat sollte sich beschränken auf die Erhaltung der öffentlichen Ordnung; der Staatshaushalt war möglichst klein zu halten. Eine Ausweitung staatlicher Aktivitäten fand nur insoweit statt, als „Störungen" im Ablauf des Wirtschaftsprozesses und im gesellschaftlichen Zusammenleben die Grundlagen der öffentlichen Ordnung zu gefährden drohten. Das waren zunächst vor allem Maßnahmen zum Ausgleich sozialer Ungleichgewichte. Bezeichnend für dieses Selbstverständnis ist, daß die erste staatliche sozialpolitische Maßnahme, die Herabsetzung der Kinderarbeitszeit im Jahre 1839, nicht aus humanitären, sondern aus militärischen Gründen erfolgt ist, weil die durch die Arbeit körperlich geschädigten Heranwachsenden für den Militärdienst untauglich waren.[87] Auch die in den Jahren 1881 bis 1891 geschaffene erste umfassende Sozialgesetzgebung von Bismarck, auf die später deutsche Regierungen aufbauen konnten, war weniger sozialpolitisch, als durch den Abwehrkampf des Staates „gegen die gemeingefährlichen Bestrebungen der Sozialdemokratie"[88] bestimmt. Der Staat betrieb im wesentlichen eine „strukturerhaltende Sozialpolitik",[89] die auf den Erhalt der bestehenden Ordnung ausgerichtet war und die die schlimmsten, ein revolutionäres Klima schaffenden Folgen des Wirtschaftsprozesses auffangen sollte. Humanitäre Überlegungen waren nicht nur in der Zeit vor der „industriellen Revolution" eine Angelegenheit der „Caritas", der kirchlichen Armenhilfe. Diesen Charakter der „Arme-Leute-Politik" hat die Sozialpolitik bis 1945 nicht ablegen können.[90] Ansätze zu einem anderen Verständnis konnten in der Weimarer Republik angesichts der wachsenden politischen und wirtschaftlichen Schwierigkeiten nicht genügend fruchtbar werden.[91]

Bei diesem Verständnis von Sozial- und Gesellschaftspolitik und von der Rolle des Staates hatte eine staatlich betriebene oder staatlich geförderte Vermögenspolitik keinen Platz. Solange ein solches Staatsverständnis vorherrschte und solange Gewerkschaften weder gegenüber dem Staat noch gegenüber den Unternehmern in vermögenspolitischer Hinsicht einen Druck ausübten, solange konnten vermögenspolitische Maßnahmen nur von den Unternehmern selbst freiwillig durchgeführt werden.

Nach 1945 hat sich das Rollenverständnis des Staates und das Verständnis von Sozialpolitik grundlegend gewandelt. Dieser Wandel machte sich vor allem in folgenden Faktoren bemerkbar, die sich alle für vermögenspolitische Maßnahmen im weitesten Sinne günstig auswirken:

- Die Weltwirtschaftskrise Ende der 20er Jahre und die Hilflosigkeit der Regierungen, auf diese Krise zu reagieren, hat, verbunden mit der Theorie von Keynes, die staatliche Wirtschaftspolitik dahingehend beeinflußt, daß der Staat selbst im Falle eines funktionierenden Wettbewerbes für eine aktive Beschäftigungspolitik sorgen müsse, um die Vollauslastung der Ressourcen zu gewährleisten. Damit übernimmt der Staat nicht nur für die Setzung des Ordnungsrahmens, sondern auch für den Wirtschaftsablauf selbst eine aktive, gestaltende Rolle.[92]
- Die Erfahrungen des Scheiterns der Weimarer Republik vor allem aus wirtschaftlichen und sozialen Gründen hat in den Unionsparteien zu der wirtschafts- und gesellschaftspolitischen Konzeption der „Sozialen Marktwirtschaft" geführt, die wirtschaftlichen Wettbewerb über den Markt mit einem sozialen Ausgleich der wirtschaftlichen Ergebnisse verbinden will und die Wirtschafts- und Sozialpolitik nicht mehr als Gegensatz, sondern als Einheit begreift.[93] Da CDU und CSU bis 1969 maßgeblich die Regierungsverantwortung getragen haben, war die Konzeption der „Sozialen Marktwirtschaft" prägend für den Aufbau und die Ausgestaltung der Wirtschafts- und Gesellschaftsordnung der Bundesrepublik Deutschland. In dieser Ordnung hat der Staat nicht nur eine aktivere Rolle in der Wirtschaftspolitik übernommen, er hat auch die Sozialpolitik von einer „strukturerhaltenden" zu einer „strukturgestaltenden Sozialpolitik"[94] ausgebaut.
- Die Bundesrepublik Deutschland hat nach dem Zweiten Weltkrieg ein bis dahin nicht gekanntes wirtschaftliches Wachstum erzielen können. Dies hat nicht nur zu einer enormen Erhöhung der privaten Einkommen und der damit verbundenen Sparfähigkeit auch breiter Schichten geführt.[95] Es ermöglichte dem Staat auch, die vielfältigen sozialpolitischen Maßnahmen zu finanzieren. So hat der Staat für die Sparförderung beachtliche Leistungen aufgewendet: allein die direkte Förderung betrug zwischen 1949 und 1978 ca. 105 Mrd. DM.[96]
- Während die parlamentarische Demokratie der Weimarer Republik sich vor allem an der Krisenbewältigung legitimieren mußte, hat die politische und wirtschaftliche

Stabilität der Bundesrepublik Deutschland die Parteien in ihrem Bemühen um die Regierungsmehrheit auch zur Konkurrenz auf dem Felde der Sozialpolitik gezwungen. Was vielfach als „Gefälligkeitsdemokratie" diskreditiert wird, ist – positiv beschrieben – in einer parlamentarisch-repräsentativen Demokratie die vom System gewollte Anbindung der Parteien an die Interessen der Bürger. So sind gerade in oder kurz vor Wahljahren häufig sozial- und vermögenspolitische Gesetze erlassen worden.[97]

- Diese u. a. auf sozialpolitische Maßnahmen ausgerichtete Parteienkonkurrenz ist nach 1945 durch den Wandel in der Parteienstruktur intensiviert worden. Seit der Bildung von sog. Volksparteien und der Einheitsgewerkschaften versuchen die Parteien, zumindest die beiden großen SPD und CDU/CSU, nicht mehr nur bestimmte, sondern alle Schichten anzusprechen, um mehrheitsfähig zu werden. In diesem Bemühen sind alle Parteien darauf angewiesen, auf die Einheitsgewerkschaften[98] Rücksicht zu nehmen.
- Dieser Trend wurde noch verstärkt, als nach dem Erreichen eines bestimmten Wohlstandsniveaus Mitte der 60er Jahre eine Verschiebung in der Betonung politischer Ziele stattfand: Das bis dahin dominierende Ziel der besseren materiellen „Güterversorgung" wurde zunehmend durch das Ziel der Verteilungs-„Gerechtigkeit" verdrängt.[99] In dieser Phase der Werteverschiebung wurde die Veröffentlichung des Krelle-Gutachtens 1968 mit der für die Öffentlichkeit einprägsamen Formel „1,7 % der Haushalte haben 70 % des Produktivvermögens" zum auslösenden Moment einer breiten vermögenspolitischen Diskussion, die wegen des kurz bevorstehenden Wahlkampfes eine zusätzliche, auch parteipolitisch wirksame Relevanz erhielt.[100] Die Diskussion machte deutlich, daß Gegenstand der politischen Auseinandersetzung nicht nur die Frage der Vermögens*bildung*, sondern vor allem die Frage der Vermögens*verteilung* war.

Vor dem Hintergrund dieser gegenüber dem monarchistischen Deutschland und der Weimarer Republik eingetretenen Veränderungen ist auf der politisch-staatlichen Ebene durch Förderung des Versicherungssparens, des Bausparens und des Sparens in sogenannten Kapitalansammlungsverträgen zunächst steuerlich, später auch mit Prämien Vermögensbildung betrieben worden.[101] Diese Vermögenspolitik war konzentriert auf die Förderung der Bildung von Wohnungseigentum und von Geldvermögen. Ein vorsichtiger Einstieg in das Produktivvermögen blieb zunächst auf die begünstigte Ausgabe der „Volksaktien" reprivatisierter Bundesunternehmen beschränkt. Mit dem 312-DM-Gesetz blieb der Gesetzgeber wegen der Anlagemöglichkeiten zwar noch im wesentlichen der Geldvermögensbildung und der Bausparförderung verhaftet, knüpfte damit aber erstmals an der arbeitsvertraglichen Situation des Arbeitnehmers an. Dieser Schritt stellte, nachdem diese vermögenswirksame Leistung für Tarifverhandlungen der Gewerkschaften geöffnet wurde, einen enormen Durchbruch für die vermögenspolitische Entwicklung dar. 1979 waren 94 % der Arbeitnehmer in diese auf 624 DM aufgestockte, tarifvertraglich vereinbarten vermögenswirksamen Leistungen einbezogen.[102]

Die vermögenspolitischen Maßnahmen des Staates nach 1945 waren nicht immer frei von Widersprüchen[103] und nicht immer konsequent auf die unteren Einkommensgruppen ausgerichtet.[104] Anders ausgedrückt: Was sich vermögenswirksam niederschlug, war vielfach weniger vermögenspolitisch als durch andere politische Ziele motiviert und durch bestimmte, zeitbedingte Umstände beeinflußt. So hat vor allem nach dem Krieg die Enge des Kapitalmarktes den Staat dazu veranlaßt, Anreize zu schaffen, um die Verwendung der Einkommen für Konsumzwecke zugunsten von Spielräumen für die Investitionsfinanzierung zurückzudrängen. Im Vordergrund stand also die Investitionsförderung. Die dazu notwendige Sparfähigkeit aber war praktisch nur bei höheren Einkommen zu finden. So sind dann auch – sogar überwiegend – zunächst die Bezieher höherer Einkommen begünstigt worden.[105] „Die wechselvolle Geschichte der Sparförderung in den fünfziger Jahren ... zeigt dann auch deutlich, wie eng kapitalmarktpolitische Erfordernisse den Rahmen für die sozialpolitisch wünschbare Ausrichtung der Sparförderung auf die Begünstigung nur der unteren Einkommensschichten setzten."[106] Erst mit einer Besserung der Kapitalmarktsituation unterblieb die Rücksichtnahme. Die Sparförderung wurde allmählich von der Steuer- auf die Prämienförderung umgestellt und auf untere Einkommensbezieher konzentriert. Solange diese Umstellung nicht erfolgt war, bewirkten die Maßnahmen der Sparförderung eher eine Vermögenskonzentration als eine gleichmäßigere Vermögensverteilung.

Die gleiche konzentrationsverstärkende Wirkung hatte die starke steuerliche Förderung der Unternehmensfinanzierung. Auch sie war politisch bestimmt von dem Ziel, durch einen möglichst schnellen Wiederaufbau der Wirtschaft zugleich auch genügend Arbeitsplätze zu schaffen. Der Konflikt zwischen den Zielen der Vermögenspolitik und konjunktur- und wachstumspolitischen Erfordernissen war offenkundig. Vorschläge, wie die von Karl Arnold zur Einführung eines Investivlohnes,[107] die diesen Konflikt hätten aufheben oder abmildern können, konnten sich nicht durchsetzen. Da entsprechende, an der Investitionsfinanzierung ausgerichtete vermögenspolitische Maßnahmen bis heute nicht ergriffen worden sind, besteht diese fiskalpolitische Konfliktsituation nach wie vor: Jede mit staatlichen Finanzmitteln geförderte Konjunkturbelebung – wie z. B. auch die nach 1975 – fördert zugleich die Vermögenskonzentration.

So sind vermögenspolitische Maßnahmen der politisch-staatlichen Ebene im wesentlichen auf die Förderung des Geld- und des Haus- und Grundvermögens beschränkt geblieben. Seit Anfang der 70er Jahre hat sich die vermögenspolitische Diskussion daher vor allem auf die Beteiligung der Arbeitnehmer am Produktivvermögen konzentriert. Diese Vermögensart weist den höchsten Konzentrationsgrad auf, so daß die Verteilungsfrage sich hier verschärft stellt. Erst die Beteiligung am Produktivvermögen berührt die eigentliche ordnungspolitische Dimension der Vermögenspolitik.[108] Ohne ihre Lösung dürfte die vermögenspolitische Diskussion nicht zur Ruhe kommen und ohne sie – so ist anzunehmen – wird auch die marxistische Herausforderung bestehen bleiben.

Nach den bisherigen Erfahrungen muß man aber davon ausgehen, daß eine politische Auseinandersetzung um die Verteilung des Produktivvermögens, die allein von Gerechtigkeitspostulaten getragen ist, nicht ausreicht, um entsprechende Maßnahmen zu initiieren. Hinzu treten müssen ökonomische Erfordernisse, die die Widerstände überwinden helfen, die zumindest bei der Einführung einer solchen qualitativ neuen Maßnahme bestehen. Diese ökonomischen Erfordernisse liegen hinsichtlich einer Beteiligung der Arbeitnehmer am Produktivvermögen vor. Sie stellen sich sowohl unter den heutigen Bedingungen des Kapitalmarktes als auch unter Gesichtspunkten der Konjunktur- und Wachstumspolitik.

Kam es nach 1945 bei der Enge des Kapitalmarktes vor allem auf die absolute Höhe der Sparquote an, um ausreichend Mittel für die Finanzierung der Investitionen bereitstellen zu können, muß heute primär die Struktur der Sparquote „Gegenstand der staatlichen Wirtschaftspolitik sein. Sowohl unter konjunktur- als auch unter vermögenspolitischem Aspekt ist auf die Umschichtung der Ersparnisse zu qualitativ höherwertigen Anlageformen hinzuwirken (vom Geld- zum Produktivvermögen).“[109] Das Institut für Angewandte Wirtschaftsforschung kommt zu dem Ergebnis:

„Angesichts zunehmender einzel- und gesamtwirtschaftlicher Investitionsrisiken und abnehmender Risikobereitschaft der Anleger scheint das für die Zukunft relevante Problem nicht ein generell zu knappes Kapitalangebot, sondern der Mangel an Risikokapital zu sein. Entscheidend ist daher die Lösung des Transformationsproblems: Während die privaten Sparer festverzinsliche Anlagen bevorzugen, suchen die Unternehmen vor allem risikotragendes Kapital, aus dem keine garantierten Erträge fließen. Die Transformation von Sparkapital in Beteiligungskapital über den Markt gelingt nur unvollkommen. Die notwendige Ergänzung könnte die direkte Beteiligung der Arbeitnehmer am Risikokapital der Unternehmen bringen. Gelingt diese Lösung nicht, so wird verstärkt auf den Staat als ‚Transformationsmaschine von wirtschaftlichen Risiken‘ zurückgegriffen werden müssen – mit allen ordnungspolitischen Konsequenzen.“[110]

Nach Abschwächung des starken Wirtschaftsaufschwunges der Nachkriegszeit ist heute die Verstetigung des Konjunkturverlaufes und des Wachstumspfades das konjunktur- und wachstumspolitisch vorrangige Ziel. Eine Beeinträchtigung dieses Zieles mit Folgen für Wachstum, Vollbeschäftigung und Preisstabilität wird vielfach in zu starken Verteilungskämpfen gesehen. Der Sachverständigenrat zur Begutachtung der gesamtwirtschaftlichen Entwicklung hat sich deshalb seit Jahren darum bemüht, Vorschläge für eine Entschärfung des Verteilungskampfes zu unterbreiten. Seine Überlegungen einer „kostenniveauneutralen“ bzw. „produktivitätsorientierten Lohnpolitik“[111] sind als gescheitert anzusehen,[112] da eine solche Politik die Preisstabilität nicht garantieren kann, sie insbesondere aber von den Gewerkschaften verlangen würde, die jeweils bestehende Einkommensverteilung zu akzeptieren. So hat der Sachverständigenrat seine Überlegungen 1972 um eine „Gewinnbeteiligung bei begrenzter Haftung“ ergänzt[113] und diese Konzeption angesichts veränderter Wachstumsbedingungen 1975 noch einmal aufgegriffen und präzisiert.[114] Nach diesen Vorstellungen ist die Gewinnbeteiligung der Arbeitnehmer das geeignete Instrument, mittels einer flexibleren Lohnpolitik den konjunktur- und wachstumspolitischen Zielen besser gerecht zu werden. Ein solches Instrument wird um so wichtiger, je enger der durch die wirtschaftliche Entwicklung bedingte Verteilungsspielraum wird.

Sowohl unter vermögenspolitischen als auch unter gesamtwirtschaftlichen Gesichtspunkten erscheint daher heute eine Umschichtung der staatlichen Förderung von der Geldvermögensbildung zur Beteiligung am Produktivvermögen dringend geboten.

3.3 Ergebnis

Zieht man aus dieser historischen Analyse das Fazit unter dem Gesichtspunkt, welche politischen und ökonomischen Impulse die Vermögenspolitik vorantreiben, dann lassen sich folgende Feststellungen treffen:

1. Die heutige vermögenspolitische Diskussion hat ihren Ausgangspunkt in der „industriellen Revolution", mit der die kapitalmäßige Investitionsbildung zur Grundlage unternehmerischen Wirtschaftens wurde. Die aus einem Machtungleichgewicht zwischen „Kapital" und „Arbeit" sich entwickelnde Eigentumsordnung hat die Arbeitnehmer juristisch von den Nutzungs- und Entscheidungsrechten des Eigentums an Produktionsmitteln ausgeschlossen, obwohl ökonomisch gesehen dieses Eigentum ohne die Arbeitnehmer nicht funktionsfähig werden kann.
   Die vermögenspolitische Diskussion war immer dann besonders virulent, wenn diese Eigentumsordnung als Grundlage der Gesellschaftsordnung verstärkt herausgefordert wurde oder wenn grundlegende Veränderungen der auf dieser Ordnung beruhenden Machtverteilung drohten. Dies gilt für die Phasen nach dem Ersten und Zweiten Weltkrieg und es gilt für die Phasen, in denen eine intensive Auseinandersetzung mit dem Marxismus-Sozialismus stattfand. Vermögenspolitik als die Forderung nach einem Recht auf Eigentum für alle wird als ordnungspolitische Antwort auf Gefährdungen einer Privateigentumsordnung begriffen.
2. Die Feststellung, daß im internationalen Vergleich in Deutschland[115] die vermögenspolitische Diskussion eine lange Tradition hat und vergleichsweise weitgehende vermögenspolitische Maßnahmen bereits ergriffen worden sind,[116] läßt sich erklären durch die starke Konkurrenz sozialistischer, liberalistischer und christlich-sozialer Weltanschauungen im Deutschland des 19. Jahrhunderts. Diese Konkurrenz der Weltanschauungen hat in der Arbeiterbewegung – zumindest in ihrem praktischen Verhalten – eine auf Integration in die Gesellschaft ausgerichtete Haltung bewirkt. Ihre Ziele waren sozialpolitische Reformen und die Schaffung des allgemeinen und gleichen Wahlrechts. Je mehr diese Ziele erreicht wurden, um so mehr hat sich die Arbeiterschaft mit der bestehenden Gesellschaftsordnung auf der Grundlage des Privateigentums identifizieren können. Diese durch die Konkurrenz der Weltanschauungen bedingte Entwicklung wurde nach dem Zweiten Weltkrieg durch die „Konkurrenz der Systeme" im direkten Vergleich mit der DDR noch verstärkt.
3. Erst mit der Durchsetzung des allgemeinen und gleichen Wahlrechts der parlamentarisch-repräsentativen Demokratie hatte die vermögenspolitische Diskussion eine Chance, auf der politisch-staatlichen Ebene aufgegriffen zu werden. Da die Weimarer Republik zu stark mit ihren inneren Schwierigkeiten zu kämpfen hatte, konnte diese Chance erst nach 1945 wirksam werden. Voraussetzung dafür war eine relative wirtschaftliche und politische Stabilität, die die Parteien zur Konkurrenz auch auf sozialpolitischem Gebiet zwang. So sind gerade vor Bundestagswahlen vielfach

vermögenspolitische Gesetze erlassen oder vermögenspolitische Forderungen in das Programmangebot der Parteien aufgenommen worden.[117]

4. Damit auf sozialpolitischem, insbesondere vermögenspolitischem Gebiet eine Parteienkonkurrenz erfolgen konnte, mußte sich zunächst das Verständnis über die Aufgaben und über die Rolle des Staates allgemein verändert haben. Der Wandel vom „Nachtwächterstaat zum Interventionsstaat"[118] und der Wandel von der „strukturerhaltenden" zur „strukturgestaltenden Sozialpolitik"[119] kennzeichnen das veränderte Rollenverständnis. Parteien und Staat werden vom Bürger zunehmend für seine Lebenslage verantwortlich gemacht. Um so mehr werden Parteien dazu neigen, Zuständigkeiten für die Gestaltung dieser Lebenslagen zu erlangen.
5. Solange die Voraussetzungen für das Aufgreifen der Vermögenspolitik auf der politisch-staatlichen Ebene nicht gegeben waren und solange die Gewerkschaften in dieser Richtung keinen Druck ausübten, blieb die Realisierung vermögenspolitischer Maßnahmen vom Verhalten der Unternehmen abhängig. Je größer die ordnungspolitische Herausforderung durch marxistisch-sozialistische Positionen war, um so stärker haben einzelne Unternehmen mit der freiwilligen Einführung betrieblicher Beteiligungsmodelle reagiert. Daneben haben aber auch sozialethische Motive und Überlegungen zur betrieblichen Personalpolitik dieses Verhalten beeinflußt. Zu keiner Zeit haben allerdings diese Beteiligungssysteme ein derartiges Gewicht bekommen, daß von einer gesellschaftspolitisch relevanten Abwehrstrategie der Unternehmen gesprochen werden konnte. Dort, wo geschlossene Abwehrstrategien der Arbeitgeberverbände sichtbar wurden, sind Hinweise auf – vermeintliche oder tatsächliche – sozialistische Herausforderungen vielmehr häufig dazu benutzt worden, um vermögenswirksame Leistungen, an deren Finanzierung sich die Unternehmen beteiligen sollten, überhaupt zu verhindern. So ist z. B. mit diesem Hinweis das 312-DM-Gesetz zunächst abgelehnt, in späteren Jahren aber der Ausbau gerade dieses Gesetzes als Alternative angeboten worden, um weitergehende vermögenspolitische Maßnahmen abzuwehren.
6. Auch die Gewerkschaften[120] sind im Laufe ihrer Entwicklung zur Vermögenspolitik stark von ihrem Verhältnis zu marxistisch-sozialistischen Positionen geprägt worden. Je stärker sie auf diese Positionen ausgerichtet waren, um so grundsätzlicher erfolgte die Ablehnung jeglicher vermögenspolitischer Maßnahmen. Je mehr sich die Gewerkschaften von dieser Position – zumindest in ihrem praktischen Verhalten – gelöst haben und sich einem sozialpartnerschaftlichen Gesellschaftsverhältnis zuwandten, desto mehr neigten sie auch dazu, sich bietende Chancen sozialpolitischer Verbesserungen für die Arbeitnehmer pragmatisch zu nutzen und entsprechende Maßnahmen durchzusetzen und mitzutragen. Das 312-DM- bzw. 624-DM-Gesetz zeigt, daß diese Aussage auch für vermögenspolitische Maßnahmen gilt. Das Beispiel der IG Bau, Steine, Erden, deren „Leber-Plan" eines Investivlohnes vom September 1964 und deren 1. Tarifvertrag mit vermögenswirksamen Leistungen vom 31.7.1965[121] damals auf entschiedene Ablehnung z. B. der IG Metall gestoßen ist, macht deutlich, daß auch Gewerkschaften, die eine zunächst ablehnende Haltung eingenommen hatten, sich dieser Sogwirkung nicht entziehen können. Das läßt den Schluß zu, daß auch eine weitergehende, am Produktivvermögen ausgerichtete Vermögenspolitik durchsetzbar sein dürfte, solange das Organisationsinteresse der Gewerkschaften nicht beeinträchtigt wird.
7. Die Forderung nach vermögenspolitischen Maßnahmen tritt verstärkt in den politischen Vordergrund, wenn die Gesellschaft ein bestimmtes Wohlstandsniveau erreicht hat und die Gesellschaftsmitglieder nicht befürchten müssen, daß dieses

Niveau gefährdet ist. Das Gerechtigkeitspostulat für die Bürger kann dann wichtiger als die absolute Steigerung dieses wirtschaftlichen Wohlstandes werden. Je stärker dieses Gerechtigkeitspostulat betont wird, um so mehr wird auch deutlich, daß die Vermögenspolitik nicht nur Vermögensbildung, sondern insbesondere die Verteilung bzw. Dekonzentration des Vermögens umfassen muß.[122] Unter dieser Voraussetzung eines im Bewußtsein der Bevölkerung geänderten Forderungskataloges ist eine politische Formel wie Ludwig Erhards „Wohlstand für alle. Eigen für jeden."[123] politisch dann unzureichend, wenn sie von der Vorstellung getragen ist, mit wachsendem Wohlstand könne jeder auch – selbst – Eigentum erwerben. Der politischen Forderung nach mehr Verteilungsgerechtigkeit kann nicht durch Verweis auf eine gute Wachstumspolitik begegnet werden.

8. Wie bei allen finanzwirksamen politischen Leistungen sind auch für vermögenspolitische Maßnahmen die Voraussetzungen um so besser, je besser die wirtschaftliche Entwicklung eines Landes ist. Diese Feststellung gilt vor allem dann, wenn die Eigentumsbildung insbesondere unterer Einkommensschichten staatlich gefördert werden soll. Ebenso trägt wirtschaftliches Wachstum dazu bei, die mit Verteilungsmaßnahmen verbundenen sozialen Konflikte zu mindern; zumal dann, wenn Konsens darüber besteht, nicht eine Umverteilung des bestehenden, sondern nur des sich neu bildenden Vermögens vorzunehmen.
9. Die Vermögenspolitik erhält starke, wenn nicht gar die stärksten Impulse, wenn ihre Ziele konform gehen mit anderen, vor allem ökonomischen Zielen. So sind insbesondere in der Nachkriegszeit vermögenspolitische Maßnahmen nur deshalb aufgegriffen worden, um den Kapitalmarkt zu stärken und die Investitionsfähigkeit der Wirtschaft zu fördern. Ähnliche Motive werden auch heute damit verknüpft, wenn mit betriebsbezogenen Maßnahmen der Vermögenspolitik gleichzeitig die Eigenkapitalbildung der Unternehmen erhöht werden soll. Immer wieder ist die Vermögenspolitik auch als Instrument der Konjunktur- und Wachstumspolitik in die Diskussion eingebracht worden, das im Zusammenhang mit der Lohnpolitik zur Preisstabilität oder zur Entschärfung eines wachstumshemmenden Verteilungskampfes beitragen soll.

   Die bisherige Entwicklung in der Bundesrepublik Deutschland läßt sogar den Schluß zu, daß bei bestehender Zielkongruenz zwischen den Zielen der Konjunktur- und Wachstumspolitik und denen der Vermögenspolitik weitergehende vermögenspolitische Maßnahmen auch dann eine Durchsetzungschance haben, wenn jeweils für sich genommen die Impulse aus der politischen Forderung nach mehr Gerechtigkeit,[124] Parteienkonkurrenz auf sozialpolitischem Gebiet[125] und die finanzpolitischen Voraussetzungen[126] nicht ausreichend stark sein sollten.

Diese aus der historischen Analyse abgeleiteten Feststellungen über die Durchsetzungschance vermögenspolitischer Maßnahmen machen deutlich: „Offensichtlich reicht die Ableitung einer ideellen Notwendigkeit ... nicht aus, wenn wir danach fragen, wie in der Wirklichkeit die Vermögenskonzentration zum gesellschaftlichen Problem und das Ziel der Vermögensstreuung politisch virulent wird. Die Antwort liegt vielmehr in bestimmten wirtschaftsstrukturellen Bedingungen und objektiv feststellbaren soziopsychischen Faktoren. Ihr Zusammentreffen entrückt das Aufkommen des Dekonzentrationszieles der Willkür des Zufalls ..."[127] Vor dem Hintergrund dieser historischen Bedingungen ist deshalb der häufig zu findende – resignative – Hinweis, über die Vermögenspolitik werde schon mehr als über 100 Jahre diskutiert, geschehen aber würde praktisch nichts, stark zu relativieren. Eine realistische Chance, auf der politisch-staatlichen Ebene aufgegriffen zu werden, hatte die Vermögenspolitik erst mit Beginn des politisch-staatlichen Handelns in der Bundesrepublik Deutschland. Nimmt man dafür das Jahr der Währungsreform und der Verabschiedung des Grundgesetzes, dann sind es nur rd. 30 Jahre, die zu einer realistischen Bewertung dessen herangezogen werden können, was vermögenspolitisch geleistet worden ist: angesichts der ordnungspolitischen Dimension, die hier zur Entscheidung ansteht, ein relativ kurzer Zeitraum. In dieser Zeit ist vom Staat die Geldvermögensbildung und die Bildung von Haus- und Grundvermögen gefördert und sind mit dem 312-DM- bzw. 624-DM-Gesetz vermögenswirksame Leistungen für Tarifverhandlungen geöffnet worden. Setzt man am Erfahrungshorizont des einzelnen Arbeitnehmers an, sind dies durchaus folgerichtige Schritte. Was bisher fehlt, als nächster Schritt konsequenterweise aber kommen müßte, ist die Beteiligung der Arbeitnehmer am Gewinn und an der Kapitalbildung der Unternehmen. Eine international vergleichende Analyse von Wilensky hat eine enge Korrelation zwischen dem Alter und dem Niveau sozialer Leistungssysteme festgestellt.[128] Überträgt man diese Erkenntnisse auf die Vermögenspolitik, läßt sich aus der Logik der vermögenspolitischen Entwicklung eine eigene Dynamik zugunsten einer Gewinn- und Kapitalbeteiligung der Arbeitnehmer annehmen.

4. Der Stand der aktuellen vermögenspolitischen Diskussion
— Von der überbetrieblichen zur betrieblichen investiven Gewinnbeteiligung —

4.1 Vorbemerkung

Das Ende der Großen Koalition von SPD und CDU/CSU 1969 und das noch von dieser Koalition vorbereitete, aber erst 1970 verabschiedete 624-DM-Gesetz stellt einen Einschnitt in der vermögenspolitischen Diskussion dar. Standen bisher die staatliche Förderung der Geldvermögensbildung und die Bildung von Haus- und Grundvermögen im Vordergrund, so ist das finanzielle Engagement des Staates seit der Verabschiedung des 624-DM-Gesetzes mit 10,4 Mrd. DM auf seinem Höhepunkt im Jahre 1977[129] angesichts der Sparfähigkeit der Bevölkerung und der hohen Staatsverschuldung an seine Grenzen gestoßen. Heute wird sowohl von Vertretern der Bundesregierung als auch der Opposition ein Abbau oder zumindest ein Auslaufen der Sparförderung verlangt.[130] Seit 1970 konzentriert sich daher – auch beeinflußt durch das 1968 erschienene Krelle-Gutachten[131] – die Diskussion vor allem auf die Beteiligung der Arbeitnehmer am Produktivvermögen.

Im folgenden soll der Stand der aktuellen Diskussion nachgezeichnet werden, um festzustellen, welchen Stellenwert die betriebliche Gewinn- und Kapitalbeteiligung im Rahmen dieser Diskussion einnimmt. Eine solche Analyse soll Aufschluß darüber geben, ob dieses Modell für die verschiedenen gesellschaftlich relevanten Gruppen und Parteien einen Kompromiß darstellen kann, mit dem die Lösung des Beteiligungsproblems angestrebt werden könnte.

4.2 Die politische Ausgangsposition

4.2.1 Die Parteien

Die Beschlüsse der Bundesparteitage von SPD, FDP und CDU geben wohl am besten die ideologischen Grundpositionen in den Parteien wieder. Nimmt man sie zum Ausgangspunkt, ergibt sich folgendes Bild:

Die FDP hat auf ihrem Parteitag 1971 in Freiburg eine überbetriebliche Gewinn- und Kapitalverteiligung beschlossen. Abgabepflichtig sollen Unternehmen ab einer bestimmten Gewinnhöhe sein, wobei der Gewinn in Relation gesetzt wird zum eingesetzten Kapital. Die Abgabe soll in Form von Aktien, Schuldverschreibungen und Darlehen erfolgen. Die Anlage wird über eine Clearingstelle nach den Entscheidungen der Eigentümer dem Bankensektor übertragen. Die Kontrolle soll das Bundesaufsichtsamt für das Kreditwesen übernehmen. Es besteht im Prinzip keine Sperrfrist. Bei sofortiger Veräußerung der Anteile entfällt allerdings das Bezugsrecht für 3 Jahre.[132]

Auch die SPD hat auf ihrem Parteitag in Hannover 1973 eine überbetriebliche Gewinn- und Kapitalbeteiligung beschlossen. Die Unternehmen sollen ab einem Steuerbilanzgewinn von 400.000,– DM abgabepflichtig sein. Die Abgabe erfolgt in Form von Wertpapierten durch Kapitalerhöhung. Die Anlage betreiben ein Zentralfonds und nicht konkurrierende regionale Fonds. Der Vorstand der Fonds wird von einem Verwaltungsrat eingesetzt, der zu 1/3 durch die öffentliche Hand und zu 2/3 mit gewählten Vertretern der Wertpapierinhaber zusammengesetzt wird. Der zentrale Fonds unterliegt einer gesamtgesellschaftlichen Zielbestimmung. Danach soll die Anlage der liquiden Mittel die Maßnahmen der öffentlichen Hand zur Verbesserung der Infrastruktur unterstützen. Die Sperrfrist für die Wertpapiere ist auf 7 Jahre festgelegt.[133]

Die CDU hat auf ihrem Parteitag in Hamburg 1973 beschlossen, daß jeder Arbeitnehmer ein zusätzliches Einkommen erhalten soll, „und zwar entweder als Beteiligungslohn oder als investive betriebliche Gewinnbeteiligung." Wichtig für die vermögenspolitische Diskussion ist dabei die neue Definition des Gewinnbegriffs: „Der Unternehmensgewinn ist im Rahmen der marktwirtschaftlichen Ordnung das Ergebnis partnerschaftlichen Zusammenwirkens von Arbeitnehmern, Unternehmern und Kapitaleignern." Zusätzlich sind flankierende Maßnahmen vorgesehen, die das Angebot an Beteiligungswerten erhöhen und staatliche Hemmnisse abbauen sollen.[134]

In dem Parteitagsbeschluß über den Beteiligungslohn und die betriebliche Gewinnbeteiligung verweist die CDU auf Gesetzesentwürfe und Anträge, die ihre Bundestagsfraktion bereits im Parlament eingebracht hatte.

Der Beteiligungslohn[135] ist in seinem Grundtyp ein Investivlohn, der nicht am Gewinn des Unternehmens, sondern am Lohn des Arbeitnehmers, damit an der Beschäftigtenzahl im Unternehmen anknüpft. Nach dem Beschluß der CDU sind die Unternehmen verpflichtet, für jeden Arbeitnehmer einen Betrag von 240 DM bzw. 360 DM zu zahlen, den dieser bei freier Wahl der Anlage vermögenswirksam – überwiegend in Produktivvermögen – anzulegen hat. Unternehmen bis zu 50 Beschäftigten werden Steuererleichterungen eingeräumt. Die Sperrfrist beträgt 6 Jahre.

Die CDU schlägt weiterhin eine betriebliche Gewinn- und Kapitalbeteiligung vor,[136] die auf Freiwilligkeit basiert. Neben Rahmenvorschriften zum Schutz der Arbeitnehmer, die insbesondere Fragen der Gleichheit, Mobilität, Mitwirkungsrechte, Fristen und Garantie zu regeln haben, sollen gesetzliche, vor allem steuerliche Hemmnisse abgebaut werden, um die Unternehmen zu einem solchen Schritt zu veranlassen. Diese Leistungen sind als Erfüllung allgemeiner Vermögensbildungsvorschriften anzurechnen.

Der CDU-Parteitag hat zusätzlich beschlossen, ein neues Unternehmensrecht zu erarbeiten, in dem die Beteiligungsrechte der Arbeitnehmer an den Entscheidungen und Erträgen der Unternehmen zusammenfassend geregelt werden sollen. Zur Erarbeitung dieses neuen Unternehmensrechtes soll eine eigene Kommission eingerichtet werden.[137]

4.2.2 Die Tarifparteien

Der Deutsche Gewerkschaftsbund hatte schon in einer Erklärung von 1968[138] in Ansätzen seine Intention erkennen lassen, die Vermögenspolitik auf einer dualistischen Konzeption aufzubauen. Zum einen sollte die bisherige individuelle Vermögensbildung durch Maßnahmen zur Sparförderung einschließlich des Abschlusses von Tarifverträgen über vermögenswirksame Leistungen ausgebaut werden; zum anderen wollte man eine Art kollektiver Vermögensbeteiligung durch eine überbetriebliche Gewinn- und Kapitalbeteiligung auf der Basis von Fonds realisieren.

Im DGB ist seit 1970 an einem Konzept zur überbetrieblichen Gewinn- und Kapitalbeteiligung gearbeitet worden, das aber verbandsintern auf großen Widerstand vor allem der IG Metall stieß. Nachdem auch auf dem Bundeskongreß in Berlin 1972 über die Anträge des Bundesvorstandes keine Einigung erzielt werden konnte, wurden alle Anträge zur Vermögenspolitik an den Bundesvorstand zurücküberwiesen mit dem Auftrag, dem Bundesausschuß des DGB ein entsprechendes Modell vorzulegen.[139]

Der Bundesausschuß[140] beschloß am 4.4.1973 mit 55:52 gegen die Stimmen der IG Metall, der ÖTV, der DPG, der GEW und der Gewerkschaft Leder ein Modell zur überbetrieblichen Gewinn- und Kapitalbeteiigung, das in wesentlichen Punkten dem wenige Tage später beschlossenen SPD-Modell entspricht[141] und das zu diesem Zeitpunkt wohl auch in der Absicht verabschiedet worden ist, auf den SPD-Parteitag Einfluß auszuüben.

Stellvertretend für die starke Minderheit im Bundesausschuß soll die Alternativposition der IG Metall aufgezeigt werden.[142] Die IG Metall sieht in einer überbetrieblichen Gewinn- und Kapitalbeteiligung eine prinzipiell falsche Gewerkschaftsstrategie, die die Priorität der Lohnpolitik und andere, notwendige Reformmaßnahmen behindert. Eine am Produktivvermögen orientierte Vermögenspolitik wird von der IG Metall wohl auch deshalb grundsätzlich abgelehnt, weil sie von der Einschätzung ausgeht, daß jedes gewerkschaftliche Engagement für die Vermögenspolitik nur zu einem Kompromiß führen kann, der die nach Auffassung der IG Metall wichtigsten Interessen, nämlich den für Machtveränderungen nutzbaren Zentralfonds, nicht mehr beinhalten würde. Ein solcher Kompromiß würde aber nicht mehr das Interesse der Gewerkschaften verdienen.[143] Demgegenüber will die IG Metall eine Demokratisierung der Wirtschaft und eine stärkere Betonung der staatlichen Gemeinschaftsaufgaben mit folgenden Instrumenten erreichen:

- Mitbestimmung in Betrieb, Unternehmen und Gesamtwirtschaft;
- Überführung von marktbeherrschenden Unternehmen in Gemeineigentum;
- Steuer- und Finanzpolitik;
- Investitionskontrolle und -lenkung.

Das Vorhandensein einer derart starken Minderheit im DGB kann dazu führen, daß der DGB als Dachverband in Fragen der Vermögenspolitik selbst handlungsunfähig wird.

Auf der Arbeitgeberseite hat sich die Bundesvereinigung Deutscher Arbeitgeberverbände (BDA)[144] in der vermögenspolitischen Diskussion lange Zeit rein defensiv verhalten. Erst 1968 erklärte man sich grundsätzlich bereit, tarifvertragliche Investivlohnvereinbarungen zu treffen. Anknüpfend an diese Erklärung ist in einer Stellungnahme zur Vermögenspolitik im Jahre 1971[145] die schrittweise Ausschöpfung des 624-DM-Gesetzes bis zu einer jährlichen Belastung der Wirtschaft von knapp 12 Mrd. DM angeboten worden. Um einen entsprechenden Liquiditätsverlust bei den Unternehmen zu vermeiden, soll die „zu diesem Zweck ... im Vermögensbildungsgesetz vorgesehene Anlageform des ‚Arbeitnehmer-Darlehens'" ausgebaut werden. Die Arbeitnehmer sollen in ihrer Bereitschaft gestärkt werden, „sich unmittelbar an dem in der Wirtschaft arbeitenden Kapital zu beteiligen." Dafür müssen entsprechende – freiwillige – Beteiligungsformen entwickelt werden. Neben der Ausgabe von „Belegschaftsaktien" wird in der „Stillen Gesellschaft" ebenso wie in anderen „freiwilligen Vereinbarungen über betriebliche Ertragsbeteiligungssysteme" ein „guter Weg" gesehen, „die Arbeitnehmer zusätzlich am Ertrag des Unternehmens zu beteiligen."

In einer Antwort auf den Parteitagsbeschluß der SPD – eine Antwort, die gleichermaßen für den Beschluß des DGB gelten kann – hat die BDA dem Konzept der SPD eine klare Absage erteilt. Sie betont, daß damit keine generelle Absage an den Gedanken der Vermögenspolitik verbunden sei: „Nur muß Vermögensbildung stets verstanden werden als individuelle Vermögensbildung. Jede Konzeption, die auf das Merkmal der persönlichen Zuordnung und Verfügbarkeit des Vermögens verzichtet, wird dem Anspruch einer echten Vermögensbildung nicht gerecht. Die tarifvertragliche Vermögensbildung, zu deren konsequenter Fortentwicklung sich die Unternehmer bereiterklärt haben, entspricht diesen Anforderungen."[146]

4.2.3 Die Bundesregierung „Grundlinien eines Vermögensbeteiligungsgesetzes" von Januar 1974

Auf der Grundlage der Parteitagsbeschlüsse von SPD und FDP hat die Bundesregierung im Januar 1974 „Grundlinien eines Vermögensbeteiligungsgesetzes" verabschiedet.[147] Diese „Grundlinien" sehen eine überbetriebliche Vermögensbeteiligung vor, bei der Kapitalgesellschaften, Personengesellschaften und Einzelunternehmen von einem einkommens- und körperschaftssteuerpflichtigen Gewinn von 400 000 DM an abgabepflichtig und alle Erwerbstätigen unterhalb einer Einkommensgrenze von 36 000 DM bzw. 54 000 DM für Verheiratete bezugsberechtigt sind. Leistungen des Betriebes nach dem 624-DM-Gesetz sowie innerbetriebliche Erfolgsbeteiligungen

(Gewinnbeteiligungen) sind insoweit anrechenbar, als sie als Betriebsaufwand den zu versteuernden Gewinn mindern. Die Aufbringung und Verteilung der Vermögensbeteiligungsabgabe regelt eine zentrale Clearingstelle, der keine eigene Kapitalmarktpolitik zusteht. Sie hat vielmehr nach freier Wahl der Bezugsberechtigten die aufkommenden Aktien und Barmittel auf entsprechende, im Bankenverkehr angesiedelte Vermögensanlagegesellschaften zu verteilen.

4.3 Die Wende in der vermögenspolitischen Diskussion

Zu Beginn des Jahres 1974 mußte unter den gegebenen politischen Verhältnissen also damit gerechnet werden, daß in absehbarer Zeit, d. h. noch in der gleichen Legislaturperiode, ein vermögenspolitisches Gesetz auf der Grundlage einer überbetrieblichen Gewinnbeteiligung verabschiedet werden würde.

Doch schon vier Monate später – im Amt des Bundeskanzlers hatte ein Wechsel von Willy Brandt auf Helmut Schmidt stattgefunden – wurde das Inkrafttreten eines solchen Gesetzes auf der Basis der „Grundlinien" in einer Regierungserklärung vom 17. Mai 1974[148] auf die nächste Legislaturperiode, auf das Jahr 1978 vertagt. Die „Grundlinien eines Vermögensbeteiligungsgesetzes" galten damit als gescheitert. Die Bundesregierung hatte zwar noch angekündigt, in der laufenden Legislaturperiode zumindest einen Gesetzentwurf dem Bundestag vorzulegen; ein solcher Gesetzesentwurf aber kam nicht zustande. Im Jahreswirtschaftsbericht 1976[149] wurde dann auch offiziell die Ankündigung eines solchen Entwurfs zurückgenommen. Als Begründung für diese Zurücknahme wurde angegeben: „Die Arbeiten der hierfür eingesetzten interministeriellen Arbeitsgruppen haben ergeben, daß eine ausgewogene und rationelle Gesamtlösung wegen rechtlicher und technischer Gründe auf z. Z. nicht lösbare Schwierigkeiten stößt. Insbesondere kann eine Gleichbehandlung von Unternehmen verschiedener Rechtsformen nicht verwirklicht werden. Darüber hinaus fehlen geeignete Maßstäbe für die Bewertung von Unternehmensanteilen, die nicht an der Börse gehandelt werden. Außerdem wäre der erforderliche Verwaltungsaufwand im Verhältnis zum Aufkommen unangemessen hoch."[150]

Diese Begründung der Bundesregierung – eine fast gleichlautende Begründung lag bereits der Regierungserklärung vom Mai 1974 zugrunde – läßt in zweierlei Hinsicht politische Spekulationen zu: Entweder sind die „Grundlinien eines Vermögensbeteiligungsgesetzes" vom Januar 1974 vorschnell, ohne ausreichende Abwägung der rechtlichen, wirtschaftlichen und ordnungspolitischen Auswirkungen veröffentlicht worden, wobei kaum anzunehmen ist, daß dann die Bundesregierung in dem relativ kurzen Zeitraum von Januar bis Mai 1974 zu fundamentalen neuen Erkenntnissen gekommen war. Oder aber eine der beiden Koalitionsparteien von SPD und FDP hatte in der Zwischenzeit Bedenken erhoben und die Regierungsumbildung dazu genutzt, diese Bedenken politisch umzusetzen. Für diese letztere Überlegung spricht, daß die „Grundlinien eines Vermögensbeteiligungsgesetzes" zusammen mit einem Entwurf eines Mitbestimmungsgesetzes vorgelegt wurden, der sehr schnell aus verfassungsrechtlichen Bedenken in Kritik geriet und später zurückgenommen wurde.[151] Nimmt man an, daß die Koalitionsparteien unter jeweiligen Zugeständnissen beide Entwürfe als „Gesamtpaket" verhandelten, mußte sich für die Koalition die Verhandlungsgrundlage in dem Augenblick verändert haben, in dem der Mitbestimmungsentwurf von 1974 nicht mehr ernstlich vertreten wurde.

So spekulativ diese Überlegungen sind, eine Klärung dieser Fragen würde zumindest eine Antwort darauf geben, ob die vorgetragenen inhaltlichen Bedenken gegen die überbetriebliche Gewinnbeteiligung tatsächlich aufgetreten oder nur vorgegeben sind.

Die politische Auswirkung des Scheiterns der „Grundlinien eines Vermögensbeteiligungsgesetzes“ durch die Bundesregierung war eindeutig: Es hat in der vermögenspolitischen Diskussion eine deutliche Wende herbeigeführt. Da das Konzept der Bundesregierung eine überbetriebliche Gewinn- und Kapitalbeteiligung zum Inhalt hatte, wurde damit gleichzeitig auch die überbetriebliche Form als vermögenspolitisches Grundmodell in den Hintergrund der Diskussion gedrängt. Die Bundesregierung hat selbst die Richtung dieser – bereits nach 1974 eingetretenen – Diskussion gewiesen, als sie nach der Aufzählung der Schwierigkeiten bei Einführung einer überbetrieblichen Gewinnbeteiligung im Jahreswirtschaftsbericht 1976 ausführte: „Soweit betriebliche und/oder tarifvertragliche Leistungen als Unternehmensbeteiligung ausgestaltet und die Interessen der Arbeitnehmer bei Arbeitsplatzwechsel gewahrt sind, ist die Bundesregierung bereit, solche Beteiligungen bei einer möglichen späteren gesetzlichen überbetrieblichen Lösung anzurechnen. Dasselbe gilt für betriebliche und/oder tarifvertraglich vereinbarte vermögenswirksame Leistungen, die als verbürgte Darlehen an das Unternehmen ausgestaltet sind, wenn die Interessen der Arbeitnehmer bei Arbeitsplatzwechsel und im Insolvenzfall gewahrt sind.“[152]

Mit anderen Worten: Die Regierung hatte selbst darauf verwiesen, daß in Zukunft vor allem freiwillige und/oder tarifvertraglich vereinbarte Lösungen im Vordergrund stehen müßten.

4.4 Der Trend zur betrieblichen Gewinnbeteiligung

Die Ernüchterung über die Chancen einer überbetrieblichen Lösung bewirkte sehr schnell eine Umorientierung in der vermögenspolitischen Diskussion. Interessanterweise begann diese Umorientierung zunächst und vor allem innerhalb des Deutschen Gewerkschaftsbundes.

In einer vielbeachteten Rede kündigte der Vorsitzende der IG Bau, Steine, Erden, Rudolf Sperner, auf dem 10. Ordentlichen Gewerkschaftstag 1975 in Hamburg eine neue vermögenspolitische Initiative seines Verbandes an.[153] Danach wird eine tarifvertraglich vereinbarte betriebliche Vermögensbeteiligung angestrebt, die für die Unternehmen, die sich daran aus bestimmten Gründen – genannt wurden z. B. Größe und Rechtsform – nicht beteiligen können, um eine überbetriebliche gemeinsame Einrichtung ergänzt werden soll. Die Abgabe soll neben der Einräumung von Beteiligungsrechten aus tarifrechtlichen Gründen auch durch Barabführung erfolgen können. Eine tarifvertragliche Regelung müßte durch staatliche Maßnahmen ergänzt werden, die die steuerlichen Benachteiligungen abbaut. Mit dieser Regelung will die IG Bau, Steine, Erden zwei Ziele erreichen: Die Beteiligung der Arbeitnehmer am zuwachsenden Produktivvermögen und die Stärkung der Eigenkapitalbildung der Unternehmen. Davon unberührt bleiben soll die Ausnutzung des 624-DM-Gesetzes.

Die Gewerkschaft hat wenig später ihre Vorstellungen weiter konkretisiert.[154] Danach sollen die Arbeitnehmer ihre Anteile als Gesellschafter in eine BGB-Gesellschaft einbringen, die ihrerseits stille Gesellschafterin des Unternehmens wird. Die Anteile sollen nicht übertragbar sein. Eine Verlustbeteiligung entfällt bei diesem Modell. Allerdings ist dieses Modell nur für größere Betriebe geeignet. Ein Branchenfonds für die überbetriebliche Ergänzung ist nicht notwendig, da die Bauwirtschaft bereits über gemeinsame Einrichtungen verfügt.[155]

Nach Angaben von Elmar Pieroth müssen die Tarifparteien in der Bauwirtschaft sogar schon kurz vor dem Abschluß eines Rahmentarifvertrages für die Vermögensbeteiligung gestanden haben.[156] Auf einem Hearing der Arbeitsgruppe „Eigentum" der CDU/CSU-Bundestagsfraktion[157] wurde sowohl von Sperner als auch von dem Präsidiumsmitglied der BDA und Vertreter des Arbeitgeberverbandes der Bauwirtschaft, Paul Brochier, bestätigt, daß der Abschluß eines solchen Tarifvertrages bisher vor allem deshalb nicht zustandegekommen sei, weil der Gesetzgeber noch nicht die steuer- und gesellschaftsrechtlichen Hemmnisse beseitigt habe.

Innerhalb des DGB hat vor allem der Vorsitzende der IG Chemie-Papier-Keramik, Karl Hauenschild, die Vorstellungen von Sperner unterstützt.[158] Hauenschild sieht in einem tarifvertraglich vereinbarten Branchenfonds „möglicherweise einen Kompromiß zwischen der großen Fondslösung und den zweifelhaften ‚betrieblichen' Modellen."[159] Auch die IG Chemie-Papier-Keramik war bereits mit den Arbeitgebern des Chemiebereichs in Verhandlungen um die Einrichtung eines Branchenfonds getreten.[160]

In der Zwischenzeit hatte auch die Bundesvereinigung Deutscher Arbeitgeberverbände (BDA) damit begonnen, an einem offensiven Konzept zur Vermögenspolitik zu arbeiten. Diese Arbeiten mündeten ein in die „Grundzüge für eine weiterführende Vermögenspolitik“[161], die auf der Vorstandssitzung am 7.10.1976 mit einem Stimmenverhältnis von 12:1 angenommen wurden. Allerdings stieß dieses Konzept überwiegend auf die Ablehnung der Mitgliedsverbände, die mittelständische Unternehmen repräsentieren.[162] Die wesentlichen Elemente dieser „Grundzüge“ sind:

- Grundlage einer Vereinbarung soll ein Tarifvertrag sein;
- Die Initiativen sollen insbesonders darauf gerichtet sein, „den Arbeitnehmern verstärkt den Zugang zu dem in der Wirtschaft arbeitenden Kapital zu erleichtern.“
- Die Anlage soll in haftendem Kapital erfolgen.
- Es wird anerkannt, daß sich bei einer Anlage im arbeitgebenden Unternehmen das Problem der Kumulierung von Arbeitsplatz- und Kapitalrisiko stellen kann. Es sei deshalb zu prüfen, ob gemeinsame Einrichtungen mit einem Umlageverfahren dem begegnen können.
- Alle Vorstellungen von überbetrieblichen Fonds werden entschieden abgelehnt.

Auch wenn dieses Konzept der BDA innerhalb der Bundesvereinigung selbst auf Kritik gestoßen ist,[163] so machen deren Bemühungen doch deutlich, daß die ursprünglich starre ablehnende Haltung aufgegeben worden war. Vergleicht man die Vorstellungen der BDA mit denen der IG Bau, Steine, Erden, dann scheint ein Kompromiß in greifbare Nähe gerückt zu sein; ein Vorgang, der für die Entwicklung der vermögenspolitischen Diskussion hoch eingeschätzt werden muß.

Die Grundlage dieses möglichen Kompromisses, eine tarifvertraglich vereinbarte betriebliche Lösung mit der Ergänzung branchenbezogener „gemeinsamer Einrichtungen“, hatte inzwischen von unabhängiger Seite eine zusätzliche wissenschaftliche Fundierung erfahren. Mit dem Ziel, Vorschläge zur Entschärfung des Verteilungsproblems zu unterbreiten, die die über den Lohnkampf entstehenden Konflikte mit der Stabilitätspolitik vermeiden, hatte der Sachverständigenrat zur Begutachtung der gesamtwirtschaftlichen Entwicklung in seinem Jahresgutachten 1975 das 1972 entwickelte Konzept einer „Gewinnbeteiligung bei begrenzter Haftung“ noch einmal aufgegriffen und weiter konkretisiert.[164] Er legte dabei den Entwurf eines Tarifvertrages vor, der die Arbeitnehmer am Gewinn beteiligt und die Einrichtung eines „gemeinsamen Pools“ vorsieht, um die unterschiedlichen Gewinnchancen und Verlustrisiken bei den verschiedenen Unternehmen ausgleichen zu können.

Vor diesem politischen Hintergrund fand dann am 11. März 1976 im Bundestag die Debatte zum Jahreswirtschaftsbericht der Bundesregierung statt, die gleichzeitig verbunden war mit einer Beratung des Antrages der CDU/CSU zur betrieblichen Vermögensbeteiligung.[165] Diese Debatte erhielt zusätzlich zu den Ausführungen des Jahreswirtschaftsberichts[166] eine besondere Note, weil kurz zuvor eine vertrauliche Studie des Bundeswirtschaftsministerums bekannt geworden war, in der festgestellt wird, daß gegen den Antrag der CDU/CSU „sachlich keine Einwendungen bestehen“ und „in der Substanz dem Unionsantrag gefolgt werden“ könne.[167] Es konnte nicht damit gerechnet werden, daß die Bundesregierung und die sie tragenden Koalitionsparteien dem CDU/CSU-Antrag zustimmen würden. Wenn auch ein Gesetz nicht zustandekam, so kam in dieser Debatte doch eine völlig veränderte vermögenspolitische Landschaft zum Ausdruck, die in dieser Form zwei Jahre zuvor keiner für möglich gehalten hätte.

Bereits in einem Schreiben vom 18.2.1976 hatte der Vorsitzende des Deutschen Gewerkschaftsbundes die Mitglieder des DGB-Bundesvorstandes auf diese Veränderung in der vermögenspolitischen Diskussion hingewiesen.[168] Er schreibt: „Die Verwirklichung dieser Forderungen würde nicht nur erhebliche Steuerausfälle zur Folge haben, sie würde auch einen Anreiz für tarifvertragliche Vereinbarungen über betriebliche Vermögensbeteiligungen der Arbeitnehmer darstellen. ... Damit stellt sich die Frage, wie sich der DGB und seine Gewerkschaften in dieser Situation verhalten sollen. Diese Frage verlangt eine rasche Antwort, denn im März wird der Bundestag über den Jahreswirtschaftsbericht beraten. Die Opposition hat bereits entsprechende Anträge angekündigt. In der SPD und FDP werden Überlegungen angestellt, wie das Thema ‚Betriebliche Vermögensbeteiligungen' im Wahlkampf behandelt werden soll."

Vetter faßt noch einmal die Gründe zusammen, die aus der Sicht des DGB gegen betriebliche Vermögensbeteiligungen sprechen:

„– Betriebliche Vermögensbeteiligungen fördern die Entfremdung der Arbeitnehmer von ihren Gewerkschaften,
– sie bevorzugen die Arbeitnehmer in ertragsstarken Unternehmen und verstärken die bestehenden Ungerechtigkeiten,
– sie stellen keine verteilungspolitische Lösung dar,
– sie werden von den Arbeitgebern gegen die Mitbestimmungsforderungen ins Feld geführt,
– sie verursachen außerdem einen nicht absehbaren Steuerausfall für den Staat, der gegenwärtig unvertretbar wäre."[169]

Vetter kommt zu dem Ergebnis, daß die Verwirklichung der DGB-Vorstellungen zur kollektiven Vermögensbildung „aber politisch wie finanziell aussichtslos (wird), wenn in breitem Umfang betriebliche Vermögensbeteiligungen vereinbart werden."[170]

Nach der Debatte zum Jahreswirtschaftsbericht geht Vetter in einem Schreiben an die Mitglieder des Geschäftsführenden Bundesvorstandes vom 18.3.1976 noch einen Schritt weiter.[171] Unter Verweis auf die Überlegungen der IG Bau, Steine, Erden und anknüpfend an seinen Brief vom 18.2.1976 schreibt er: „Zwischenzeitlich hat der Ablauf der Bundestagsdebatte um den Jahreswirtschaftsbericht der Bundesregierung gezeigt, in welchem Ausmaß sich die Diskussion verlagert hat. Nunmehr werden einmütig von allen politischen Parteien allenfalls steuertechnische und fiskalpolitische Einwände gegen betriebliche Vermögensbeteiligungssysteme erhoben. Dies bedeutet zunächst, daß die Debatte um eine politische Lösung der Vermögensproblematik mit Hilfe eines Fondssystems entsprechend unseren Vorstellungen noch weiter in die Ferne gerückt ist. Weiterhin ist damit zu rechnen, daß von politischer Seite künftig verstärkt dazu aufgerufen wird, den Komplex Vermögenspolitik durch eine tarifvertragliche Regelung von betrieblichen Vermögensbeteiligungssystemen zu lösen. In den Diskussionsbeiträgen des Ministers Friderichs und der Abgeordneten Ehrenberg und Rosenthal im Bundestag kam dies deutlich zum Ausdruck.

Vor dem Hintergrund dieser Diskussion sind innerhalb der Bonner Koalition und offenbar auch im Bereich der Arbeitgeberverbände Überlegungen angestellt worden, auf welche Weise eine Kombination des Gedankens betrieblicher Vermögensbeteiligung mit tarifpolitischen Lösungen bewerkstelligt werden könnte. Dabei wird z. B. an eine formal überbetriebliche, praktisch jedoch weitgehend betriebs- und wenigstens branchenbezogene, Ertragsbeteiligung gedacht.

Aufgrund derartiger Überlegungen ließe sich ein Tarifvertragsangebot denken, daß folgende Elemente enthält:

a) Per Tarifvertrag wird eine sehr niedrige Lohnerhöhung vereinbart; gleichzeitig erfolgt die Ausgabe von Belegschaftsaktien an alle dem Tarifvertrag unterliegenden Arbeitnehmer.

b) Durch die Errichtung eines Fonds entweder beim Arbeitgeberverband oder in einer gemeinsamen Einrichtung wird die Unverfallbarkeit der zugewendeten Belegschaftsaktien bei Betriebswechsel (innerhalb der Branche) garantiert.
c) Auch die Frage der Insolvenz-Sicherung wird über die Gründung eines Fonds beim Arbeitgeberverband bzw. mit Hilfe einer gemeinsamen Einrichtung gelöst.
d) Arbeitnehmer in gewinnschwachen Unternehmen werden keineswegs über Gebühr benachteiligt, da die Zuwendungen auf der Grundlage einer Durchschnittsrendite aller Unternehmen im Bereich des Tarifvertrages berechnet wird.
e) Arbeitnehmer in Unternehmen, die aufgrund der Rechtsform keine Belegschaftsaktien ausgeben können, erhalten ebenfalls Aktien von Gesellschaften aus dem Bereich des Arbeitgeberverbandes (‚überbetriebliche Komponente').

Die die technischen Probleme eines derartigen Angebots (vor allem Insolvenzsicherung, Übertragbarkeit bei Betriebswechsel, Ermittlung einer Durchschnittsrendite, Zuwendung von Aktien anderer Unternehmen) durchaus lösbar sind, liegt ein entsprechendes Angebot durch einen Arbeitgeberverband im Bereich des Möglichen. In diesem Falle wären uns fast alle Gegenargumente gegen die betriebliche Vermögenspolitik (z. B. Betriebsbindung, doppeltes Risiko, Benachteiligung von Arbeitnehmern in gewinnschwachen Unternehmen, keine überbetriebliche Ertragsbeteiligung) aus der Hand geschlagen. Als Gegenargument unsererseits würde lediglich übrigbleiben, daß durch einen derartigen Vertrag die Arbeitnehmer von ihren Gewerkschaften entfremdet und überdies Lohnpolitik und betriebliche Mitbestimmung beeinträchtigt werden. Weiterhin bleibe das Argument bestehen, daß es sich um eine reine Branchenlösung handelt und überdies der gesamte öffentliche Dienst von einer derartigen Lösung ausgeschlossen ist.

Sollten sich die oben geschilderten Tendenzen als realistisch erweisen, wäre bereits jeder erste Tarifvertrag, der den Komplex betriebliche Vermögensbeteiligung zu regeln versucht, von grundsätzlicher gewerkschaftspolitischer Bedeutung. Ich halte deshalb eine eingehende Diskussion dieses Problems im Bundesvorstand für erforderlich."

Zu dieser Diskussion im DGB-Bundesvorstand kam es in einer Sitzung am 4. Juli 1976.[172] Anläßlich dieser Vorstandssitzung hatten die SPD-Politiker Ehrenberg und Rosenthal einen Brief an Vetter geschrieben,[173] in dem sie auch im Namen der SPD für „Zwischenlösungen" plädieren. Danach sollten in einer branchentariflichen Lösung zwischen den Tarifvertragsparteien in eine auch von der Gewerkschaft mitbestimmten Sammelstelle entweder Aktien und Beteiligungen oder Bargeld abgeführt werden, das den Unternehmen wieder als verzinstes Darlehen zur Verfügung gestellt würde. Da die IG Metall aber an ihrer ablehnenden Haltung gegenüber einer Beteiligung der Arbeitnehmer am Produktivvermögen festhielt und Loderer auf einer Funktionärskonferenz seiner Gewerkschaft auch tarifvertragliche Lösungen auf Branchenebene als „alten Wein in neuen Schläuchen" ablehnte,[174] konnte auf der Bundesvorstandssitzung keine Einigung über die Einlassung des DGB zur Vermögenspolitik erzielt werden. Während noch einmal das Ziel der überbetrieblichen Beteiligung mit zentralen Fonds bekräftigt wurde, ist den Einzelgewerkschaften jedoch das Recht eingeräumt worden, auf dem Tarifwege Zwischenlösungen zu vereinbaren. Vetter, Sperner und Hauenschild sehen in einem solchen Vorgehen einzelner Gewerkschaften eine sinnvolle „Pionierfunktion".[175]

Im Gegensatz zum Deutschen Gewerkschaftsbund als Dachverband, der so in der Gefahr steht, in der vermögenspolitischen Diskussion handlungsunfähig zu werden, konnte der Beschluß des DGB-Bundesvorstandes nur dahingehend verstanden werden, daß jetzt den Einzelgewerkschaften für ihre Vorstellungen „grünes Licht" gegeben worden war. Die Betonung von Vetter in seinem Brief vom 18.3.1976, daß „bereits jeder erste Tarifvertrag, der den Komplex betrieblicher Vermögensbeteiligung zu regeln versucht, von grundsätzlicher gewerkschaftspolitischer Bedeutung" sei, macht deutlich, daß auch Vetter – unausgesprochen – damit rechnet, daß jeder erste Tarifvertrag in dieser Richtung einen politischen Durchbruch für die Vermögensbeteiligung darstellen würde, dem sich auch andere Gewerkschaften nicht entziehen könnten. Hier wirken die Erfahrungen nach, die die Gewerkschaften mit dem Tarifvertrag von 1965 der IG Bau, Steine, Erden gemacht hatten.

An dieser Situation hat sich auch nach dem DBG-Bundeskongreß im Mai 1978 nichts geändert.[176] Berücksichtigt man dazu die Äußerungen Sperners, daß in der Baubranche ein entsprechender Tarifvertrag inbesondere deshalb nicht zustandekam, weil der Gesetzgeber noch nicht die steuer- und gesellschaftsrechtlichen Hemmnisse für einen solchen Schritt beseitigt hat,[177] ist zwar wiederum der Gesetzgeber gefragt, aber die Schwelle gesetzgeberischen Handelns ist angesichts einer solchen Konstellation doch stark gesenkt worden. Bisher mußte man davon ausgehen, daß der Gesetzgeber selbst eine umfassende Regelung für eine Vermögensbeteiligung zu treffen hatte. Nun konnte sich der Gesetzgeber – sofern er eine solche umfassende Regelung scheute – darauf beschränken, die entsprechenden Voraussetzungen zu schaffen, um die Vermögensbeteiligung tariffähig zu machen.

4.5 Die Vermögenspolitik in der 8. Legislaturperiode – Betriebliche Lösung mit Tariffonds

Auch zu diesem Schritt hat sich der Gesetzgeber weder in der auslaufenden 7. Legislaturperiode des Jahres 1976 noch in der 8. Legislaturperiode durchringen können. Es hat in dieser Zeit allerdings nicht an Versuchen gefehlt, doch noch zu einer gesetzlichen Regelung zu kommen. So hat der damalige Bundeswirtschaftsminister Hans Friderichs am 20.8.1976 der Öffentlichkeit „Realistische Vorschläge zur Fortentwicklung der Vermögenspolitik" vorgelegt.[178]

Die darin entwickelten Vorstellungen sind am 7.11.1978 vom Staatssekretär des Bundeswirtschaftsministeriums, Otto Schlecht, in einem „Plädoyer für eine stärker investitionsorientierte Vermögenspolitik" noch einmal aufgegriffen worden.[179] Als vermögenspolitische Grundlinie des Bundeswirtschaftsministeriums zeichnete sich danach ab, neben dem Abbau steuerlicher Hemmnisse und der Erweiterung des Anlagekataloges des 624-DM-Gesetzes auch die Möglichkeit von Branchenfonds als Chance tarifvertraglicher Regelungen stärker hervorzuheben. Nach Schlecht spreche für die Vereinbarung von Branchenfonds – neben der unmittelbaren betrieblichen Beteiligung –, daß das Interesse der Gewerkschaften größer, die Risikostreuung besser und die Teilhabe von Arbeitnehmern in gewinnschwachen Unternehmen eher möglich sei. Die Gefahren des Mißbrauchs für investitionslenkende Zwecke und der Überparität könnten durch entsprechende privatwirtschaftliche und gesellschaftsrechtliche Regelungen ausgeschlossen werden, so daß solche Branchenfonds oder gemeinsame Einrichtungen „auch ohne ideologische Klimmzüge möglich" seien.

Seit dem Herbst 1977 hatte die Bundesregierung wieder einen Gesetzentwurf zur Vermögensbildung in Vorbereitung.[180] In einem Koalitionsgespräch zwischen den an diesem Gesetzentwurf beteiligten Resorts am 30.11.1977, an dem die Minister Apel, Ehrenberg und Lambsdorff teilnahmen, wurde eine Einigung auf eine „kleine Lösung" erzielt,[181] die vor allem steuerlich flankierende Maßnahmen für eine betriebliche Vermögensbeteiligung vorsah. Neue Vorschläge aus dem Arbeitskreis „Vermögensbildung" der SPD-Fraktion und des Bundesministers für Wirtschaft, der diese Vorschläge im Juli 1978 im Rahmen eines eigenen Gesetzentwurfs vorgelegt hatte, machten eine Überarbeitung der erzielten Einigung erforderlich.[182]

Auf Initiative der Bayerischen Staatsregierung beschloß der Bundesrat am 14.10. 1977, den „Entwurf eines Gesetzes zum Abbau steuerlicher Hemmnisse für die Vermögensbeteiligung der Arbeitnehmer"[183] im Deutschen Bundestag einzubringen. Dieser und der „Entwurf eines Gesetzes zur Förderung betrieblicher Gewinn- und Kapitalbeteiligung", den die CDU/CSU-Fraktion im Februar 1978 im Bundestag eingebracht hatte,[184] wurden gemeinsam in 1. Lesung am 22.6.1978 beraten und an die Ausschüsse überwiesen.[185]

Im für diese Gesetzesberatung federführenden Finanzausschuß überraschte der Parlamentarische Staatssekretär im Bundesfinanzministerium, Rolf Böhme, am 7.2.1979 – einen Tag vor der Bundestags-Debatte zum Jahreswirtschaftsbericht – mit einer neuen vermögenspolitischen Initiative der Bundesregierung.[186] Unter Bezugnahme auf die Regierungserklärung von Bundeskanzler Schmidt zu Beginn der Legislaturperiode und – so Böhme – nach Abstimmung mit dem Bundeswirtschaftsminister, Otto Graf Lambsdorff, schlug er vor, daß der Staat für die Tarifvertragsparteien entsprechende Voraussetzungen schaffen müsse, damit „Tariffonds als gemeinsame Einrichtungen zur überbetrieblichen Vermögensbildung tarifvertraglich" vereinbart werden könnten. Er stellte abschließend fest: „Nur eine überbetriebliche und tarifvertragliche Lösung wird jedenfalls nach den bisherigen Erfahrungen die Vermögensbildung weiter vorantreiben können."[187] Ob dieser Vorstoß tatsächlich mit Matthöfer und Lambsdorff abgestimmt war, bleibt fraglich. Jedenfalls hatte Lambsdorff in der am nächsten Tag stattfindenden Debatte zum Jahreswirtschaftsbericht diesen Vorschlag mit keinem einzigen Satz angesprochen.[188]

Und von Matthöfer, der seine politische Heimat in der IG Metall hat, war seit langem seine Abneigung gegen jegliche Vermögenspolitik bekannt.[189]

Dennoch kam es nach entsprechenden Vorarbeiten der Ministerien zu Koalitionsgesprächen der für Vermögenspolitik zuständigen Minister, in denen aber erst ein Ergebnis erzielt werden konnte, als sich am 20.9.1979 der Bundeskanzler selbst einschaltete. Das Ergebnis dieses Koalitionsgespräches umfaßte folgende 11 Punkte:

„1. Die Regierungserklärung wird dahingehend erfüllt, daß es einen Regierungsentwurf zur Vermögensbildung geben wird.
2. Die bestehenden Sparförderungssysteme bleiben unangetastet.
3. Der Anlagenkatalog des § 8 KapErhStG (Kapitalerhöhungssteuergesetz, der Verfasser) wird um Aktien fremder Unternehmen, stille Beteiligungen, Investmentzertifikate und Anteile an gemeinsamen Einrichtungen der Tarifvertragsparteien zur Vermögensbildung erweitert.
4. Zu Gunsten der Anteile an gemeinsamen Einrichtungen der Tarifvertragsparteien zur Vermögensbildung wird keine Gesetzesänderung durchgeführt. Sie unterliegen also voll den geltenden Rahmenbedingungen, wie sie das Kreditwesengesetz u. ä. Gesetze vorschreiben.
5. Eine Einigung über die Einführung von Einkommensgrenzen wird nicht erzielt. Graf Lambsdorff hat 48.000/96.000 DM angeboten.
6. Die gemeinsamen Einrichtungen der Tarifvertragsparteien zur Vermögensbildung dürfen nur der Vermögensbildung, keinen sozialpolitischen Nebenzwecken dienen.
7. Die Bundesregierung ist bereit, andere Formen der Gestaltung von gemeinsamen Einrichtungen der Tarifvertragsparteien auf ihre Förderungswürdigkeit hin zu prüfen, wenn seitens der Tarifvertragsparteien Vorschläge gemacht werden.
8. Voraussetzungen für eine Förderung nach § 8 KapErhStG ist, daß dem Arbeitnehmer mindestens 2 begünstigte Anlageformen angeboten werden (dies ist ein neues Modell!).
9. Die obige Vereinbarung soll auch für den öffentlichen Dienst gelten.
10. Als Prüfungsauftrag an die Ministerien verbleibt: Aufstockung des begünstigten Anlagebetrages von 624 auf 936 DM nur für Produktivkapital (lt. Regierungserklärung soll die Weiterentwicklung in der Vermögenspolitik kostenneutral sein).
11. Die beteiligten Ressorts sind gehalten, möglichst rasch einen Gesetzentwurf zu erarbeiten."[190]

Im Ergebnis würde dieser 11-Punkte-Katalog neben der weiteren Förderung betrieblicher Beteiligungen auch den Tariffonds als eine mögliche Anlageform tarifvertraglich vereinbarter vermögenswirksamer Leistungen vorsehen. Für die Arbeitnehmer würde es eine „symmetrische Wahlfreiheit" geben, die sowohl bei betrieblichen als auch bei tarifvertraglich vereinbarten Leistungen die volle Entscheidungsfreiheit für mindestens zwei begünstigte Anlageformen beinhalten würde. Allgemein wurde diese Formulierung dahingehend verstanden, daß die Arbeitnehmer mindestens die Wahlmöglichkeit zwischen der Anlage im arbeitgebenden Unternehmen und der Anlage im Tariffonds haben sollten. Auch nach einem Gespräch zwischen Matthöfer und Lambsdorff am 6.2.1980, über das verlautbart wurde, es habe „weitere Fortschritte auf dem Wege gebracht, die Bildung von Produktivvermögen bei breiten Schichten der Bevölkerung zu fördern"[191], bleiben zwei Punkte weiterhin offen: Die Frage, ob die Förderung über eine Ausweitung des Anlagekataloges des § 8 KapErhStG oder über die Aufstockung des 3. Vermögensbildungsgesetzes auf 936 DM erfolgen soll, und die Frage der Einkommensgrenzen.

Noch Ende Februar hielten führende Mitarbeiter sowohl aus dem Bundesfinanz- als auch aus dem Bundeswirtschaftsministerium eine Einigung in diesen Fragen für möglich und einen baldigen Kabinettsbeschluß über einen bereits ausgearbeiteten, die offenen Fragen alternativ formulierenden Gesetzesentwurf für wahrscheinlich. Staatssekretär Böhme soll im Finanzausschuß des Bundestages angekündigt haben, „die Koalition werde ihr Konzept in zwei Wochen fertiggestellt haben."[192]

Um so überraschender und unverständlicher mußte Mitte März eine schriftliche Erklärung von Matthöfer wirken, in der er die Vermögensbildungspläne der Koalition für absehbare Zeit für nicht finanzierbar erklärte. Wegen der finanziellen Mehrbelastung als Folge der außenpolitischen Schwierigkeiten nach dem Einmarsch der Sowjetunion in Afghanistan halte er solche Initiativen „allenfalls" erst 1983 für verantwortbar. Da Matthöfer das Gewicht seines Amtes als Bundesfinanzminister ausspielte, mußte diese Erklärung als völlige Absage an einen Gesetzesentwurf der Koalition für diese Legislaturperiode verstanden werden.[193]

Die Absage Matthöfers mußte auch für die Koalitionsparteien überraschend gekommen sein. Dies zeigte die offene Verärgerung in den Reihen der FDP und die Reaktionen von SPD-Politikern, die versicherten, daß sich kurz vor Matthöfers Erklärung noch ein Führungsgremium der SPD „sehr energisch" für eine solche Koalitionsinitiative ausgesprochen habe und auch der Bundeskanzler an der Erfüllung seiner Regierungserklärung in dieser Frage „stark interessiert" gewesen sei. Nach Ansicht der FDP hätte die Vermögensbildungsinitiative jedenfalls nicht an den Kosten von rd. 500 Mio. DM zu scheitern brauchen.[194]

Die Gründe des Scheiterns waren diesmal also nicht „rechtliche und technische Schwierigkeiten." So hat z. B. das Bewertungsproblem in der regierungsinternen Diskussion keine ausschlaggebende Rolle gespielt, sondern mußte als lösbar angesehen worden sein. Auch das von Matthöfer genannte Kostenargument, daß die 500 Mio. DM, die dieses Gesetz gekostet hätten, nicht zu finanzieren seien, dürfte nicht das entscheidende Hindernis gewesen sein. Sieht man von Matthöfers Eingreifen zunächst einmal ab, dann lagen die Gründe für das Scheitern – soweit sie nach außen sichtbar wurden – in dem nicht gelösten Streit zwischen SPD und FDP über die Frage, wo die Tariffonds gesetzestechnisch unterzubringen seien und – damit zusammenhängend – ob und in welcher Höhe Einkommensgrenzen gesetzt werden sollten. Wenn der Tariffonds im 3. Vermögensbildungsgesetz angesiedelt würde, würde das eine staatliche Förderung in Form eines Zulagensystems erforderlich machen. Hier wären Einkommensgrenzen erforderlich. Dagegen hatte sich die FDP ausgesprochen. Würde der Tariffonds dagegen im § 8 des Kapitalerhöhungssteuergesetzes untergebracht, dann würde die staatliche Förderung über die Steuer progressiv wirken. Dagegen hatte sich die SPD ausgesprochen. Der Streit, über den letztlich der Gesetzentwurf gescheitert sein soll, bestand somit in der Frage, ob die Vermögensbildung durch ein Zulagensystem oder mit einer steuerlichen Progressionswirkung gefördert werden sollte; ein Streit, der weniger dem Kern vermögenspolitischer Auseinandersetzungen als vielmehr Prinzipienfragen des Steuersystems entspringt. Mit anderen Worten: Die Vermögenspolitik der 8. Legislaturperiode wäre danach nicht an Meinungsverschiedenheiten über vermögenspolitische Grundsätze gescheitert.

Ob dieser Streit tatsächlich ausschlaggebend oder nur vorgeschoben war, bleibt fraglich. Der CDU-Bundestagsabgeordnete von der Heydt vermutete denn auch, daß „der wahre Grund für die Handlungsunfähigkeit der Regierung Schmidt in dieser Frage in den grundsätzlichen Einwendungen von Teilen des Deutschen Gewerkschaftsbundes gegen Vermögensbildungsmaßnahmen zu suchen" sei; wobei wohl der Einfluß der IG Metall auf Matthöfer als einen ehemaligen Funktionär dieser Gewerkschaft gemeint ist.[195] Sollte diese Einschätzung richtig sein, dann dürfte das Eingreifen Matthöfers nicht ohne Rückendeckung von Teilen der SPD und der Regierung erfolgt sein. Damit aber stände wiederum die Tragfähigkeit vermögenspolitischer Lösungen zur Diskussion.

Nachdem die Regierungskoalition so keinen eigenen Gesetzentwurf vorlegte, lehnte sie mit ihrer Mehrheit am 19.3.1980 in den zuständigen Ausschüssen auch den Gesetzesentwurf der CDU/CSU-Fraktion als „ungeeignet" ab.[196] Mit dem gleichen Votum wurde dann abschließend der Gesetzentwurf auch im Plenum des Deutschen Bundestages am 13.5.1980 entschieden.[197]

Damit war auch für die 8. Legislaturperiode die Vermögenspolitik vom Tisch.

4.6 Die Akzentverschiebung in der Begründung vermögenspolitischer Maßnahmen

Unter dem Gesichtspunkt der politischen Kompromißfähigkeit ist bereits eine deutliche Verlagerung der Diskussion zugunsten pragmatischer Lösungen festzustellen gewesen, von der besonders die betriebliche Vermögensbeteiligung an Bedeutung gewinnen konnte. Dieser Trend ist noch verstärkt worden durch zusätzliche Begründungen, die die Vermögenspolitik in der Zwischenzeit erfahren hat.

Im Vordergrund der Begründungen für vermögenspolitische Maßnahmen hat lange Zeit die Forderung nach größerer Verteilungsgerechtigkeit gestanden. Vor allem diese Begründung hatte einen öffentlichkeits- und wählerwirksamen Mobilisierungseffekt. Das Gerechtigkeitspostulat verlor allerdings um so mehr seine mobilisierende Wirkung, je stärker seit 1975 die konjunkturelle Situation sich verschlechterte. Im Vordergrund der öffentlichen Diskussion standen von nun an Ziele wie „wirtschaftliches Wachstum“ und „Vollbeschäftigung“.

Von einer breiten Öffentlichkeit weitgehend unbemerkt wurde die vermögenspolitische Diskussion aber im Kreise von Fachleuten zunehmend unter dem Gesichtspunkt wirtschaftspolitischer Erfordernisse mit großer Intensität fortgeführt.[198] Die negative Entwicklung der Unternehmensgewinne und der Investitionen hatten den Sachverständigenrat zur Begutachtung der gesamtwirtschaftlichen Entwicklung bereits in seinem Jahresgutachten 1972 dazu veranlaßt, die Vermögenspolitik nicht in erster Linie im gesellschaftspolitischen, sondern im wirtschaftspolitischen Rahmen zu sehen.[199] Dieser Begründungszusammenhang wurde zunehmend auch von der Bundesregierung, von der FDP und von der CDU betont. So hat beispielsweise die CDU in den letzten Jahren in allen Vorschlägen und Programmen zur Vollbeschäftigungspolitik auch die Vermögensbeteiligung der Arbeitnehmer einbezogen.[200]

Bei der Betonung wirtschaftspolitischer Erfordernisse stehen zwei Begründungen im Vordergrund:

Zum einen erfordere die derzeitige Konjunktursituation gemäßigte Tarifabschlüsse und eine flexiblere Lohnpolitik. Aber auch langfristig erscheine eine Entschärfung des Verteilungskampfes als wirtschaftspolitisch notwendig. Dieses Ziel sei mit der traditionellen Einkommenspolitik nicht zu erreichen. Geringere Lohnabschlüsse wären politisch aber leichter durchsetzbar, wenn die Arbeitnehmer mit einer Gewinnbeteiligung die Gewähr dafür erhalten, an späteren Gewinnen beteiligt zu werden.[201]

In der Tarifrunde 1976 haben die Gewerkschaften mit gemäßigten Lohnabschlüssen ihren Beitrag zur Herstellung der Vollbeschäftigung geleistet, so daß die Löhne nur zu rd. 6 % anstiegen, während die Unternehmensgewinne sich um ca. 20 % erhöhten. In diesem Zusammenhang haben sie die Erfahrung machen müssen, daß – entgegen ihrer sonstigen Befürchtung – ihr einkommenspolitischer Handlungsspielraum durch eine Vermögensbeteiligung nicht eingeengt, sondern erweitert worden wäre.[202]

Zum anderen wird insbesondere bei kleinen und mittleren Unternehmen eine zu geringe Eigenkapitalausstattung festgestellt, die dazu führte, daß diese Unternehmen konjunkturanfälliger und deshalb weniger in der Lage seien, bestimmte wirtschaftliche Risiken zu tragen. Da wegen des hohen Finanzbedarfs die Unternehmen aus sich heraus keine ausreichende Eigenkapitaldeckung erzielen könnten, müsse diese auf breitere Schichten übertragen werden. Naheliegend wäre es somit, die Arbeitnehmer stärker an das risikobehaftete Eigenkapital im arbeitgebenden Unternehmen heranzuführen. Dazu müsse die bisherige staatliche Sparförderung umgestellt werden zugunsten eines größeren Engagements in Risikokapital. Das aber erfordere eine staatlich geförderte Gewinn- und Kapitalbeteiligung der Arbeitnehmer.[203]

Als weitere Begründung ließe sich nach Meinung des Verfassers anführen, daß nur eine Gewinn- und Kapitalbeteiligung der Arbeitnehmer den Staat aus einem „fiskalpolitischen Dilemma" befreien kann. Bisher hat eine staatliche Investitionsförderung, die, wie etwa in den Nachkriegsjahren, aber auch in den Jahren nach 1975, der Steigerung wirtschaftlichen Wachstums und der Erreichung der Vollbeschäftigung dienen sollte, immer auch eine weitere Vermögenskonzentration bei den bisherigen Kapitalgebern gefördert. Diese Wirkung hat in den letzten Jahren dazu geführt, daß – aus der Sicht der Wirtschaftspolitik – zur Ankurbelung der Wirtschaft als notwendig erachtete Steuererleichterungen für Unternehmen auf den Widerstand der Gewerkschaften und Teilen der SPD gestoßen sind. Es läßt sich daraus die These ableiten, daß eine Regierung, die auf die Unterstützung der Gewerkschaften angewiesen ist, konjunkturpolitisch begründete Steuererleichterungen für Unternehmen nicht in dem wünschenswerten Umfang vornehmen kann. Oder ein solches Konjunkturprogramm ist nur durchsetzbar, wenn zugleich Steuererleichterungen bzw. sonstige Vergünstigungen auch den Arbeitnehmern zugute kommen, selbst wenn diese konjunkturpolitisch nicht notwendig sein sollten.

Mit diesen wirtschaftspolitischen Begründungen sind übergeordnete Interessen des Gesellschaftssystems stärker in den Vordergrund getreten. Besonders seit der Wirtschaftskrise nach 1974 ist mit diesen Argumenten die Diskussion fortgeführt worden. Die dieser Argumentation zugrundeliegenden Probleme sind seitdem nicht beseitigt. Sie werden sich eher noch verschärfen. Es muß daher vermutet werden, daß mit diesen Begründungen Forderungen nach einer Gewinn- und Kapitalbeteiligung der Arbeitnehmer auch in Zukunft nichts an ihrer Dringlichkeit verlieren werden.

4.7 Ergebnis

Die Analyse der aktuellen vermögenspolitischen Diskussion, insbesondere unter dem Blickwinkel, welchen Stellenwert die betriebliche Gewinn- und Kapitalbeteiligung innerhalb dieser Diskussion einnimmt, hat folgende Ergebnisse gebracht:

1. Während bis 1970 im Vordergrund staatlich betriebener und geförderter Vermögensbildung vor allem das Geldvermögen und das Haus- und Grundvermögen stand, konzentrierte sich die vermögenspolitische Diskussion nach 1970, nach Verabschiedung des 624-DM-Gesetzes, auf die Beteiligung der Arbeitnehmer am Produktivvermögen. Selbst dort, wo eine Ausweitung des Förderungsrahmens des 624-DM-Gesetzes auf 936 DM vorgeschlagen worden war, sollte bei der überwiegenden Zahl der Vorschläge der Differenzbetrag ausschließlich im Produktivvermögen angelegt werden.
2. Im Rahmen der Diskussion um eine Beteiligung der Arbeitnehmer am Produktivvermögen dominierten von 1970 bis 1974, bis zum Scheitern der „Grundlinien eines Vermögensbeteiligungsgesetzes" der Bundesregierung eindeutig Lösungsvorschläge auf der Grundlage einer auf die Gesamtwirtschaft bezogenen überbetrieblichen Gewinn- und Kapitalbeteiligung. Nur CDU und CSU hatten als Lösungsvorschlag eine freiwillige betriebliche Beteiligung angeboten, für die der Staat entsprechende Rahmenvorschriften erlassen und steuerliche Hemmnisse beseitigen sollte. Die Unionsparteien hatten ihren Vorschlag auch als tariffähig angesehen. Der noch auf ihrem Hamburger Parteitag 1973 mit vorgeschlagene Burgbacher-Plan eines „Beteiligungslohnes", der in seinem Kern ein Investiv-Lohn-Modell darstellt, hat in der parlamentarischen Praxis der CDU/CSU-Fraktion keine Rolle mehr gespielt.
3. Mit der Regierungserklärung vom Mai 1974, in der die „Grundlinien" wegen rechtlicher und technischer Bedenken zunächst vertagt, später ganz zurückgenommen wurden, galt zugleich auch das Grundmodell einer überbetrieblichen Lösung vorläufig als gescheitert. Von nun an rückten betriebliche Modelle in den Mittelpunkt der vermögenspolitischen Diskussion. CDU und CSU sahen sich in dieser Entwicklung bestätigt; sie brachten erneut ihre Gesetzesentwürfe im Bundestag ein, die aber von der Regierungskoalition abgelehnt wurden mit dem Hinweis, daß diese Entwürfe die gleichen Schwierigkeiten, vor allem das Bewertungsproblem von nichtbörsenfähigen Beteiligungspapieren, aufwerfen würden wie der Regierungsentwurf von 1974.
4. Einen neuen, starken Impuls erhielt die vermögenspolitische Diskussion durch die IG-Bau-Steine-Erden, die 1975 eine tarifvertraglich vereinbarte betriebliche Gewinn- und Kapitalbeteiligung, ergänzt um gemeinsame Einrichtungen, vorschlug. Der DGB, grundsätzlich an seinem Ziel einer überbetrieblichen Regelung festhaltend, wertete diesen Vorschlag als „Zwischenlösung" und gab allen Einzelgewerkschaften „grünes Licht", die auf dieser Basis Tarifverträge abschließen würden.

   Gleichzeitig wurden auch innerhalb der Bundesvereinigung Deutscher Arbeitgeberverbände jetzt Überlegungen angestellt, die in die gleiche Richtung gingen. So zeichnete sich hier die Annäherung zweier, bisher völlig entgegengesetzter Positionen ab, die – historisch gesehen – erstmals die Möglichkeit eines Kompromisses eröffnete. An dieser grundsätzlichen Kompromißfähigkeit hat sich nach Einschätzung des Verfassers bis heute nichts geändert.

5. Vor diesem Hintergrund hat die Bundesregierung noch einmal den Versuch unternommen, doch zu einem Vermögensbeteiligungsgesetz zu kommen. In einer Koalitionsvereinbarung vom September 1979 wurde eine Einigung darüber erzielt, durch die Ausweitung des Förderungskataloges die betriebliche Vermögensbeteiligung steuerlich weitergehend zu unterstützen und den Tarifparteien die Errichtung von branchenbezogenen Tariffonds zu ermöglichen. Die Tariffonds sollten mit in den geförderten Anlagekatalog aufgenommen werden. Sie sollten nur zu Zwecken der Vermögensbildung tätig sein dürfen.

   Daß trotz dieser Einigung ein Gesetzentwurf nicht mehr zustandekam, lag nicht an rechtlichen und technischen Schwierigkeiten, z. B. am Bewertungsproblem, wohl auch nicht an Matthöfers angeblichem Kostenargument. Nach außen hin sichtbar ist der Gesetzentwurf gescheitert an einer Frage, die eigentlich außerhalb der grundsätzlichen vermögenspolitischen Auseinandersetzung liegt, nämlich an dem allgemeinen verteilungspolitischen Streit, ob staatliche Förderung über Zulagen oder über Steuern mit progressiver Wirkung betrieben werden sollten.

   Es muß allerdings vermutet werden, daß dieser Streit nur vorgegeben war und das Koalitionspapier vom 20.9.1979 am „Veto" von Teilen der Gewerkschaften gescheitert ist.

6. Bemerkenswert an dieser vermögenspolitischen Diskussion seit 1970 ist weiterhin, daß sie auch nach der wirtschaftlichen Rezession, die Ende 1974 mit bis dahin nicht gekannter Schärfe eintrat, mit großer Intensität von Fachleuten weitergeführt worden ist. Allerdings ist dabei eine Akzentverschiebung nicht zu übersehen. Hatte noch Ende der 60er Jahre das „Gerechtigkeitspostulat" einen mobilisierenden Charakter, so ist dieses Ziel in den Augen der Bevölkerung mit der Änderung der konjunkturpolitischen Situation zugunsten der Ziele „Wirtschaftliches Wachstum" und „Arbeitsplatzsicherung" in den Hintergrund geraten. Für die meisten Fachleute aber steht fest, daß gerade das Erreichen dieser beiden Ziele durch vermögenspolitische Maßnahmen wesentlich erleichtert wird. Eine Beteiligung der Arbeitnehmer am Produktivvermögen wird deshalb heute vor allem aus wirtschaftspolitischen Gründen gefordert, um

   - lohnpolitische Verteilungskämpfe, die die wirtschaftliche Entwicklung beeinträchtigen könnten, abzumildern;
   - angesichts des die Investitionstätigkeit gefährdenden Absinkens der Eigenkapitalquote der Unternehmen neue Finanzierungsmöglichkeiten zu eröffnen;
   - durch die Lösung des fiskalpolitischen Dilemmas die Durchsetzung von Konjunkturprogrammen zu erleichtern.

   Aufgrund der Erfahrungen mit der bis 1970 praktizierten Vermögenspolitik[204] läßt sich die Feststellung treffen, daß diese wirtschaftspolitischen Begründungen die Durchsetzungschancen einer am Produktivvermögen orientierten Vermögenspolitik wesentlich erhöhen werden.

Die Auswertung der Analyse der aktuellen vermögenspolitischen Diskussion hat gezeigt, daß unter dem Gesichtspunkt der politischen Durchsetzungschance und Tragfähigkeit vermögenspolitischer Maßnahmen, aber auch unter wirtschaftspolitischen Gesichtspunkten, der betrieblichen Gewinn- und Kapitalbeteiligung der Arbeitnehmer eine hohe Bedeutung beizumessen ist. Das gilt zumal dann, wenn sie Tarifverhandlungen zugänglich gemacht und um „gemeinsame Einrichtungen" bzw. um „branchenbezogene Tariffonds" ergänzt wird.

Gegen eine solche Lösungsmöglichkeit ist aber nach wie vor eine – allerdings geschwächte – Skepsis des Deutschen Gewerkschaftsbundes festzustellen. Es fällt auf, daß diese Skepsis weitgehend von den gleichen Argumenten getragen wird, wie sie gegenüber den reinen, von den Unternehmen freiwillig praktizierten betrieblichen Beteiligungen vorgebracht worden sind.[205] Auch dort, wo – wie Vetter dies in seinen Briefen an den DGB-Bundesvorstand tut[206] – eine Auseinandersetzung mit auf Branchenebene tarifvertraglich zu vereinbarenden Beteiligungen stattfindet und zugestanden wird, daß eine solche Lösung zahlreiche Bedenken ausräumen würde, ist eine eher defensive Haltung nicht zu übersehen. Nach der historisch und politisch begründeten Erfahrung muß man aber davon ausgehen, daß eine vermögenspolitische Lösung solange nicht durchsetzbar ist, solange die Gewerkschaften nicht ihren Widerstand aufgeben und eine entsprechende Lösung nicht zumindest tolerieren.

Geht man davon aus, daß die Realisierung einer solchen Lösungsmöglichkeit im wesentlichen nur noch von der Zustimmung bzw. Duldung durch die Gewerkschaften abhängt, dann ist vor allem zu fragen, inwieweit die gewerkschaftlichen Bedenken begründet sind und ob die begründeten Bedenken ausgeräumt werden können. Darüber hinaus werden die Gewerkschaften insbesondere daran zu messen sein, ob in ihre Wertung vermögenspolitischer Lösungsmöglichkeiten nicht nur ihr Organisationsinteresse, sondern auch das Interesse der Arbeitnehmer einfließt.

Dazu muß noch einmal festgestellt werden, daß über die Auswirkungen betrieblicher Gewinn- und Kapitalbeteiligungen auf die Einstellungen und Verhaltensweisen der Arbeitnehmer und damit auch über deren Verhalten in Bezug auf die Gewerkschaften überhaupt keine, oder wenn, dann nur unzureichend abgesicherte empirische Untersuchungen vorliegen.[207] So ist z. B. das zentrale Argument der Gewerkschaften, vor allem für die innerverbandliche Diskussion, die Arbeitnehmer würden durch betriebliche Beteiligungen von ihrer Interessenvertretung entfremdet, bisher nicht auf nachweisbare Verhaltensreaktionen der Arbeitnehmer gestützt. Diese These erscheint den Gewerkschaften plausibel, weil die betrieblichen Beteiligungen historisch gesehen von Unternehmern in eigener Initiative – anders ausgedrückt: in ihrem eigenen Interesse – und z. T. bewußt gegen die Gewerkschaften vorgenommen worden sind.

Hauptgegenstand der weiteren Untersuchung im Rahmen dieser Arbeit soll daher die Beziehung zwischen betrieblicher Gewinn- und Kapitalbeteiligung und den Einstellungen und Verhaltensreaktionen der Arbeitnehmer sein. Diese Untersuchung wird am Beispiel des Pieroth-Modells vorgenommen.

Sollte diese Untersuchung zu dem Ergebnis führen, daß die gewerkschaftlichen Bedenken oder Teile dieser Bedenken gegen betriebliche Beteiligungen begründet sind, ist weiter zu fragen, ob eine tarifvertragliche Vereinbarung auf Branchenebene, die die betriebliche Beteiligung mit den überbetrieblichen Elementen einer gemeinsamen Einrichtung kombiniert, nicht eine qualitative Veränderung gegenüber der reinen freiwilligen betrieblichen Beteiligung darstellt, derart, daß diese Lösungsmöglichkeit die noch bestehenden Bedenken ausräumt.

Für die Durchsetzungschancen vermögenspolitischer Maßnahmen wäre viel gewonnen, wenn auf dieser Grundlage zumindest eine Einzelgewerkschaft wie z. B. die IG-Bau-Steine-Erden wieder eine Pionierfunktion übernehmen würde, wie sie dies 1965 schon einmal getan hat. Nach Einschätzung des Verfassers könnten sich dieser Sogwirkung dann auch andere Gewerkschaften nicht entziehen.

5. Beispiel einer betrieblichen Vermögensbeteiligung — Das Pieroth-Modell —

5.1 Gegenstand der Untersuchung

5.1.1 Die Firma Pieroth

Die Firma Weingut Ferd. Pieroth GmbH Weinkellerei, mit Sitz in Burg Layen bei Bingen, ist mit einer über 250jährigen Tradition im Weinhandel tätig.[208] Das Unternehmen hat sich dabei auf das Angebot an Qualitäts- und Lagenweinen konzentriert. So entfielen von einem Umsatz im Jahr 1978 von 445 Mill. DM (im Jahre 1971: 108,5 Mill. DM) auf Wein 86,4 % (1971: 92,4 %) auf Sekt 8,5 % (1971: 3,8 %) und auf Säfte und Spirituosen 5,1 % (1971: 1,6 %).[209] Angeboten werden u. a. Weine aus den meisten deutschen Anbaugebieten sowie aus Österreich und Frankreich.

Das Unternehmen hat sich nach dem Zweiten Weltkrieg zum größten Unternehmen der Branche und zum größten Exporteur entwickelt und wurde als „das umsatzstärkste und dynamischste Unternehmen der Deutschen Weinwirtschaft“[210] charakterisiert. Der Grundstein für diesen Erfolg wurde mit der Konzeption eines neuen Vertriebssystems gelegt, das von der Pieroth-GmbH so beschrieben wird: „Bis 1956 unterschied sich der Vertriebsweg des Weingutes Ferd. Pieroth kaum von dem anderer Weingüter. Aufgrund der Briefwerbung, bei der die angebotenen Weine charakterisiert wurden, erfolgten Bestellungen, die dann über eigene Läger und Fahrer ausgeliefert wurden. Doch den Inhabern reichte es damals nicht aus, daß die individuelle Geschmacksrichtung nur auf schriftlichem Weg erklärt wurde. Man stellte fest, daß die Weinverprobung bei den Kunden zu Hause die optimale Form ist, um die Liebhaber qualitativ hochwertiger Lagenweine zu beraten und durch die Probe eine wirklich individuelle Wahl der gewünschten Weine zu ermöglichen. Ab 1957 wurde diese Methode der privaten Weinprobe systematisch auf- und ausgebaut. Die folgerichtige Übertragung dieses Gedankens auf ausländische Märkte verlief ebenfalls erfolgreich. Heute ist Pieroth das exportstärkste Weinunternehmen, dem es gerade im Ausland gelungen ist, neue Schichten (Japan) für den deutschen Qualitätswein zu erschließen. Im Gegensatz zu einem Großteil deutscher Exporteure, die ins Ausland hauptsächlich Weine der untersten Qualitätsstufe liefern, bietet Pieroth im Ausland genau die gleiche Qualität wie im Inland an. Unter diesem Aspekt sieht das Unternehmen noch große Expansionschancen im Ausland. Auch auf dem deutschen Markt rechnet Pieroth weiterhin mit Steigerungen, die allerdings geringer sein werden als die im Ausland.“[211]

Zu dieser Strategie des aktiven Verkaufs direkt an den Endverbraucher bedurfte es der Errichtung zahlreicher Niederlassungen und Verkaufsbüros im In- und Ausland. Durch die Übernahme einer Reihe in- und ausländischer Tochtergesellschaften – so gehörten 1976 allein 13 ausländische Tochtergesellschaften zur Pieroth-Gruppe[212] –, durch langfristige Kooperationsverträge sowie durch den Ausbau neuer Vertriebswege[213] versucht Pieroth, ständig weitere Kundenkreise und Absatzmärkte zu erschließen.

Bei dieser expansiven Entwicklung des Unternehmens war die Erntemenge des eigenen Weinanbaues zu gering geworden. Neben dem Ankauf zusätzlicher Weingüter[214] versucht man, vor allem durch Verbundverträge mit einer großen Zahl von Winzern und durch Abnahmeverpflichtungen gegenüber verschiedenen Erzeugergemeinschaften die Produktionsbasis zu sichern.[215]

Die Dynamik des Unternehmens führte zu einer für die Weinbranche bis dahin nicht gekannten Umsatzsteigerung, die nach Einführung des neuen Vertriebssystems den großen Durchbruch im Jahre 1959 brachte und das Unternehmen zu einem der größten Weinhändler im EG-Bereich machte. Der Umsatz stieg von 4,3 Mill. DM im Jahr 1959 über 54,8 Mill. DM des Jahres 1968 – in diesem Jahr war rückwirkend für 1967 die Mitarbeiterbeteiligung eingeführt worden – auf 490 Mill. DM im Jahre 1979 an.[216] An dieser Umsatzentwicklung waren mit zunehmender Tendenz die Auslandsmärkte beteiligt. So stieg der Exportanteil von 29,2 % (1976) auf 34 % im Jahre 1979.[217]

Das Stammkapital der Pieroth-GmbH wurden von 4 Mill. DM (1971) auf 46 Mill. DM 1979 erhöht.[218] Entsprechend der raschen Unternehmensexpansion wuchs auch die Zahl der Mitarbeiter. Waren es noch 1967 ohne die Weinberater im Nebenberuf und ohne die Heimarbeiter in der gesamten Pieroth-Gruppe 567 Mitarbeiter, davon 479 im Inland –, so stieg die Zahl der Belegschaft bis 1979 auf 3.200 (Inland: 2310) Mitarbeiter.[219]

5.1.2 Das Sozial-System der Firma Pieroth

Neben dem wirtschaftlichen Erfolg ist die Pieroth-GmbH durch eine Reihe sozial- und gesellschaftsbezogener Aktivitäten bekannt geworden. Die darin zum Ausdruck kommende Unternehmenspolitik beschreibt der geschäftsführende Gesellschafter der Pieroth-GmbH, Adolf Huber, wie folgt: „Wirtschaftlicher Erfolg und sozialer Fortschritt scheinen für manche Zielsetzungen zu sein, die sich widersprechen. Dies ist ein Mißverständnis. Denn sozialer Fortschritt kann einerseits nur auf der gesicherten Grundlage wirtschaftlichen Erfolges aufbauen, umgekehrt bleibt der wirtschaftliche Erfolg auf die Dauer nur garantiert, wenn die Bemühungen um sozialen Fortschritt nicht haltmachen, sondern ständig voranschreiten zur Einbindung aller am Wirtschaftsprozeß Beteiligten ... Vielmehr sind sowohl die sozialen Bemühungen des Unternehmen gegenüber den Mitarbeitern, als die nach außen gerichteten Aktivitäten integrierter Bestandteil der Unternehmenspolitik. Ohne diese Bemühungen wäre der wirtschaftliche Erfolg und die Dynamik der Entwicklung des Unternehmens Pieroth nicht vorstellbar."[220]

Zu diesen sozialen Bemühungen gehören schwergewichtig:

a) Das „Pieroth-Modell der Mitarbeiterbeteiligung", das seit 1967 die Mitarbeiter am Gewinn- und Kapital des Unternehmens beteiligt. Da dieses Modell im nächsten Abschnitt eingehender untersucht wird, soll hier nur das zahlenmäßige Ergebnis des Jahres 1976 genannt werden.[221] In diesem Jahre betrug die Gewinnbeteiligung 2,26 Mill. DM. Insgesamt standen Ende 1976 rd. 6,7 Mill. DM als Mitarbeiterdarlehen und rd. 0,9 Mill. DM als stille Beteiligung im Unternehmen. Bezogen auf das nominale Stammkapital hatte das Mitarbeiterkapital (Darlehen und stille Beteiligungen) einen Anteil von rd. 25 %.
b) Das „Pieroth-Versorgungswerk" sieht als Ergänzung zur gesetzlichen Alterssicherung neben einer betrieblichen Altersrente auch Renten bei Invalidität sowie für Witwen und Waisen vor. Als besonderes Kennzeichen gilt, daß diese dynamisch ausgestaltet und bereits vor der gesetzlichen Regelung übertragbar sind. Die dafür vorgesehenen Pensionsrückstellungen betrugen Ende 1978 8,6 Mill. DM.[222]
c) Eine zusätzliche „Sicherung älterer Mitarbeiter" ist in einer Betriebsvereinbarung von 1972 beschlossen worden. Sie sieht für ältere Mitarbeiter ab 50 Jahren unter bestimmten Bedingungen einen verbesserten Kündigungsschutz sowie eine Ge-

währleistung der letzten Lohn- und Einkommensbezüge für den Fall der Leistungsminderung vor. Ebenso hat sich die Firma verpflichtet, 10 % der Arbeitsplätze im Innendienst mit älteren Mitarbeitern zu besetzen.[223] In einer Betriebsvereinbarung von 1979 sind die Maßnahmen zugunsten älterer Mitarbeiter noch weiter ausgebaut worden.[224] So können Mitarbeiter über 55 Jahre und mit einer Betriebszugehörigkeit von 10 Jahren auf dem Wege der ordentlichen Kündigung nicht mehr entlassen werden. Weiterhin ist für Mitarbeiter ab dem 60. Lebensjahr ein gleitender Ruhestand vorgesehen, der auch die Möglichkeit bietet, über die Altersgrenze hinaus zu arbeiten.

d) Die Einrichtung „Kinder im Betrieb“ bietet seit 1975 den Eltern die Möglichkeit, ihre Kinder mit in den Betrieb an ihren Arbeitsplatz mitzunehmen. Dabei sollen die Kinder nicht in einer Art Betriebskindergarten betreut werden, sondern in der Umgebung der Eltern diese bei der Arbeit beobachten können, um so Verständnis und Einblick in die Arbeitswelt der Eltern zu erhalten.[225]

e) In der Frage der „Mitbestimmung“ geht die Pieroth-GmbH über die Bestimmungen des Gesetzgebers hinaus. Sie hat bis zur Betriebsvereinbarung von 1973 in dem 12-köpfigen Aufsichtsrat der Arbeitnehmerseite statt der gesetzlich vorgeschriebenen Zahl von vier Aufsichtsratssitzen fünf Sitze eingeräumt.

   Seit der Betriebsvereinbarung von 1975 ist der Aufsichtsrat paritätisch besetzt. Daneben regelt ein ebenfalls paritätisch besetzter „Partnerschaftsausschuß“ alle Angelegenheiten, die mit der Mitarbeiterbeteiligung zusammenhängen.[226]

f) Mit der „Pieroth-Sozialbilanz“ legt das Unternehmen seit 1975 eine gesellschaftsbezogene Erfolgsrechnung der Öffentlichkeit vor. Damit will das Unternehmen neben der wirtschaftlichen auch eine gesellschaftsbezogene Rechnungslegung aufstellen, die die gesellschaftlichen Leistungen für das Unternehmen sowie den gesellschaftlichen Nutzen durch das Unternehmen bilanziert.[227]

   Auf Anregung von Pieroth hat sich im Sommer 1976 ein „Arbeitskreis Sozialbilanz-Praxis“ gebildet, in dem sich neben der Pieroth-GmbH sechs weitere Großunternehmen zusammengeschlossen und Kriterien für die Erstellung einer solchen Bilanz erarbeitet haben.[228] Bis 1979 ist die Zahl jener Unternehmen, die eine derartige Sozialbilanz vorlegen, auf 30 gestiegen.[229]

g) Mit einem „Preis zur Förderung der Vermögensbildung breiter Schichten“, den das Unternehmen erstmals 1972 gestiftet hat, will die Pieroth-GmbH besondere publizistische und wissenschaftliche Leistungen zum Problemkreis der breiten Streuung des Vermögens fördern und anerkennen.[230]

5.2 Das Pieroth-Modell der Mitarbeiter-Beteiligung

5.2.1 Die Grundzüge des Pieroth-Modells

Auf Initiative des Mitinhabers und damaligen Aufsichtsratsvorsitzenden der Pieroth-GmbH, Elmar Pieroth, wurde in einer Festveranstaltung am 19.7.1968 das „Pieroth-Modell" erstmals der Öffentlichkeit vorgestellt und an die Mitarbeiter die ersten Beteiligungsscheine für das Jahr 1967 überreicht. Vorausgegangen waren lange Vorbereitungen in einer Kommission, die alle Punkte des Beteiligungssystems beriet und in der neben den Inhabern, die Gebrüder Elmar und Kuno Pieroth, auch acht Arbeitnehmer saßen.[231]

Das von dem Unternehmen genannte Ziel dieser Beteiligung wird in dem Leitwort zum „Pieroth-Modell" von 1968 deutlich:[232] „Ungleichheiten der Vermögensverhältnisse vor Augen, um den sozialen Frieden der Zukunft besorgt, die Verantwortung des Besitzes erkennend und von dem Willen erfüllt, beispielgebend zu wirken, haben die Gesellschafter der ‚Ferd. Pieroth GmbH' in gemeinsamer Überlegung mit Mitarbeitern das Modell der ‚Pieroth-Vermögensbeteiligung' entworfen. Die Pieroth-Vermögensbeteiligung ist der Versuch, einen greifbaren Beitrag zu leisten zur Lösung eines der wesentlichen Probleme unserer Gesellschaft. Sie will mithelfen, die wirtschaftliche Existenz des einzelnen dauerhaft zu sichern, Chancengleichheit zu erringen und Abhängigkeiten abzubauen. Um die Verwirklichung dieser Ziele wollen sich Eigentümer und Mitarbeiter gemeinsam bemühen."

Hatte das Unternehmen 1968 ausschließlich gesellschaftspolitische Ziele als Motiv für die Mitarbeiter-Beteiligung genannt, so wurden 1975 auch unternehmensbezogene Beweggründe angeführt: „Die Pieroth-Mitarbeiterbeteiligung soll darüber hinaus einen Beitrag leisten zur Festigung des Unternehmens und damit zur langfristigen Sicherung der Arbeitsplätze."[233]

Die Verwirklichung dieser Ziele ist – auch wenn das ursprüngliche Pieroth-Modell von 1968 sowohl 1973 als auch 1975 Veränderungen unterworfen wurde – im wesentlichen mit drei Konstruktionselementen versucht worden, die für das Pieroth-Modell charakteristisch sind:

- Die Gewinnbeteiligung der Mitarbeiter:
  In ihrer Funktion als Arbeitnehmer wurden die Mitarbeiter zu 50 % am verteilungsfähigen Gewinn des Unternehmens beteiligt. Diese Aufteilung des Gewinnes „wurde gewählt, da eine genaue Zurechnung des Gewinnes auf die betrieblichen Leistungsfaktoren nachweislich nicht möglich ist und mit der Halbierung eine plausible Aufteilung gegeben ist."[234] Die Gewinnanteile, die im Unternehmen verbleiben, werden als Darlehen verzinst.
- Die Kapitalbeteiligung der Mitarbeiter:
  Nach fünf Jahren Gewinnbeteiligung haben die Mitarbeiter die Möglichkeit, ihre Gewinnanteile in eine Kapitalbeteiligung umzuwandeln. Sie können dann mit dem Unternehmen einen stillen Gesellschaftsvertrag abschließen. Diese Mitarbeiter-Gesellschafter nehmen dann neben ihrer Gewinnbeteiligung als Arbeitnehmer auch im Verhältnis ihrer Kapitalbeteiligung an dem Gewinn teil, der auf die Kapitalbeteiligten entfällt. Die Gewinnbeteiligung trägt so „zur Ansammlung von Vermögen in den Händen der Mitarbeiter" bei.[235]

– Die Mitbestimmung der Mitarbeiter:
  Die Mitarbeiter haben in ihrer Funktion als Arbeitnehmer Mitbestimmungsrechte, die über die gesetzlichen Vorschriften des Betriebsverfassungsgesetzes hinausgehen. Daneben werden ihnen weitere Mitbestimmungsrechte aufgrund der Gewinn- und Kapitalbeteiligung eingeräumt, die ein paritätisch besetzter Partnerschaftsausschuß wahrnimmt.

Nach über 10jähriger Erfahrung mit dem „Pieroth-Modell" wertet das Unternehmen die Mitarbeiterbeteiligung als einen erfolgreichen Schritt. Pieroth ist sich sicher: „Dieses Beteiligungssystem wollen wir auch in Zukunft beibehalten."[236]

5.2.2 Die wichtigen Elemente des Pieroth-Modells im einzelnen

5.2.2.1 Die Rechtsgrundlage der Gewinn- und Kapitalbeteiligung

Die Gewinn- und Kapitalbeteiligung der Mitarbeiter erfolgt bei Pieroth nicht durch Schenkung oder als besondere Leistungsprämierung, die eher einmaligen und „zufälligen" Charakter hätten. Vielmehr ist den Mitarbeitern ein Anspruch auf die Gewinnbeteiligung eingeräumt worden, der auf der Rechtsgrundlage einer Betriebsvereinbarung gemäß § 77 des Betriebsverfassungsgesetzes basiert. Diese Betriebsvereinbarung ist auch maßgebend für den Inhalt des stillen Gesellschaftsvertrages, mit dem der einzelne Mitarbeiter einen Anspruch auf Kapitalbeteiligung erhält.[237]
Diese Betriebsvereinbarung kann nur mit Zustimmung des paritätisch besetzten Partnerschaftsausschusses geändert oder ergänzt werden.[238] Allerdings ist eine Kündigung der Betriebsvereinbarung nach 2 Jahren möglich.[239] Die Kündigungsmöglichkeit wird begründet mit der Notwendigkeit, das Pieroth-Modell umbauen und verbessern sowie in mögliche gesetzliche Regelungen einbauen zu können.[240]

5.2.2.2 Die Gewinnbeteiligung der Mitarbeiter

Der Betriebserfolg wird als das Ergebnis des Zusammenwirkens von Kapitalgebern und Mitarbeitern angesehen. Deshalb erhalten die Mitarbeiter einen rechtlichen Anspruch, an diesem Erfolg beteiligt zu sein. Als Berechnungsgrundlage für diese Erfolgsbeteiligung wird der „verteilungsfähige Gewinn"[241] genommen, an dem die Mitarbeiter zu 50 % beteiligt sind. „Die Aufteilung des verteilungsfähigen Gewinnes im Verhältnis 1:1 zwischen Altgesellschaftern und Mitarbeitern wurde gewählt, da eine genaue Zurechnung des Gewinnes auf die betrieblichen Leistungsfaktoren nachweislich nicht möglich ist und mit der Halbierung eine plausible Aufteilung auf die Faktoren Arbeit und Kapital gegeben ist."[242] Von diesem Gewinnanteil aller Mitarbeiter werden wiederum 50 % zu gleichen Teilen auf alle berechtigten Mitarbeiter aufgeteilt. Diese Pro-Kopf-Verteilung soll dem sozialen Ausgleich zwischen den Mitarbeitern dienen. Die andere Hälfte des gesamten Mitarbeiter-Anteils wird auf die einzelnen Mitarbeiter entsprechend der individuellen Jahreslohnsumme aufgeteilt. Diese Aufteilung soll dem Ziel der Leistungsbelohnung dienen. Um zu große Unterschiede zwischen den einzelnen Gewinnanteilen, die das Ziel des sozialen Ausgleichs gefährden könnten, zu vermeiden, ist ein Mindest-Beteiligungsbeitrag festgelegt. Danach darf der Beteiligungsbetrag eines ganztagsbeschäftigten Mitarbeiters nicht mehr als 20 % unter dem Durchschnittsbetrag aller ganztagsbeschäftigten Mitarbeiter liegen.[243]

Die Gewinnanteile verbleiben als investiv zu verwendende Mittel im Unternehmen. Sie werden bis zu ihrer Umwandlung in Kapitalanteile verzinst. Dieser Zinssatz belief sich bis zur Betriebsvereinbarung von 1975 auf 3 % über den jeweiligen Diskontsatz der Deutschen Bundesbank bis zu einer Obergrenze von 8 %; seitdem ist der Zinssatz generell auf 8 % festgesetzt worden. Da die bar ausgezahlten Zinsen auf die Gewinnanteile das Einkommen des Mitarbeiters zunächst nicht spürbar verbessern, werden die Anteile in den ersten drei Jahren mit degressiver Wirkung teilweise bar ausgeschüttet. Statt der 8 % werden dem Mitarbeiter vom ersten Gewinnanteil 18 % bar ausgezahlt, vom zweiten Anteil 12 % und vom dritten Anteil 6 %.[244]

In Verlustjahren muß – im Gegensatz zum Pieroth-Modell von 1968, wo die Gewinnanteile grundsätzlich nicht verzinst werden – seit 1973 der Partnerschaftsausschuß darüber entscheiden, ob und in welcher Höhe die Anteile verzinst werden sollen.[245]

Bis zur Betriebsvereinbarung von 1975 wurden die Gewinnanteile steuerrechtlich als einseitig einbehaltener Arbeitslohn gewertet. Die Anteile einschließlich der Zinsen unterlagen somit der Lohnversteuerung und der Sozialabgabenpflicht, deren Abzug allerdings hinausgeschoben wurde bis zur Umwandlung der Gewinnanteile in die Kapitalbeteiligung. Gegenüber den Mitarbeitern wurde argumentiert, daß sie auf diese Weise „etwa 20 % bis 25 % mehr Zinsen als im Falle einer sofortigen Lohnversteuerung der Gewinnanteile“ bekommen würden. Der daraus für die Firma entstehende positive Liquiditätseffekt[246] wurde nicht erwähnt.[247] Bei der Umwandlung in Kapitalanteile oder bei Barauszahlung der zunächst einbehaltenen Anteile wurde die bis dahin hinausgeschobene Lohnbesteuerung fällig, zu Lasten der berechtigten Mitarbeiter einbehalten und an das Finanzamt abgeführt.

Diese Regelung ist mit der Betriebsvereinbarung von 1975 geändert worden. Die Gewinnanteile der Mitarbeiter werden jetzt sofort der Lohnsteuer- und Sozialversicherungsabgabe unterworfen. Nach deren Abzug verbleiben die Gewinnanteile auch steuerrechtlich nicht mehr als einseitig einbehaltener Arbeitslohn, sondern als Darlehen im Unternehmen. Damit werden aber auch die Zinsen auf die Darlehen steuerrechtlich nicht mehr als Arbeitslohn, sondern als Erträge aus Kapitalvermögen gewertet.[248]

5.2.2.3 Der verteilungsfähige Gewinn

Berechnungsgrundlage für die Verteilung des Betriebserfolges auf die Altgesellschafter und auf die Mitarbeiter ist der „verteilungsfähige Gewinn“. Dieser wird folgendermaßen ermittelt: Ausgehend vom Bruttogewinn gemäß der Steuerbilanz der Firma, von dem die zu zahlenden Ertragssteuern wie z. B. die Gewerbesteuer und die Körperschaftssteuer abgezogen werden, werden zum Zwecke der Gleichbehandlung der am betrieblichen Leistungsprozeß beteiligten Faktoren weiterhin folgende Grundvergütungen abgezogen:

- eine Verzinsung des Eigenkapitals (eingezahltes Stammkapital, Rücklagen und Gewinnvortrag) in der Höhe der Verzinsung der Mitarbeiterguthaben von 8 %.
  Eine Verzinsung der stillen Reserven erfolgt dabei nicht.
- Eine Risikoprämie in Höhe von 3 % des nominalen Eigenkapitals.

– (Im Pieroth-Modell von 1968 war noch die Möglcihkeit einer Marktreserve vorgesehen. Seit der Betriebsvereinbarung von 1973 ist diese Möglichkeit entfallen.)[249]
– (Die Grundvergütung für die Mitarbeiter in Form von Löhnen und Gehältern und die gesetzlichen und freiwilligen Sozialleistungen wurden bereits vor der Gewinnfeststellung abgezogen.)

Dem verbleibenden Gewinn werden die für das Pieroth-Versorgungswerk jährlich aufgewendeten Beträge – der Vorleistungsbetrag – hinzugerechnet. Die daraus resultierende Summe ist der verteilungsfähige Gewinn, der im Verhältnis 1:1 zwischen Altgesellschaftern und Mitarbeitern aufgeteilt wird. Der Vorleistungsbetrag des Pieroth-Versorgungswerkes wird anschließend von dem auf die Mitarbeiter entfallenden Gewinnanteil von 50 % des verteilungsfähigen Gewinnes wieder abgezogen, „da diese Aufwendungen als Vorauszahlungen auf den Gewinnanteil gelten."[250] In der Vereinbarung von 1973 wurden auch noch alle in Zukunft zusätzlich gewährten freiwilligen Sozialleistungen wie das Pieroth-Versorgungswerk als „vorweg gezahlter Gewinnanteil" gewertet.[251] In dem Modell von 1968 waren noch die freiwilligen Sozialleistungen des jeweiligen Jahres in der Gewinnhälfte der Mitarbeiter enthalten.[252] Daraus ergibt sich für das Pieroth-Modell von 1975 folgendes Schema für die Errechnung des verteilungsfähigen Gewinnes und des gesamten Anteils der Mitarbeiter-Beteiligung:

Bruttogewinn gemäß Steuerbilanz
./. Ertragssteuern (z. B. Gewerbe- und Körperschaftssteuern)
= Nettogewinn gemäß Steuerbilanz
./. Eigenkapitalverzinsung 8 %
./. Risikoprämie 3 %
\+ Vorleistungsbetrag (Pieroth-Versorgungswerk)
= verteilungsfähiger Gewinn
hiervon die Hälfte:
= Mitarbeiteranteil (50 % des verteilungsfähigen Gewinnes)
./. Vorleistungsbetrag
= Mitarbeiter-Gesamtanteil

Dieses Schema soll an einem Zahlenbeispiel verdeutlicht werden (siehe nebenstehende Abbildung).

Nach diesem Zahlenbeispiel ergibt sich für 1975 also eine Gewinnbeteiligung der Mitarbeiter von insgesamt 1,983 Mill. DM. Tatsächlich erhielten die Mitarbeiter 1975 insgesamt eine Gewinnbeteiligung von 1,885 Mill. DM,[253] so daß das Zahlenbeispiel als annähernd realistisch einzustufen ist.

5.2.2.4 Die Kapitalbeteiligung der Mitarbeiter

Ist ein Mitarbeiter in seiner Funktion als Arbeitnehmer fünf Jahre am Gewinn beteiligt, dann hat er erstmals die Möglichkeit, auf der Grundlage einer Betriebsvereinbarung mit der Firma einen stillen Gesellschaftsvertrag abzuschließen. Danach werden seine jeweils fünf Jahre alten Gewinnanteile, die als Darlehen der Firma zur Verfügung standen, in Kapitalanteile umgewandelt. Rechtlich gesehen ist die Kapitalbeteiligung des Pieroth-Modells seit 1973 eine typische stille Beteiligung. In dem Vorwort zur Betriebsvereinbarung von 1973 heißt es dazu: „Das eigentliche Ziel von Geschäftsführung und Betriebsrat konnte jedoch mit der typischen stillen Gesellschaft nicht erreicht werden. Angestrebt wird eine echte Beteiligung der Mitarbeiter an der Substanz und am Wachstum der Firma durch die Zurechnung der stillen Reserven. Die derzeit noch

Unter der Annahme, daß von dem 1975 erzielten Umsatz von 284 Mill. DM ein Gewinn vor Steuern von 7,5 % erzielt worden ist, ergibt sich ein

	Bruttogewinn gemäß Steuerbilanz von 21,3 Mill. DM		
./.	63,3 % Ertragssteuern (12,3 % Gewerbesteuer 51 % Körperschaftssteuer	./.	13,48 Mill. DM
=	Nettogewinn gemäß Steuerbilanz		7,82 Mill. DM
./.	Eigenkapitalverzinsung 8 % (vom nominalen Stammkapital 1975 = 25,5 Mill. DM; ohne Verzinsung der Rücklagen und ohne Gewinnvortrag)	./.	2,04 Mill. DM
./.	Risikoprämie 3 % (vom nominalen Stammkapital 1975 = 25,5 Mill. DM	./.	0,765 Mill. DM
+	Vorleistungsbetrag (Pieroth-Versorgungswerk 1975 = 1,049 Mill. DM)	+	1,049 Mill. DM
=	verteilungsfähiger Gewinn	=	6,064 Mill. DM
	hiervon die Hälfte		
=	Mitarbeiteranteil		3,032 Mill. DM
./.	Vorleistungsbetrag	./.	1,049 Mill. DM
=	Mitarbeiter-Gesamtanteil	=	1,983 Mill. DM

gültigen Steuergesetze verhindern jedoch eine derartige Substanzbeteiligung. Betriebsrat und Geschäftsführung erklären hier ihre Absicht, nach Änderung der entsprechenden Steuergesetze die stille Beteiligung in eine echte Substanzbeteiligung umzuwandeln."[254]

Der stille Gesellschafter erhält auch weiterhin eine Gewinnbeteiligung aufgrund seiner Arbeit. Er hat so z. B. nach acht Jahren fünf Gewinnanteile in Form von Darlehen und zusätzlich drei Kapitalanteile in der Firma stehen. Weder die Summe der kumulierten Kapitalanteile aller Beteiligten noch die des einzelnen ist nach oben hin begrenzt. Allerdings hat sich die Firma vorbehalten, die Umwandlung der Gewinnbeteiligung in die Kapitalbeteiligung für alle Mitarbeiter aussetzen zu können, um eine weitere Aufstockung der stillen Beteiligung aufzuhalten.

Die Kapitalanteile der stillen Gesellschafter werden entsprechend dem Gewinn der Firma verzinst. An dem auf die Kapitalbeteiligten entfallenden Gewinne gemäß der Steuerbilanz werden die Kapitalanteile der Mitarbeiter-Gesellschafter im Verhältnis zu den Kapitalanteilen der Altgesellschafter am Gewinn beteiligt. Entgegen dem Pieroth-Modell von 1968[255] werden die Mitarbeiter-Gesellschafter seit 1973 nicht mehr am Verlust beteiligt.[256]

5.2.2.5 Die Auszahlungs- und Auflösungsmöglichkeiten der Gewinn- und Kapitalbeteiligung

Barauszahlungen aus der Gewinn- und Kapitalbeteiligung sind in verschiedenen Möglichkeiten und unterschiedlichen Abstufungen vorgesehen:[257] Eine teilweise Barauszahlung der Gewinnanteile findet in den ersten drei Jahren der Gewinnbeteiligung statt.[258] So werden im ersten Jahr der Gewinnbeteiligung 18 %, im zweiten 12 % und im dritten Jahr 6 % ausgeschüttet. Die Zinsen für die Darlehen in Höhe von 8 % sowie die Gewinnanteile aus der stillen (Kapital-)Beteiligung werden jährlich bar ausgezahlt.

Im neunten Beteiligungsjahr, wenn der Mitarbeiter fünf Gewinnanteile als Darlehen und drei Gewinnanteile als stille Beteiligung im Unternehmen stehen hat, kann der Mitarbeiter sich auf Wunsch das jeweils älteste Darlehen auszahlen lassen.

Ein Mitarbeiter, der die „betriebliche Altersgrenze" (55 Jahre bei Männern, 50 bei Frauen) erreicht hat, kann auf Wunsch über seine gesamten Darlehen und Kapitalanteile verfügen. Er kann sie sich bar auszahlen oder aber weiterhin – auch über die gesetzliche Altersgrenzen hinaus – im Unternehmen stehen lassen.

Erfolgt eine ordentliche Kündigung des Mitarbeiters durch die Firma oder eine Beendigung des Arbeitsverhältnisses im gegenseitigen Einvernehmen, werden alle Darlehen und Kapitalanteile des Mitarbeiters in drei Jahresraten ausbezahlt.

Bei außerordentlicher Kündigung durch die Firma oder bei fristloser Entlassung bzw. bei Kündigung durch den Mitarbeiter werden die Anteile in fünf Jahresraten ausbezahlt. Wird die Betriebsvereinbarung selbst gekündigt und kommt keine neue Betriebsvereinbarung über eine Gewinn- und Kapitalbeteiligung zustande, dann werden die Darlehen und Kapitalanteile in fünf Jahresraten an die Mitarbeiter ausbezahlt.[259]

Die Mitarbeiter haben 1979 zwei weitere Möglichkeiten erhalten, sich die Darlehen und stillen Beteiligungen auszahlen zu lassen. Danach können sie zum Erwerb von Wohnungseigentum oder zur Gründung einer eigenen selbständigen Existenz über ihre Kapitalanteile ganz oder teilweise verfügen.[260]

5.2.2.6 Die Mitbestimmung der Mitarbeiter

Neben der Mitbestimmung der Mitarbeiter in ihrer Funktion als Arbeitnehmer wurden den Mitarbeitern zusätzliche Mitbestimmungsrechte aus der Gewinn- und Kapitalbeteiligung eingeräumt.

Die Mitbestimmung aufgrund der Arbeit erfolgt im Rahmen des Betriebsverfassungsgesetzes und wird von den gewählten Vertretern der Mitarbeiter im Aufsichtsrat und im Betriebsrat wahrgenommen.[261] Dabei ist in der Firma Pieroth die Position der Arbeitnehmer mit zusätzlichen, über die gesetzliche Bestimmung hinausgehenden Sitzen im Aufsichtsrat verstärkt worden.[262]

Von zwölf Aufsichtsratssitzen standen der Arbeitnehmerseite bis zur Betriebsvereinbarung von 1973 fünf Sitze zu statt der gesetzlich vorgeschriebenen Zahl von vier Sitzen. Mit der Betriebsvereinbarung von 1975 ist der Aufsichtsrat paritätisch besetzt mit Vertretern der Alt-Kapitalgeber und Vertretern der Arbeitnehmer.[263]

Darüber hinaus sind weitere Mitbestimmungsrechte den Mitarbeitern auf der Grundlage der Gewinn- und Kapitalbeteiligung eingeräumt worden, die von einem paritätisch besetzten Partnerschaftsausschuß wahrgenommen werden. Der Partnerschaftsausschuß hat neben den Rechten, die dem Wirtschaftsausschuß nach den Bestimmungen des Betriebsverfassungsgesetzes zustehen, u. a. die Aufgaben, die Bilanz zu prüfen, über die zur Verteilung kommende Gewinnsumme mitzubestimmen sowie die Abwicklung der Gewinn- und Kapitalbeteiligung zu kontrollieren.[264]

5.3 Die Auswirkungen des Pieroth-Modells auf die Mitarbeiter

5.3.1 Die Einstellungen und Verhaltensreaktionen der Mitarbeiter – Die Beobachtung und Befragung –

5.3.1.1 Methodische Vorbemerkung

Um feststellen zu können, welche Einstellungen die Mitarbeiter zur Gewinnbeteiligung haben und welche Verhaltensänderungen sich möglicherweise durch diese Einstellungen ergeben, hat der Verfasser 1974 eine zweiteilige empirische Untersuchung vorgenommen.[265] Im März 1974 wurde zunächst eine systematische, teilnehmende, verdeckte Beobachtung in der Firma Pieroth in Burg Layen durchgeführt. Vorbedingung für das Gelingen einer solchen anonymen Beobachtung war das Akzeptiertwerden der Rolle, mit der man den Arbeitnehmern gegenübertritt. Der Verfasser hat deshalb einen Monat lang anonym als „Werkstudent" in der Firma gearbeitet. Die Rolle des Werkstudenten wurde dadurch erleichtert, daß der Verfasser einmal in Mainz studiert hat und noch einen Mainzer Studentenausweis besaß. Ebenso machte die konjunkturelle Lage die Suche nach Verdienstmöglichkeiten außerhalb von Mainz plausibel. Es kann davon ausgegangen werden, daß der Zweck der Arbeit nicht bekannt und die Anonymität ohne Mißtrauen gewahrt wurde.

Der Beobachtung lag die Annahme zugrunde, daß die Arbeitnehmer unterschiedlich reagieren, wenn man ihnen in verschiedenen Rollen – z. B. als Forscher und als Werkstudent – gegenübertritt. Durch die Beobachtung eines „Werkstudenten" und durch die zusätzliche Befragung als „Forscher" sollte das Problem der einseitigen Information gegenüber einem bestimmten Rollenträger abgemildert werden. Denn aller Wahrscheinlichkeit nach wird gegenüber einem „Werkstudenten", der nicht als „besonderer Interessent" für das Pieroth-Modell auftritt, eine Identifikationsbereitschaft der Arbeitnehmer mit der Firma abgelegt, die – vielleicht – nur durch die große Publizität des Modells bedingt ist und immer dann wachgerufen wird, wenn jemand ein „besonderes Interesse" zeigt.

Darüber hinaus bietet die Beobachtung den Vorteil, die Fragen besser der Erfahrungs- und Begriffswelt des Befragten anpassen und sie situationsbezogen stellen zu können. Auch vom Forscher nicht selbst ausgelöste Reaktionen können erfaßt werden. Gleichzeitig diente die Beobachtung dazu, den Fragenkatalog der späteren schriftlichen Befragung indirekt zu testen, um sich so einen sonst üblichen Pretest zu ersparen.

Der Verfasser wurde überwiegend in der firmeneigenen Druckerei, aber auch im Briefversand beschäftigt. Durch Boten- und Transporttätigkeiten wurden begrenzte Kontakte zu anderen Abteilungen möglich. Die meisten Arbeitnehmer, die in die Beobachtung einbezogen werden konnten, waren un- bzw. angelernte Arbeiter. Gespräche mit Angestellten waren nur in kleinerem Umfang möglich. Insgesamt konnten so rd. 40 Personen in längeren Gesprächssituationen in die Beobachtung einbezogen werden. Die Beobachtung allein kann deshalb aus methodischen Gründen keinen Anspruch auf Repräsentativität erheben. Ihr ist vielmehr der Wert einer qualitativen Anreicherung der quantitativen Ergebnisse der schriftlichen Befragung beizumessen.

Eine schriftliche Befragung wurde im Dezember 1974 angeschlossen. Angeschrieben wurden alle Mitarbeiter der Pieroth-„Mutter"-Gesellschaft im Inland, also rd. 1.000 Mitarbeiter. Die Rücklaufquote betrug mit 208 ausgefüllten Fragebogen knapp über

20 %.[266] Ein Vergleich der soziologischen Struktur der Belegschaft nach Angaben der Personalabteilung mit den eingegangenen Fragebogen weist eine sehr gute Repräsentativität der Fragebogen aus.[267]

Um den Eindruck zu vermeiden, die Fragebogen könnten im Auftrage der Firma erstellt worden sein, ist darauf verzichtet worden, die Fragebogen über die Hauspost zu verteilen und in der Firma wieder einsammeln zu lassen. Ein solcher Eindruck hätte die Beantwortung der Fragen beeinflussen können. Die Briefe sind deshalb vom Seminar für Politikwissenschaft in Münster direkt an die Mitarbeiter verschickt und die Rückantwort mit gleicher Adresse versehen worden.[268]

Dieses aus wissenschaftlichen Gründen notwendige Vorgehen ist beispielsweise bei der Befragung, die unter dem Namen der „Gesellschaft für innerbetriebliche Zusammenarbeit" (GIZ) von Faltlhauser – einem Mitarbeiter der Firma Pieroth – durchgeführt[269] und mit Anschreiben des Partnerschaftsausschusses an die Mitarbeiter verteilt wurde, nicht beachtet worden. Wie sich während der Beobachtung herausstellte, ist der Fragebogen der GIZ in der Druckerei in Burg Layen gedruckt sowie im Betrieb durch Betriebsangehörige verteilt worden, und er war im Betrieb auch wieder abzugeben. Jeder Mitarbeiter hätte wissen können, daß diese Befragung von der Firma selbst ausging. Bei dieser Befragung muß deshalb zumindest in Rechnung gestellt werden, daß diese Methode die Ergebnisse beeinträchtigt haben könnte.[270]

Da die Einstellungen der Arbeitnehmer auch durch die allgemeine ökonomische und soziale Situation in der Bundesrepublik Deutschland und speziell der Region um Burg Layen und Bad Kreuznach beeinflußt werden, muß darauf verwiesen werden, daß

- zum Zeitpunkt der Beobachtung (März 1974) ein reales wirtschaftliches Wachstum von 1,5 %, eine Preissteigerungsrate von 7,4 % und eine Arbeitslosenquote von ca. 2,6 %, (Hunsrück-Nahe 3 %)
- zum Zeitpunkt der Befragung (Dezember 1974/Januar 1975) ein wirtschaftliches Wachstum von - 0,5 %, eine Preissteigerungsrate von 6,4 % und eine Arbeitslosenquote von ca. 5 % zu verzeichnen war;
- in der Hunsrück-Nahe-Region strukturell erschwerte Arbeitsmarktbedingungen hinzukommen, die sowohl das Arbeitsplatzangebot als auch die Lohnhöhe negativ beeinflussen.

In der folgenden Darstellung werden die Ergebnisse der eigenen Beobachtung nicht gesondert aufgeführt, sondern jeweils den Befragungsergebnissen zugeordnet.

5.3.1.2 Soziologische Struktur der Befragten

1. Das Alter

Tabelle 1: Die Altersstruktur[271]

– unter 20 Jahre	5,3 %
– 20 bis 25 Jahre	17,8 %
– 26 bis 35 Jahre	45,7 %
– 36 bis 45 Jahre	19,2 %
– 46 bis 55 Jahre	5,8 %
– 56 und älter	5,8 %

Wie die Tabelle 1 zeigt, ist die Belegschaft der Firma sehr jung. 143 oder rd. 69 % der befragten Mitarbeiter sind unter 35 Jahre alt. Nur rd. 6 % sind älter als 55.

Für dieses junge Durchschnittsalter der Belegschaft ist die besondere Belastung des Außendienstes dabei keine Erklärung; obwohl aus vielen Anmerkungen zu Frage 9[272] deutlich der Wunsch hervorging, die Tätigkeit im Außendienst in späteren Jahren zugunsten eines „ruhigeren“ Arbeitsplatzes im Innendienst wechseln zu können. Eine Aufschlüsselung der Altersstruktur nach Innen- und Außendienst[273] zeigt nämlich, daß im Innendienst rd. 71 % unter 35 Jahre alt sind, während dies im Außendienst nur rd. 67 % sind. Die über 55jährigen sind mit rd. 9,1 % überwiegend im Innendienst beschäftigt.

Eine Erklärung kann deshalb nur in der expansiven Entwicklung des Unternehmens mit der schnell anwachsenden Mitarbeiterzahl und in dem bei der Einstellung neuer Mitarbeiter praktizierten Ausleseprozeß gesehen werden. Diese Vermutung wird bestätigt, wenn man die Altersgruppen mit der Dauer der Betriebszugehörigkeit[274] vergleicht. Von den neu eingestellten Mitarbeitern, die weniger als ein Jahr zum Betrieb gehören, sind rd. 83 % jünger als 35.

2. Geschlecht

Tabelle 2: Geschlecht[275]

männlich	80,29 %
weiblich	19,71 %

3. Konfession

Tabelle 3: Konfession[276]

keine	11,54 %
römisch-katholisch	47,60 %
evangelisch	39,90 %
andere	0,96 %

4. Soziale Schichtung

Als Schichtungsindikatoren können der Bildungsgrad, die Stellung im Beruf, die soziale Herkunft und die Einkommenshöhe herangezogen werden.

Tabelle 4: Bildungsgrad[277]

Besuch bzw. Abschluß	
Volksschule	42,3 %
Realschule	16,4 %
Gymnasium	13,0 %
Studium	10,6 %
anderes	17,8 %

Wie aus den Anmerkungen hervorging, handelt es sich bei der großen Nennung von „andere Schulbildung“ überwiegend um den Besuch bzw. um den Abschluß der Handelsschule.

Tabelle 5: Stellung im Beruf (Berufsausbildung)[278]

an- bzw. ungelernte Arbeiter	3,9 %
Facharbeiter	22,6 %
Angestellte	59,1 %
leit. Angestellte	9,1 %
andere	5,3 %

In der Anlage „Zur Repräsentativität der Befragung" ist darauf hingewiesen worden, daß vielfach „Angestellte" und „Facharbeiter" gleichzeitig angegeben worden war. Die Stellung des Facharbeiters scheint einen höheren Prestigewert und Sozialstatus anzugeben und eine höhere, möglicherweise verantwortungsvollere Qualifikation zu assoziieren als die mancher Angestellter.[279]

Ob der Beruf, zu dem man einmal ausgebildet worden ist, heute noch ausgeübt wird oder ein Wechsel stattgefunden hat, zeigt Tabelle 6 zur Berufsmobilität.

Tabelle 6: Stellung im Beruf (Berufsmobilität)[280]

kein gelernter Beruf	6,7 %
heute ausgeübter Beruf	31,7 %
anderer als der heute ausgeübte Beruf gelernt	59,6 %

Damit übt nur jeder Dritte heute noch seinen erlernten Beruf aus. Die Berufsmobilität der Pieroth-Mitarbeiter muß als sehr hoch angesehen werden. Nach einer Untersuchung von Infas, die von August 1972 bis März 1973 bundesweit durchgeführt worden ist, sind im Bundesdurchschnitt 58 % der Arbeitnehmer noch im ursprünglich erlernten Beruf tätig gewesen, während 38 % einen anderen als den erlernten Beruf ausübten.[281]

Tabelle 7: Soziale Herkunft (Beruf des Vaters)[282]

Der Vater war	
un- bzw. angelernter Arbeiter	3,9 %
Facharbeiter	21,2 %
Angestellter	11,1 %
lt. Angestellter	11,1 %
Beamter	16,4 %
selbst. Handwerker/Kaufmann kleinerer Unternehmer	20,7 %
Landwirt	9,6 %
andere	5,8 %

Vergleicht man die Angaben dieser Tabelle mit denen der Tabelle 5, ist zweierlei bemerkenswert. Einmal ergeben sich für an- bzw. ungelernte Arbeiter, Facharbeiter und leitende Angestellte fast die gleichen Prozentsätze. Zum anderen fällt der hohe Anteil derjenigen auf, deren Vater einen selbständigen Beruf ausgeübt hat bzw. ausübt. Daß man selbst nicht ebenfalls als Selbständiger arbeitet, dürfte neben der allgemeinen Abnahme der Selbständigkeit vor allem an der wirtschaftlichen Situation der Hunsrück-Nahe-Region liegen, die wohl dafür keine ausreichende Einkommenssicherung mehr bietet.

Tabelle 8: Einkommensstruktur[283]

Es hatten ein monatliches Bruttoeinkommen	
unter 1000 DM	9,1 %
1000 bis 1500 DM	16,8 %
1500 bis 2000 DM	16,8 %
über 2000 DM	56,7 %

Eine Untergliederung der Einkommensstruktur nach Innen- und Außendienst zeigt, daß an den hohen Einkommen vor allem die Mitarbeiter des Außendienstes beteiligt sind. Von ihnen haben rd. 77 % ein Einkommen von über 2000,– DM, während dies bei den Mitarbeitern des Innendienstes nur zu 34,3 % der Fall ist.[284]

Der Frage Nr. 12 des Statistischen Teils[285] ist zu entnehmen, daß die Befragten zu 53,4 % das Einkommen des Haushalts alleine bestreiten.

5. Regionale Herkunft

1976 haben im Einzugsbereich des Stammhauses der Firma, der Hunsrück-Nahe-Region um die Orte Bad Kreuznach, Burg Layen und Langenlonsheim, rd. 60 % der inländischen Pieroth-Mitarbeiter gewohnt.[286] Nach der Befragung ergibt sich folgender regionaler Standort:

Tabelle 9: Regionale Herkunft (Wohnort)[287]

Kleinstadt	20,7 %
Mittelstadt	19,2 %
Großstadt	21,2 %
Land/Dorf	38,5 %

Während die Innendienst-Mitarbeiter zu fast 50 % in einem Dorf auf dem Lande wohnen, leben die Mitarbeiter des Außendienstes mit rd. 45 % größtenteils in Mittel- und Großstädten.

5.3.1.3 Die Einstellung zur Gewinnbeteiligung

Wie sich in der Beobachtung gezeigt hat, wird das „Pieroth-Modell" von den Mitarbeitern sowohl von der Aufbringungs- als auch von der Verwendungsseite her mit dem Begriff „Gewinnbeteiligung" eingeordnet. Begriffe wie „Kapitalbeteiligung", „stille Gesellschafter" oder „Teihaber" sind Worthülsen, die zwar von den betriebsinternen Informationen z. T. übernommen, aber nicht verstanden werden. Sie liegen außerhalb des Erfahrungshorizonts der meisten Mitarbeiter. Deshalb ist als Oberbegriff für alle mit dem Pieroth-Modell zusammenhängenden Komplexe im Fragebogen der Begriff „Gewinnbeteiligung" gewählt worden.

Will man die Einstellung der Mitarbeiter zur Gewinnbeteiligung bei der Firma Pieroth erfassen, muß bei direkten Fragen berücksichtigt werden, daß eine latente Identifikationsbereitschaft mit der Firma die Antworten beeinflußt und diese dann im „Sinne" der Firma wiedergegeben werden.[288] Die Antworten wären so nicht das Ergebnis eigener Vorstellungen der Mitarbeiter, sondern Ausfluß der betriebsinternen Informationen, die – wie ein leitender Angestellter während der Beobachtung betonte – das Pieroth-Modell „wie ein Produkt verkaufen" würden. Die Mitarbeiter sind sich durchaus der hohen Publizität, die das Pieroth-Modell genießt, bewußt. Rd. 27 % sind sogar stolz darauf und weitere 47 % halten das der Sache nach für angemessen.[289] Auch von Freunden und Bekannten sind nur 13 % bisher nicht auf das Pieroth-Modell hin angesprochen worden.[290] Um die die Antworten verzerrenden Einflußfaktoren möglichst auszuschalten, sind verschiedene Fragen direkter und indirekter Art gestellt worden.

In zwei Fragen, in denen keine geschlossenen Antworten vorgegeben waren, sollten die Mitarbeiter selbst eine Rangliste aufstellen, was für die Arbeitnehmer am wichtigsten ist,[291] bzw. welche Maßnahmen die Lage der Arbeitnehmer weiter verbessern könnten.[292] Die frei formulierten Antworten sind in neun Kategorien zusammengefaßt worden. Danach ergibt sich folgende Rangliste (siehe nächste Seite):

Tabelle 10: Rangliste der für die Arbeitnehmer wichtigsten Probleme und Maßnahmen

Was ist am wichtigsten?

1. allgemeine wirtschaftl. Lage (sicherer Arbeitsplatz, Preisstabilität u. ä.)	28,9 %
2. Einkommen (Verdienst, Altersversorgung, Sozialleistungen u. ä.)	19,7 %
3. Arbeitsinhalt (Motivation, Aufgabe, Anerkennung in der Arbeit u. ä.)	18,3 %
4. Betriebsklima (Verhältnis zu Kollegen u. Vorgesetzten u. ä.)	18,3 %
5. tradierte Werte (Treue, Fleiß, Leistung, ordentliches Arbeiten)	2,9 %
6. Aufstiegschancen (Aufstieg, Fortbildung)	1,0 %
7. Information (Einblick in Unternehmensplanung, Betriebsführung u. ä.)	1,0 %
8. Arbeitsbedingungen (kürzere Arbeitszeit, Arbeitsweg u. ä.)	0,5 %
9. Mitbestimmung	0,0 %

Was könnte die Lage weiter verbessern?

1. Einkommen	18,3 %
2. Mitbestimmung	12,5 %
3. Information	10,1 %
4. Betriebsklima	7,2 %
5. Aufstiegschancen	6,3 %
6. allegemeine wirtschaftl. Lage	4,8 %
7. Verbesserung Arbeitsinhalt	4,8 %
8. Arbeitsbedingungen	1,0 %
9. tradierte Werte	0,5 %

Zur Tabelle Nr. 10 ist anzumerken, daß auf die Frage, welche Maßnahmen die Lage der Arbeitnehmer weiter verbessern könnten (Frage Nr. 16) 34,6 % der Mitarbeiter keine Antwort gegeben haben oder geben konnten. Für unsere Untersuchung von Bedeutung ist die Feststellung, daß die Gewinnbeteiligung der Arbeitnehmer nicht ein einziges Mal genannt wird. Könnte diese Feststellung auf die Frage, welche Maßnahmen die Lage der Arbeitnehmer weiter verbessern könnte, noch damit erklärt werden, daß bei Pieroth eine Gewinnbeteiligung bereits vorhanden ist, so muß dieses Ergebnis für die andere Frage doch erstaunen. Da nicht anzunehmen ist, daß die Gewinnbeteiligung bei den Mitarbeitern völlig außerhalb ihres Problemhorizonts liegt, wäre dies nur damit zu erklären, daß sie in irgendeiner Form der Einkommenskategorie zugeordnet wird; sei es als Verdienstmöglichkeit oder als Sozialleistung. Bemerkenswert ist weiterhin, daß die Mitbestimmung unter den Maßnahmen, die am wichtigsten sind, ebenfalls keinmal genannt wird, dagegen aber unter den Maßnahmen, die die Lage der Arbeitnehmer weiter verbessern könnte, an zweiter Stelle rangiert.

Eine direkte Bewertung der Gewinnbeteiligung wurde in der Frage Nr. 22 abverlangt. Danach halten 61,5 % der Befragten die Beteiligung der Arbeitnehmer am Gewinn ihres Betriebes für wichtig oder für unbedingt notwendig. Rd. 21 % halten sie für eine Sache, die den Arbeitnehmern ohnehin zusteht. Nur rd. 16 % halten sie für nicht notwendig oder für weniger wichtig.

Tabelle 11: Einschätzung der Gewinnbeteiligung

Frage Nr. 22:
Halten Sie – ganz allgemein – eine Beteiligung der Arbeitnehmer am Gewinn ihres Betriebes für

– nicht notwendig	2,9 %
– weniger wichtig	13,0 %
– eine Sache, die den Arbeitnehmern ohnehin zusteht	20,7 %
– für wichtig	45,2 %
– für unbedingt notwendig	16,4 %
– weiß nicht	1,9 %

Eine Untergliederung nach Innen- und Außendienst zeigt dabei keine signifikanten Unterschiede. Eine Abweichung läßt sich nur für die beiden eher negativen Einschätzungen zur Gewinnbeteiligung feststellen, wo der Innendienst mit 20 % die Gewinnbeteiligung für nicht notwendig oder weniger wichtig einschätzt, während der Außendienst dies nur zu 12 % tut.

Überraschenderweise gibt es zwischen der Dauer der Betriebszugehörigkeit und der Einschätzung der Gewinnbeteiligung keine positive Korrelation. Hier hätte man eigentlich erwarten können, daß die Gewinnbeteiligung um so wichtiger eingeschätzt wird, je länger die Mitarbeiter dem Betrieb angehören.

Dagegen ist ein sehr deutlicher Zusammenhang zwischen der Stellung im Beruf nach der Berufsausbildung und der Einschätzung der Gewinnbeteiligung feststellbar. Je qualifizierter die Berufsausbildung, desto höher wird die Gewinnbeteiligung eingeschätzt. Dieser Zusammenhang wird in der folgenden Tabelle deutlich:

Tabelle 12: Einschätzung der Gewinnbeteiligung nach der Stellung im Beruf (in %)

Einschätzung der Gewinnbeteiligung \ Stellung im Beruf	Arbeiter	Facharbeiter	Angestellter	lt. Angestellter
nicht notwendig	12,5	4,3	2,4	0,0
weniger wichtig	25,0	19,2	11,4	10,5
Sache, die zusteht	12,5	12,8	23,6	10,5
wichtig	25,0	44,7	45,5	57,9
unbedingt notwendig	12,5	14,9	16,3	21,1

Ein ähnliches Verhältnis gibt es auch zwischen der Einschätzung der Gewinnbeteiligung und der Schulausbildung. Auch hier kann man feststellen, daß die Gewinnbeteiligung umso wichtiger und notwendiger eingeschätzt wird, je höher die Schulausbildung ist. Daraus läßt sich die These ableiten:

Je qualifizierter die Schul- und Berufsausbildung, desto wichtiger und notwendiger wird die Gewinnbeteiligung eingeschätzt.

Das gleiche Bild zeigt sich, wenn eine weitere Untergliederung nach Einkommensgruppen vorgenommen wird. In der Einkommensgruppe bis zu 1000,– DM haben rd. 37 % die Gewinnbeteiligung für nicht notwendig oder weniger wichtig eingestuft. Dieser Prozentsatz nimmt kontinuierlich ab, je höher das Einkommen ist. In der Einkommensgruppe über 2000,– DM haben diese distanzierte Einschätzung nur noch 11 %.

Da gleichzeitig ein eindeutiger Zusammenhang zwischen Schulausbildung und der Höhe der Einkommen bei den Mitarbeitern nicht anzutreffen ist, läßt sich als weitere eigenständige These formulieren:

Die Gewinnbeteiligung wird um so wichtiger und notwendiger angesehen, je höher das Einkommen ist.

Während in der Frage Nr. 22 direkt und alternativlos nach der Wichtigkeit der Gewinnnbeteiligung gefragt wurde, sollten die Mitarbeiter in der Frage Nr. 21 angeben, ob sie lieber eine Lohnerhöhung oder eine Gewinnbeteiligung bevorzugen würden.[293] Das Ergebnis ist eindeutig. Rd. 68 % der befragten Arbeitnehmer würden einer Lohnerhöhung den Vorzug geben; nur 28 % würden sich für eine Gewinnbeteiligung entscheiden.

Tabelle 13: Entscheidung für Lohnerhöhung oder Gewinnbeteiligung

– Lohnerhöhung	67,8 %
– Gewinnbeteiligung	27,9 %
– weiß nicht	3,9 %

Dieses Ergebnis entspricht so ziemlich genau der Einschätzung eines Abteilungsleiters, der glaubte, daß sich ca. 60 % der Mitarbeiter für mehr Lohn statt der Gewinnbeteiligung aussprechen würden. Nach seiner Auffassung betrachten die meisten Arbeitnehmer die Gewinnbeteiligung nur als zusätzliches Einkommen. Auch die in der Beobachtung gemachten Erfahrungen bestätigen, daß die Arbeitnehmer – zumindest die Arbeiter – überwiegend am Barlohn orientiert sind.

Wie bei der Frage Nr. 22 gibt es auch hier keine gravierenden Unterschiede zwischen Innen- und Außendienst und ebenfalls keinen Zusammenhang mit der Dauer der Betriebszugehörigkeit. Während es bei dieser Frage allerdings auch keine Beziehung zwischen der Entscheidung für Lohnerhöhung oder Gewinnbeteiligung und der Schulausbildung gibt, ist der Zusammenhang mit der Stellung im Beruf nach der Berufsausbildung wieder recht deutlich. So hat sich kein einziger an- bzw. ungelernter Arbeiter für die Gewinnbeteiligung, alle haben sich für die Lohnerhöhung entschieden. Demgegenüber haben die Angestellten (65,9 %) und die leitenden Angestellten (63,2 %) sich nur unterdurchschnittlich, aber immer noch überraschend hoch für die Lohnerhöhung ausgesprochen. Je höher also die berufliche Qualifizierung, desto weniger wird die Lohnerhöhung gewählt. Ähnlich ist der Zusammenhang mit der Höhe des Einkommens. Auch hier gilt: Je höher das Einkommen, desto eher entscheidet man sich für die Gewinnbeteiligung.

Die generelle Bevorzugung der Lohnerhöhung kann neben der Barlohnorientierung durch die konjunkturelle Situation verstärkt worden sein. Immer wieder klang in den Gesprächen an, daß die starke Inflation bei den Arbeitnehmern das Gefühl ausgelöst hat, die Preise würden den Löhnen „davonlaufen". Um das Anspruchsniveau zu halten, könnte so – kurzfristig? – keine Gewinnbeteiligung, sondern eine Lohnerhöhung gefragt sein.

Für viele Mitarbeiter ist es der Einkommensaspekt, über den sie überhaupt den Zugang zur Gewinn- und Kapitalbeteiligung des Pieroth-Modells finden. Auf Fragen, wie denn die „Vermögensbildung" bei Pieroth aussehe, bekam man nur in sehr seltenen Fällen eine genaue Beschreibung des Modells. Für die meisten beschränkte sich die Antwort auf den Hinweis, daß die Vermögensanteile verzinst würden. So war denn für sie die Einführung der stillen Beteiligung und ihr Status als „stiller Gesellschafter" auch keine qualitative Veränderung ihrer Arbeitnehmersituation, sondern nur die Möglichkeit, für die eigenen Anteile höhere Zinsen zu bekommen.

Diese Einstellung der Arbeitnehmer verweist auf den Aspekt, daß im Gegensatz zu Lohnauszahlungen die Gewinn- und erst recht die Kapitalbeteiligung (noch) außerhalb des eigenen Erfahrungshorizontes liegen. Ein etwa 50jähriger Arbeiter, der noch nicht ganz zwei Jahre bei Pieroth beschäftigt war, drückte das so aus: „Über die Gewinnbeteiligung habe ich mir noch keine Gedanken gemacht. Ich bekomme erst in einem halben Jahr zum ersten Mal Anteile zugeteilt. Warum soll ich mir schon vorher Gedanken machen?" Hier ist explizit ausgesprochen, daß man sich erst mit einer Sache beschäftigt, wenn sie akut wird, wenn sie unmittelbar zur Erfahrung des eigenen Betroffen-Seins führt. Für einen Abteilungsleiter stand denn auch fest, daß, wenn die Leute erst einmal in der Gewinnbeteiligung seien, die ersten Zinsen ausgezahlt bekämen und ihr Vemögen anwachsen sähen, sie sich dann auch darüber Gedanken machen würden.

Folgt man diesen Überlegungen, dann ist die Einstellung der Mitarbeiter zur Gewinnbeteiligung vor allem eine Frage der Zeit; eine Frage der Möglichkeit, genügend eigene Erfahrungen sammeln zu können. Diese Überlegungen müssen nicht im Widerspruch stehen zu dem obigen Ergebnis, in dem zwischen der Dauer der Betriebszugehörigkeit und der Einschätzung der Gewinnbeteiligung keine positive Korrelation festgestellt wurde.[294] Bis zum Zeitpunkt der Befragung (Dezember 1974/Januar 1975) haben die Mitarbeiter keine „echte" Entscheidung treffen müssen, die von ihnen eine Auseinandersetzung mit der Gewinn- und Kapitalbeteiligung abverlangt hätte. Geht man von der Barlohnorientierung der Mitarbeiter aus, ist eine solche Entscheidung erstmals 1975 zu treffen gewesen. In diesem Jahr hatten die Mitarbeiter zum ersten Mal die Wahl, das angesammelte Kapital bar zu entnehmen oder weiterhin als stille Beteiligung im Unternehmen stehen zu lassen. Bei dieser ersten Wahlmöglichkeit haben nur 32 % aller Mitarbeiter auf eine mögliche Auszahlung ihrer Anteile verzichtet, haben sich also nicht für eine direkte Aufbesserung ihrer verfügbaren Einkommen entschieden. Nach der Befragung zu urteilen, war dieses Verhalten kein Zufall. Dieser Prozentsatz ist fast identisch mit dem Prozentsatz, der sich in der Befragung für eine Gewinnbeteiligung ausgesprochen hat. Aber schon 1976 hat sich dieses Verhalten fundamental gewandelt. In diesem Jahr haben immerhin über 60 % der Mitarbeiter auf die mögliche Auszahlung verzichtet, haben also ihre Anteile im Unternehmen stehen lassen.[295] Dieses Mitarbeiterverhalten hat damit die obigen Überlegungen bereits bestätigt.

Diese Verhaltensänderung muß als Lernprozeß verstanden werden. Selbst wenn dafür nach wie vor die grundsätzliche Einkommensorientierung ausschlaggebend war, weil diejenigen, die ihre Anteile im Betrieb belassen haben, als „stille Gesellschafter" eine höhere Verzinsung erzielen konnten, so dürfte diese Erfahrung doch eine Verschiebung des Zeithorizontes von kurzfristig erwarteten Lohnerhöhungen zugunsten einer längerfristiger wirkenden Gewinnbeteiligung mit sich bringen. Diese Veränderung des Zeithorizontes aber müßte auf Dauer auch die ökonomischen Bedingungen dieser neuen Art „Einkommensquelle" in das eigene Blickfeld rücken. Wird dieser gedankliche Prozeß nachvollzogen, dann dürfte mit einer betrieblichen Gewinn- und Kapitalbeteiligung in der Tat ein wichtiger Schritt in Richtung eines wirtschaftlich mitdenkenden und an der betrieblichen Leistung orientierten Mitarbeiters gelungen sein.

Schon in der Befragung ist mit einem hohen Prozentsatz zum Ausdruck gekommen, daß die Arbeitnehmer um diese ökonomischen Bedingungen der Gewinnbeteiligung wissen – wie Tabelle 14 zeigt.

Tabelle 14: Warum bleiben Ihrer Meinung nach die Gewinnanteile im Betrieb stehen? (Frage Nr. 23)

– damit der Betrieb nicht pleite geht	2,9 %
– dem Betrieb kein Geld für Investitionszwecke entzogen wird	43,8 %
– doch alles wieder beim alten bleibt	1,4 %
– die Anteile der Arbeitnehmer schneller wachsen	8,2 %
– die Arbeitnehmer an ihrem Betrieb beteiligt werden können	22,6 %
– der einzelne das Geld nicht gleich wieder verbraucht	7,2 %
– der Arbeitgeber doch wieder das Geld nur für sich arbeiten läßt	12,0 %
– weiß nicht	1,9 %

So haben immerhin fast 47 % die ökonomische Notwendigkeit betrieblicher Investitionen betont und weitere 31 % die Vorteile gesehen, die sie durch eine investive Anlage ihrer Gewinnanteile im Betrieb erhalten können. Aber nach der Beobachtung ist Skepsis angebracht, ob dieses Ergebnis den tatsächlichen Vorstellungen der Befragten entspricht oder nicht vielmehr eine unreflektierte Wiedergabe der Betriebsinformationen ist.

Für viele Gespräche charakteristisch waren Äußerungen eines ungelernten Arbeiters, der im gleichen Atemzuge einerseits die Notwendigkeit betonte, daß „der Betrieb mit den Gewinnen schaffen" müsse, andererseits feststellte, daß man von seinen Gewinnanteilen nichts hätte, da sie ja nicht ausgeschüttet würden. Waren schon Investitions- und Produktionsvorgänge für die meisten Arbeiter wenig überschaubar, so bezieht man sich selbst – das Beispiel des Arbeiters zeigt es – auch dann nicht in den betrieblichen Prozeß mit ein, wenn der Betrieb mit den eigenen Gewinnanteilen „schafft".

Daß die ökonomischen Bedingungen der Gewinnbeteiligung bisher nicht im Verhalten der Mitarbeiter grundlegend durchgeschlagen sind, zeigt sich auch darin, daß bis zur Befragung nur 36,5 % der Mitarbeiter mit dem Hinweis auf die Gewinnbeteiligung von Kollegen angesprochen worden waren, mehr zu arbeiten oder Kosten zu sparen.[296] Selbst von Vorgesetzten sind mit diesem Hinweis nur 51,4 % angesprochen worden.[297]

Das Bild über die Einstellung von Mitarbeitern zur Gewinnbeteiligung wird weiter vervollständigt, zieht man die Gründe heran, aus denen die Mitarbeiter einmal zu Pieroth gekommen sind und die für sie heute – sofern sie eine neue Stellung suchen würden – entscheidend wären.

Bei dieser Frage haben rd. 20 % der Befragten gleichzeitig mehrere Gründe angegeben.

Ausschlaggebend für die Bewerbung bei der Firma Pieroth waren überwiegend die besseren Verdienstmöglichkeiten, der Zufall und „andere Gründe", die hier nicht aufgeführt sind. Läßt man die Nennung „keine andere Wahl" unberücksichtigt, da sie von dem Befragten das psychologisch schwere Bekenntnis verlangt, über keine Alternativen zu verfügen, steht die „Gewinnbeteiligung" an letzter Stelle. Nur 8,2 % der Mitar-

Tabelle 15:

Frage Nr. 5: Sie erinnern sich sicher noch an den einen oder anderen Grund, warum Sie damals gerade zu Pieroth gekommen sind. Welche Gründe waren das?

– keine andere Wahl	1,9 %
– besserer Verdienst	32,7 %
– kürzerer Arbeitsweg	9,1 %
– gutes Betriebsklima	9,6 %
– Gewinnbeteiligung	8,2 %
– Zufall	35,6 %
– andere Gründe	31,3 %

beiter sind u. a. wegen der Gewinnbeteiligung zu Pieroth gegangen. Bezogen auf alle Nennungen sind das 6,4 %. Als ausschließlichen Grund hat die Gewinnbeteiligung nur ein Mitarbeiter angegeben.

Nachdem die Arbeitnehmer aber erst einmal bei der Firma Pieroth gearbeitet haben, wäre es bei einer neuen Stellungssuche immerhin für rd. 22 % der Befragten ein wichtiger oder sehr wichtiger Grund, sich für einen bestimmten Betrieb zu entscheiden, wenn dieser Betrieb eine Gewinnbeteiligung hätte.

Tabelle 16:

Frage Nr. 6: Angenommen, Sie suchen eine neue Stellung: Ist für Sie dann eine Gewinnbeteiligung in einem bestimmten Betrieb ein Grund, sich gerade für diesen Betrieb zu entscheiden?

– ein Grund unter vielen anderen	52,9 %
– ein wichtiger Grund	13,5 %
– ein sehr wichtiger Grund	8,2 %
– überhaupt kein Grund	22,1 %
– weiß nicht	1,4 %

Die Antworten auf die Frage Nr. 6 lassen für sich genommen nur den Schluß zu, daß für den größten Teil der Arbeitnehmer, nämlich für 75 %, die Gewinnbeteiligung praktisch keine, zumindest keine ausschlaggebende Rolle bei einer Stellungssuche spielt. Das vielfach unterstellte Mobilitätshemmnis betrieblicher Beteiligungsmodelle wird man daraus nicht ableiten können. Aber im Vergleich mit der Frage Nr. 5 ist eine wachsende Bedeutung festzustellen, die die Gewinnbeteiligung für die Auswahl von Betrieben zur Neuaufnahme einer Stellung gewinnt. Auch diese Veränderung im Verhalten der Mitarbeiter bestätigt noch einmal die obige Feststellung, daß die Arbeitnehmer erst die konkrete Erfahrung mit der Gewinnbeteiligung machen müssen, um diese in ihre Überlegungen und Entscheidungen einzubeziehen.

Um die Einstellungen der Mitarbeiter und die Ursache von Verhaltensreaktionen stärker auf die Gewinn- und Kapitalbeteiligung zurückführen zu können, bietet sich an, aus den Antworten zu den Fragen Nr. 21 und Nr. 22 eine „gewinnbeteiligungsorientierte" und eine „gewinnbeteiligungsdistanzierte" Gruppe von Mitarbeitern herauszufiltern.

Die „gewinnbeteiligungsorientierte Gruppe" soll dadurch gekennzeichnet sein, daß sie die Mitarbeiter umfaßt, die sich in der Frage Nr. 21 für eine Gewinnbeteiligung ausgesprochen haben und die gleichzeitig in der Frage Nr. 22 die Gewinnbeteiligung für wichtig oder unbedingt notwendig halten.

In die „gewinnbeteiligungsdistanzierte Gruppe" sollen die Mitarbeiter eingestuft werden, die sich in diesen Fragen für eine Lohnerhöhung ausgesprochen haben und die gleichzeitig die Gewinnbeteiligung für nicht notwendig oder weniger wichtig halten.

Die Besetzung der beiden Gruppen kann der folgenden Tabelle entnommen werden:

Tabelle 17:
„Gewinnbeteiligungsorientierte" und „gewinnbeteiligungsdistanzierte" Gruppe

– gewinnbeteiligungsorientiert	22,6 %
– gewinnbeteiligungsdistanziert	14,9 %
– übrige Mitarbeiter	62,5 %

Methodisch ist zu diesem Vorgehen allerdings anzumerken, daß damit eine eindeutige Zurückführung von Verhaltensweisen der Mitarbeiter auf die Gewinnbeteiligung ebenfalls nicht zu gewinnen ist, da – wie oben schon dargestellt – die Entscheidung für eine Lohnerhöhung statt für eine Gewinnbeteilung oder die Einstellung zur Wichtigkeit der Gewinnbeteiligung mit anderen Kategorien wie z. B. Höhe des Einkommens, Berufs- und Schulausbildung korreliert, so daß Verhaltensunterschiede zwischen beiden Gruppen möglicherweise auch auf diese anderen Kategorien zurückführbar sind. Dennoch wird durch dieses Vorgehen zumindest der Kreis möglicher Ursachenerklärungen stärker auf die Gewinnbeteiligung hin eingeengt.

Methodisch ist weiterhin anzumerken, daß Ergebnisse, die mit einer weiteren Untergliederung nach diesen beiden Gruppen gewonnen werden, wegen der geringen zahlenmäßigen Besetzung dieser Gruppen mit Vorsicht zu interpretieren sind und nur mit diesem methodischen Vorbehalt gewertet werden können.

Untergliedert man diese beiden Gruppen nach der Schul- und Berufsausbildung sowie nach der Einkommenshöhe, zeigt sich kein Zusammenhang mit der Schulausbildung und auch kein eindeutiger Zusammenhang mit der Einkommenshöhe. Nur die Einkommensgruppe über 2000,– DM ist in der gewinnbeteiligungsorientierten Gruppe stark überdurchschnittlich vertreten. Dagegen zeigt sich wieder eine positive Korrelation mit der Stellung im Beruf nach der Berufsausbildung. Je qualifizierter die Stellung im Beruf ist, desto stärker ist der relative Anteil in der gewinnbeteiligungsorientierten Gruppe. Umgekehrt gilt: Je geringer die berufliche Qualifikation, desto stärker ist der relative Anteil in der gewinnbeteiligungsdistanzierten Gruppe.

Vergleicht man dieses Ergebnis mit dem vorherigen Ergebnis in Frage Nr. 22,[298] wonach zwischen der Einschätzung der Gewinnbeteiligung und der Schulausbildung, der Stellung im Beruf nach der Berufsausbildung sowie der Einkommenshöhe eine positive Korrelation festgestellt worden ist, läßt sich der Schluß ziehen, daß die Stellung im Beruf den eindeutig stärksten Einfluß auf die Einstellung zur Gewinnbeteiligung ausübt.

Im folgenden soll die Unterscheidung einer „gewinnbeteiligungsorientierten" und einer „gewinnbeteiligungsdistanzierten" Gruppe von Mitarbeitern je nach Bedarf in die Analyse einfließen.

Eine weitere für die Einstellung der Mitarbeiter zur Gewinnbeteiligung wichtige Frage ist die nach der leistungsgerechten Entlohnung. Während in der Frage Nr. 19 die Gewinnbeteiligung ausdrücklich nicht in die Bewertung einfließen sollte, wurde in der Frage Nr. 24 eine gemeinsame Beurteilung von Lohn und Gewinnbeteiligung verlangt.

Die Intention dieser beiden Fragen war es festzustellen, ob die Arbeitnehmer das Gefühl haben, daß durch die Gewinnbeteiligung eine größere Gerechtigkeit in der Leistungsentlohnung erreicht wird. Durch die Einbeziehung der Gewinnbeteiligung ist der Anteil derer, der sich entsprechend der Leistung gerecht entlohnt fühlt, nur unwesentlich erhöht worden. Eine merkliche Veränderung hat es nur bei denen gegeben, die sich

Tabelle 18:

Frage Nr. 19: Meinen Sie, daß man hier im Betrieb einen Lohn erhält, der der jeweiligen Leistung entspricht? (Lassen Sie die Gewinnbeteiligung bei Pieroth hier bitte unberücksichtigt!)

– entsprechend der Leistung	57,2 %
– Lohn ist geringer als Leistung	36,5 %
– Lohn ist höher als Leistung	0,0 %
– weiß nicht	4,8 %

Tabelle 19:

Frage Nr. 24: Wenn Sie Lohn und Gewinnbeteiligung zusammennehmen, glauben Sie, daß Sie gerecht bezahlt werden?

– ja	59,6 %
– nein	25,0 %
– weiß nicht	14,4 %

ungerecht entlohnt sehen; sie sind – wenn sie die Gewinnbeteiligung hinzunehmen sollen – sichtlich verunsichert und wissen auf diese Frage keine klare Antwort.

Dieses Ergebnis ist überraschend. Man hätte erwarten können, daß unter Einbeziehung der Gewinnbeteiligung der Anteil der Mitarbeiter, der sich gerecht bezahlt glaubt, stärker ansteigt.

Eine Erklärung für dieses Ergebnis bietet möglicherweise die Untergleiderung nach der „gewinnbeteiligungsorientierten" und der „gewinnbeteiligungsdistanzierten" Gruppe. Diese Untergliederung ist in der folgenden Tabelle 20 vorgenommen:

Tabelle 20: Gewinnbeteiligungsorientierte und -distanzierte Gruppe zur (leistungs-)gerechten Bezahlung (in %)

Bezahlung ist ohne/mit Gewinnbeteiligung		Mitarbeiter insgesamt	gewinnbeteiligungs- orientiert	gewinnbeteiligungs- distanziert
(leistungs-)gerecht	ohne	57,2	78,7	48,4
	mit	59,6	83,0	41,9
nicht (leistungs-)gerecht	ohne	36,5	17,0	48,4
	mit	25,0	10,6	45,2
weiß nicht	ohne	4,8	2,1	3,2
	mit	14,4,	6,4	12,9

Ohne die Gewinnbeteiligung fühlt sich die „gewinnbeteiligungsorientierte Gruppe" zu 78,7 % entsprechend der Leistung entlohnt. Dieser Anteil liegt damit um rd. 21 Prozentpunkte über dem Durchschnitt aller Mitarbeiter. Nur 17 % dieser Gruppe glauben, daß der Lohn geringer ist als die Leistung.

Unter Einbeziehung der Gewinnbeteiligung steigt in dieser Gruppe der Anteil derer, der sich gerecht bezahlt fühlt, von dem ohnehin hohen Niveau von 78,7 % auf 83 % an; er liegt damit um rd. 23 Prozentpunkte über dem der Gesamtheit der Mitarbeiter. Nur noch 10,6 % glauben, daß sie nicht gerecht bezahlt werden.

In der „gewinnbeteiligungsdistanzierten Gruppe“ glauben bei ausschließlicher Bewertung des Lohnes 48,4 %, daß der Lohn der Leistung entspricht. Dieser Anteil liegt mit rd. 9 Prozentpunkten unter dem Durchschnitt aller Mitarbeiter. Ebenfalls 48,4 % halten den Lohn aber für geringer als die Leistung.

Wird die Gewinnbeteiligung mit in die Bewertung aufgenommen, sinkt in dieser Gruppe überraschenderweise der Anteil der Mitarbeiter, der sich gerecht bezahlt fühlt, von 48,4 % auf 41,9 %. Der Anteil derjenigen, der die Bezahlung nicht für gerecht hält, sinkt nur minimal auf 45,2 %. Relativ stark angestiegen ist die Zahl der Mitarbeiter, die bei dieser Frage verunsichert ist und jetzt keine Antwort weiß.

Um diese Ergebnisse erklären zu können, muß zunächst methodisch eingeräumt werden, daß in den beiden Fragen Nr. 19 und Nr. 24 unterschiedlich gefragt und insofern die Vergleichbarkeit eingeschränkt wurde. Zwischen den beiden Fragen gibt es zwei Unterschiede:

Zum einen ist der Bewertungsmaßstab verschieden. Der ausschließlichen Bewertung des Lohnes in der Frage Nr. 19 ist der Bewertungsmaßstab „leistungsgerecht“ zugeordnet. In der Frage Nr. 24 sind Lohn plus Gewinnbeteiligung an dem Maßstab „gerechte“ Bezahlung zu bewerten. Denkbar wäre, daß der Maßstab „gerecht“ umfassender als „leistungsgerecht“ verstanden worden ist. Danach könnte der höhere Entlohnungsansatz (Lohn plus Gewinnbeteiligung) durch den höheren Bewertungsmaßstab („gerecht“ gegenüber „leistungsgerecht“) bei der „gewinnbeteiligungsdistanzierten Gruppe“ sogar überkompensiert worden sein.

Der Verfasser hält es nach der Beobachtung und auch nach der Befragung allerdings für wenig wahrscheinlich, daß die Mitarbeiter eine solche Differenzierung vorgenommen haben. Es muß vielmehr angenommen werden, daß die Mitarbeiter den Maßstab für die Beurteilung ihrer Lohnsituation aus einem Vergleich mit der Lohnsituation und den Leistungsanforderungen in anderen Firmen gewinnen.

Für diese Überlegung spricht, daß, fragt man nach einem Vergleich der Lohnzahlung bei Pieroth – (ohne Gewinnbeteiliung) – mit der bei anderen Firmen, rd. 60,5 % meinen, daß sie bei Pieroth mehr oder genauso viel Lohn wie bei anderen Firmen erhalten. Rd. 23,6 % halten den Lohn für geringer und 14,9 % sind sich darüber im Unklaren.[299] Diese Antwortverteilung entspricht weitgehend der in Frage Nr. 24.[300] Danach wäre die Bewertung der (leistungs-)gerechten Bezahlung aus einem allgemeinen Gefühl der Zufriedenheit oder Unzufriedenheit mit dem eigenen Verdienst erfolgt, das nicht weiter unterscheidet, ob diese Zufriedenheit oder Unzufriedenheit ausschließlich durch den Lohn oder zusätzlich durch die Gewinnbeteiligung entsteht. Diese Überlegungen würden das Verhalten der Gesamtheit der Mitarbeiter und das der „gewinnbeteiligungsorientierten Gruppe“ erklären.

Das Verhalten der „gewinnbeteiligungsdistanzierten Gruppe“ kann durch den zweiten methodischen Einwand zur Vergleichbarkeit der Fragen Nr. 19 und Nr. 24 erklärt werden. In der Frage Nr. 19 ist danach gefragt worden, ob man im allgemeinen, also losgelöst von der eigenen Person, im Betrieb einen Lohn erhält, der der jeweiligen Leistung entspricht. Dagegen ist in der Frage Nr. 24 der Mitarbeiter gefragt worden, ob er sich selbst als gerecht bezahlt ansieht. Die „gewinnbeteiligungsdistanzierte Gruppe“, in der an- bzw. ungelernte Arbeiter sowie Facharbeiter überproportional vertreten sind, hat auf diese unterschiedliche Fragestellung unterschiedlich reagiert. Ein größerer Prozentsatz von Mitarbeitern glaubt, daß allgemein ein leistungsgerechter Lohn gezahlt wird. Auf die eigene Person übertragen wird diese Bewertung nur noch von einer geringeren Zahl von Mitarbeitern vorgenommen. Dabei dürfte auch in dieser Gruppe die

Zufriedenheit mit dem Verdienst nicht nach Lohn- und Gewinnbeteiligung unterschieden worden sein.

Hinzukommen mag auch, daß die Gewinnbeteiligung dem System freiwilliger Sozialleistungen des Betriebes zugeordnet wird, das nicht in bezug zur eigenen Leistung gesetzt wird. Schließlich könnte die Gewinnbeteiligung – wie dies auch schon oben festgestellt worden ist – zumindest zum Zeitpunkt der Befragung noch zu sehr außerhalb des eigenen Erfahrungshorizontes gelegen haben, so daß sie keinen Eingang finden konnte in ein Urteil über eine leistungsbezogene „Lohn"-Gerechtigkeit.

Gleichgültig, welcher dieser Erklärungsversuche zutreffender ist, alle würden der Ausgangsüberlegung einer betrieblichen Gewinnbeteiligung nicht gerecht werden, die den betrieblichen Erfolg als Ergebnis des Zusammenwirkens von Kapital und Arbeit ansieht und deshalb die Arbeitnehmer an diesem Betriebserfolg beteiligen will. Hier wäre eine Aufklärung notwendig, die die Gewinnbeteiligung nicht in ein umfassenderes System freiwilliger betrieblicher Sozialleistungen einordnet – wie das bei Pieroth geschieht –, sondern die stärker den Zusammenhang zwischen der Gewinnbeteiligung und der Leistung des einzelnen sowie dem Erfolg des Betriebes herausstellt.

Bevor in der folgenden Analyse der Einfluß der Gewinn- und Kapitalbeteiligung auf die Verhaltensweisen der Mitarbeiter anhand anderer Kriterien untersucht wird, sollen in diesem Abschnitt abschließend die Mitarbeiter selbst nach ihrer Einschätzung gefragt werden, welche Veränderungen nach ihrer Meinung durch die Gewinnbeteiligung eingetreten sind.[301] Das Ergebnis ist in der Tabelle 21 aufgeführt.

Tabelle 21:

„Wenn Sie die Jahre Ihrer Tätigkeit bei Pieroth überblicken oder die Arbeit bei Pieroth einmal vergleichen mit anderen Firmen, glauben Sie, daß sich durch die Gewinnbeteiligung etwas geändert hat?" (Frage Nr. 31)
(Mehrfachnennungen möglich; Angaben in %)

	Mitarbeiter insgesamt	gewinnbeteiligungs- orientiert	distanziert
– es hat sich nichts geändert	44,2	14,9	77,4
– ich habe jetzt mehr Freude an der Arbeit	12,5	21,3	3,2
– ich strenge mich mehr an, um dadurch den Gewinn zu erhöhen	21,2	46,8	3,2
– ich verdiene dadurch mehr	24,5	36,2	6,5
– ich fühle mich als „Partner"	34,1	55,3	9,7
– das Verhältnis zu den Vorgesetzten hat sich gebessert	7,7	12,8	3,2
– das Verhältnis zu den Kollegen hat sich gebessert	6,7	14,9	3,2
– ich sehe keinen Unterschied zu früher oder zu anderen Firmen	32,2	8,5	48,4
– die Gewinnbeteiligung ist nur eine Täuschung der Arbeitnehmer	5,3	0,0	9,7

Geht man von der Erwartung aus, daß durch die Gewinnbeteiligung Veränderungen eintreten, sind in dem vorgegebenen Katalog möglicher Antworten drei negative Aussagen gewählt: 44,2 % meinen, es habe sich nichts geändert, und 32,2 % sehen keinen Unterschied zu früher oder zu anderen Firmen. 5,3 % halten die Gewinnbeteiligung sogar für eine Täuschung der Arbeitnehmer.

Von den positiven Antwortmöglichkeiten ist mit 34,1 % am meisten die Aussage „ich fühle mich als ‚Partner'" angegeben worden. Erst an zweiter Stelle folgt der Einkommensaspekt „ich verdiene dadurch mehr" (24,5 %). 21,2 % strengen sich mehr an, um dadurch den Gewinn zu erhöhen. 12,5 % haben jetzt mehr Freude an der Arbeit. Eine Veränderung in den sozialen Beziehungen wird von den Mitarbeitern nur wenig gesehen.

Dieses Ergebnis muß die obigen Erwartungen enttäuschen. Als Erklärung kommen zwei Überlegungen in Betracht:

Denkbar wäre zum einen, daß ein großer Teil der Mitarbeiter sich tatsächlich eingetretener Veränderungen in den Einstellungen und Verhaltensweisen gar nicht bewußt ist. Ob aber tatsächlich Veränderungen eingetreten sind, müßte dann in der folgenden Analyse nachgewiesen werden.

Zum anderen – dies steht nicht im Gegensatz zur 1. Überlegung – könnte die Ursache darin liegen, daß eine gedankliche Auseinandersetzung mit der Gewinnbeteiligung bei vielen Mitarbeitern noch nicht stattgefunden hat. Diese Überlegung ist bereits oben angestellt und belegt worden.

Beide Erklärungsmöglichkeiten werden bestärkt, wenn die Angaben der Mitarbeiter insgesamt nach „gewinnbeteiligungsorientierter" und gewinnbeteiligungsdistanzierter" Gruppe untergliedert werden. Die Angaben zwischen diesen beiden Gruppen weichen erheblich voneinander ab. In der „gewinnbeteiligungsorientierten Gruppe" überwiegen eindeutig die positiven, in der „gewinnbeteiligungsdistanzierten Gruppe" eindeutig die negativen Antwortmöglichkeiten.

5.3.1.4 Die Auswirkungen auf das Sparverhalten

Eigentumsbildung setzt in irgendeiner Form das Sparen von Einkommen voraus. Da eine Gewinn- und Kapitalbeteiligung nicht nur das Ziel hat, die Stellung des Arbeitnehmers im Produktionsprozeß zu verändern, sondern auch zur Eigentumsbildung und zur breiteren Verteilung des Eigentums beizutragen, muß neben der Entstehungsseite auch die Verwendungsseite des Einkommens in die Betrachtung einbezogen werden. Das Sparverhalten der Mitarbeiter ist deshalb für eine Untersuchung zur Gewinnbeteiligung in dreierlei Hinsicht von Bedeutung.

Zum einen kann das Sparverhalten Aufschluß darüber geben, ob durch die Gewinn- und Kapitalbeteiligung tatsächlich ein zusätzlicher Beitrag zur Eigentumsbildung geleistet wird oder ob die Arbeitnehmer nicht vielmehr eine Umschichtung ihrer Ersparnisse vornehmen, die letztlich das gesamte Sparvolumen relativ konstant halten würde. Gerade im Zusammenhang mit den Sparprämiengesetzen und dem 624-DM-Gesetz war mehrfach behauptet worden, daß die Arbeitnehmer ihre Ersparnisse nur vom Kontensparen auf die begünstigten Anlageformen verlagern würden, ohne zusätzlich zu sparen.

Zum anderen kann das Sparverhalten Aufschluß darüber geben, ob durch die Gewinn- und Kapitalbeteiligung eine Veränderung des Zeithorizontes einer bislang überwiegend kurzfristigen Einkommens- und Konsumorientierung der Arbeitnehmer bewirkt wird.

Eine Vergrößerung des Zeithorizontes dürfte sich in einem intensiveren Sparverhalten niederschlagen. Ein solches Verhalten ließe den Schluß zu – darauf ist oben bereits hingewiesen worden –, daß verstärkt auch die ökonomischen Bedingungen sowohl des allgemeinen Wirtschaftsgeschehens als auch des betrieblichen Leistungsprozesses in die Überlegungen der Arbeitnehmer Eingang finden. Dies würde dazu beitragen, daß die Arbeitnehmer bewußter die äußeren Bedingungen der eigenen Existenz in die Entscheidungen einbeziehen. Das könnte bei ihnen längerfristig auch ein stärkeres Verlangen nach Mitgestaltung dieser Existenzbedingungen auslösen.

Damit unmittelbar verbunden ist schließlich zu fragen, ob durch die Gewinn- und Kapitalbeteiligung bei den Arbeitnehmern eine größere Bereitschaft zu einem risikobehafteteren Sparverhalten geweckt wird. Auch eine solche Verhaltensänderung würde darauf hinweisen, daß die Arbeitnehmer einen Zugang zur Funktionsweise gewinnabhängiger Einkommens- und Sparformen gefunden haben. Sie wäre gleichzeitig ein indirektes Zeichen dafür, inwieweit die Gewinn- und Kapitalbeteiligung verstanden und akzeptiert wird.

Ob durch die Gewinnbeteiligung zusätzlich Vermögen gebildet wird oder nur eine Umschichtung der Ersparnisse erfolgt, ist in der Frage Nr. 30 angesprochen.[302] Der weitaus größte Teil der befragten Mitarbeiter, nämlich rd. 80 %, spart vom bar ausgezahlten Lohn genau so viel wie vorher. Nur ein verschwindend geringer Teil von 4,8 % hat weniger als vorher gespart oder mit Blick auf die Gewinnbeteiligung sogar Schulden gemacht. Demgegenüber sind 5,3 % durch die Gewinnbeteiligung sogar noch sparbewußter geworden; sie haben mehr gespart als vorher.

Diese Antworten lassen den eindeutigen Schluß zu, daß die Arbeitnehmer durch die Gewinnbeteiligung zusätzlich Vermögen bilden. Die bisherige Aufteilung des frei verfügbaren Einkommens für Spar- und Konsumzwecke wird nicht dahingehend beeinflußt, daß jetzt weniger gespart würde.

Ein ähnliches Ergebnis kommt zustande, wenn man danach fragt, wie jährlich ausbezahlte Gewinnanteile verwendet würden.[303] Auch hier würden 75 % die Gewinnanteile sparen oder sonstwie anlegen. Nur rd. 22 % würden diese Anteile für den täglichen Gebrauch oder für größere Anschaffungen ausgeben. Selbst wenn – wie in dieser Frage – die vorgegebenen Antworten stärker die Alternativen der Konsummöglichkeiten betonen, wollen drei Viertel der Mitarbeiter diese Anteile sparen, also ihre Gesamtersparnisse erhöhen. Insgesamt läßt sich feststellen, daß bei den befragten Mitarbeitern eine starke Bereitschaft zur Vermögensbildung besteht.

In welcher Form dieses Vermögen angelegt würde, zeigen die Antworten auf die Frage Nr. 32. Allerdings ist diese Frage mit den beiden vorhergehenden methodisch nicht völlig vergleichbar. Wurde in der Frage Nr. 29 noch fiktiv eine jährliche Auszahlung der Gewinnbeteiligung unterstellt, so wird jetzt nach der Verwendung einer in fünf Jahren aufgelaufenen Gewinnbeteiligung gefragt. Inhaltlich sollte damit zugleich die Ansammlung einer größeren Vermögenssumme assoziiert werden, über deren Verwendung zu entscheiden wäre. Unterschiede in der Verteilung der Gewinnanteile zwischen Spar- und Konsummöglichkeiten können und sollten also durch die unterschiedlichen Vermögensgrößen, die in den verschiedenen Fragen zur Disposition standen, bewirkt werden. Zum anderen aber ist auch der vorgegebene Antwortenkatalog nicht vergleichbar, da bis auf eine Ausnahme nur verschiedene Sparformen genannt sind, so daß allein schon methodisch auf Grund der gestellten Alternativen ein Antwortverhalten dahingehend beeinflußt sein kann, daß insgesamt ein größeres Sparverhalten zum Ausdruck kommt.

Tabelle 22:

Frage Nr. 32: „Wenn Sie fünf Jahre Gewinnbeteiligung bekommen haben und dann freie Wahl hätten, welche Möglichkeit würden Sie wählen?"

– Die Anteile weiterhin als Darlehen im Betrieb stehen lassen	13,0 %
– in Höhe des Darlehens Gesellschaftsanteile bei Pieroth erwerben	42,8 %
– die Vermögensbildung aus dem Betrieb herausnehmen und anlegen in:	
– Bausparvertrag	15,9 %
– Aktien	5,3 %
– Sparbuch	9,1 %
– größere Anschaffung (z. B. Auto, Möbel, Reisen)	8,7 %
– weiß nicht	4,3 %

Nach dieser Frage würden die Mitarbeiter ein Vermögen, das sich nach fünf Jahren Gewinnbeteiligung angesammelt hat, nur noch zu 8,7 % aus dem Betrieb herausnehmen und für größere Anschaffungen konsumtiv verwenden. Läßt man die methodischen Anmerkungen unberücksichtigt, würde dies die allgemeine Erfahrung bestätigen, daß eine größere Sparsumme, ein größeres Vermögen ein eigenes Gewicht bekommt und nicht so leicht wieder für Konsumzwecke ausgegeben wird wie eine kleinere Summe.[304]

Aber die Mitarbeiter sind nicht nur in hohem Maße bereit, Vermögen zu bilden, sondern neigen auch in einem überraschend hohen Ausmaße dazu, dieses Vermögen in Risikokapital investiv anzulegen. Nimmt man als echtes Risikokapital die stille Beteiligung am arbeitgebenden Betrieb und das Aktiensparen, so sind dies mit rd. 48 % fast die Hälfte der Mitarbeiter. Zusammen mit den Darlehen, die man im Betrieb stehen lassen würde, sind fast 56 % der Mitarbeiter bereit, ihr Vermögen unter den konkreten Bedingungen bei der Firma Pieroth investiv anzulegen. Zu diesen konkreten Bedingungen gehört sicherlich, daß auf Grund der stark expansiven Entwicklung der Firma das „Risikokapital" viel von seinem Risiko-Charakter verliert.

In der „gewinnbeteiligungsorientierten Gruppe" würden sogar 93,6 % der Mitarbeiter ihr Vermögen in Form von Darlehen (17 %) und stillen Beteiligungen (76,6 %) bei der Firma Pieroth anlegen. In der „gewinnbeteiligungsdistanzierten Gruppe" wären dazu nur 25,8 % bereit.

Bei denen, die trotz des verminderten Risikos ihre Vermögensanteile aus dem Betrieb herausnehmen würden, haben mit dem Bausparen (rd. 16 %) und dem Kontensparen (rd. 9 %) die klassischen Sparformen den Vorrang vor der Aktie, die mit 5,3 % an letzter Stelle steht.

Vergleicht man die Einstellung der Pieroth-Mitarbeiter mit der eines repräsentativen Querschnittes der Bevölkerung insgesamt,[305] zeigen sich gravierende Unterschiede im Verhalten, die nur auf konkrete Bedingungen des Pieroth-Modells zurückgeführt werden können. Während der Durchschnitt der Bevölkerung eine kleinere, unverhoffte Zusatzeinnahme, die vergleichbar wäre mit der jährlichen Auszahlung von Gewinnanteilen in Frage Nr. 29, nur zu 44 % zu Zwecken der Vermögensbildung verwenden würde, sind dies bei den Pieroth-Mitarbeitern 75 %. Eine größere Summe, vergleichbar mit der Summe einer fünfjährigen Gewinnbeteiligung in Frage Nr 32, würde die Bevölkerung mit 82 % zwar ebenfalls sehr hoch wieder vermögenswirksam anlegen – die Pieroth-Mitarbeiter würden dies zu rd. 86 % tun –, aber eine investive Anlage dieser Summe käme nur für 6 % der Bevölkerung in Frage. Eindeutig dominieren hier das Bausparen und das Kontensparen einschließlich eines „Notgroschens" für das Alter. Dagegen wären mit einem deutlichen Abstand zum Bevölkerungsdurchschnitt rd. 60 % der Pieroth-Mitarbeiter dazu bereit, ihr Vermögen in Form von Darlehen, stillen Beteiligungen und Aktien investiv anzulegen.[306]

Diese Verhaltensunterschiede können nur auf das Pieroth-Modell einer betrieblichen Gewinn- und Kapitalbeteiligung und auf die Erfahrungen der Mitarbeiter zurückgeführt werden, die diese mit dem Modell in der für sie erlebbaren Umwelt des Betriebes machen konnten. Das Ergebnis kann dahingehend interpretiert werden, daß bei den Pieroth-Mitarbeitern nicht nur eine überdurchschnittlich hohe Bereitschaft besteht, Vermögen zu bilden, sondern diese auch in einem herausragenden Maße bereit sind, sich am Produktivvermögen zu beteiligen. Diese Beteiligung am Produktivvermögen kann aber nicht über die für die Arbeitnehmer relativ abstrakte Form der Aktie (fremder Unternehmen) geschehen, sondern nur über die konkret erfahrbare Form der betrieblichen Beteiligung. Will man also die Arbeitnehmer am Produktivvermögen beteiligen, weil nur so auf Dauer die in der Kritik stehende Verteilung des Privateigentums an Produktionsmitteln geändert werden kann, wird jeder gesetzliche oder tarifvertragliche Lösungsvorschlag, der die Arbeitnehmer über abstrakte Wertpapiere beteiligen will, an den konkreten Erfahrungsmöglichkeiten der Arbeitnehmer vorbeigehen.

5.3.1.5 Die Auswirkungen auf das Betriebsklima

In der Sozialforschung ist der Begriff „Betriebsklima“ nicht präzise definiert.[307] Für den Zweck dieser Untersuchung soll darunter im wesentlichen die Zufriedenheit der Mitarbeiter mit ihrer Arbeit und mit den sozialen Beziehungen im Betrieb verstanden werden.

In ihrem Kern gehen alle Theorien zur Arbeitszufriedenheit davon aus, „daß die Arbeitszufriedenheit letztendlich eine einzige psychologische Dimension ist. Es müßte somit möglich sein, mit Hilfe eines geeigneten Meßinstrumentes für jeden Menschen den Grad der Arbeitszufriedenheit zu ermitteln und ihn in einer Meßzahl auszudrükken. Ausgegangen wird dabei meist von einem additiven Modell. Die Gesamtzufriedenheit ist sozusagen die Summe von Zufriedenheiten bzw. Unzufriedenheiten mit einzelnen Aspekten der Berufs- und Arbeitswelt, wobei diese Einzelaspekte jedoch nicht unbedingt eine gleich starke Auswirkung auf die Gesamtzufriedenheit haben; vielmehr kommt ihnen jeweils ein unterschiedliches Gewicht zu.“[308]

Um die Begriffe „Betriebsklima“ und „Arbeitszufriedenheit“ für die Befragung operational machen zu können, sind in Anlehnung an einen Katalog des Instituts für Sozialforschung[309] einzelne Teilelemente formuliert worden, die den Gesamtkomplex „Zufriedenheit der Mitarbeiter“ abdecken sollen und die zum Betriebsklima gezählt werden können.

Der Verfasser geht dabei von der Annahme aus, daß ein hoher Grad an Zufriedenheit im Rahmen der Möglichkeiten arbeitsteiliger und technisierter Industriegesellschaften zugleich eine Voraussetzung für den Abbau von Entfremdung[310] bedeutet. In diesem Abschnitt soll untersucht werden, ob durch die Gewinn- und Kapitalbeteiligung in der Firma Pieroth eine größere Zufriedenheit der Mitarbeiter und ein besseres Betriebsklima geschaffen werden.

In der Frage Nr. 7[311] sind die Mitarbeiter sowohl nach ihrer Einschätzung des Betriebsklimas insgesamt als auch nach der Einschätzung der Teilelemente gefragt worden. Die Arbeitnehmer hatten dabei die Möglichkeit, zwischen fünf Einstufungen von sehr gut (1) bis sehr schlecht (5) wählen zu können. Diese Einschätzung ist auf einem Stabdiagramm auf den folgenden Seiten dargestellt.

Schaubild Nr. 1: Bewertung des Betriebsklimas und seiner Teilelemente

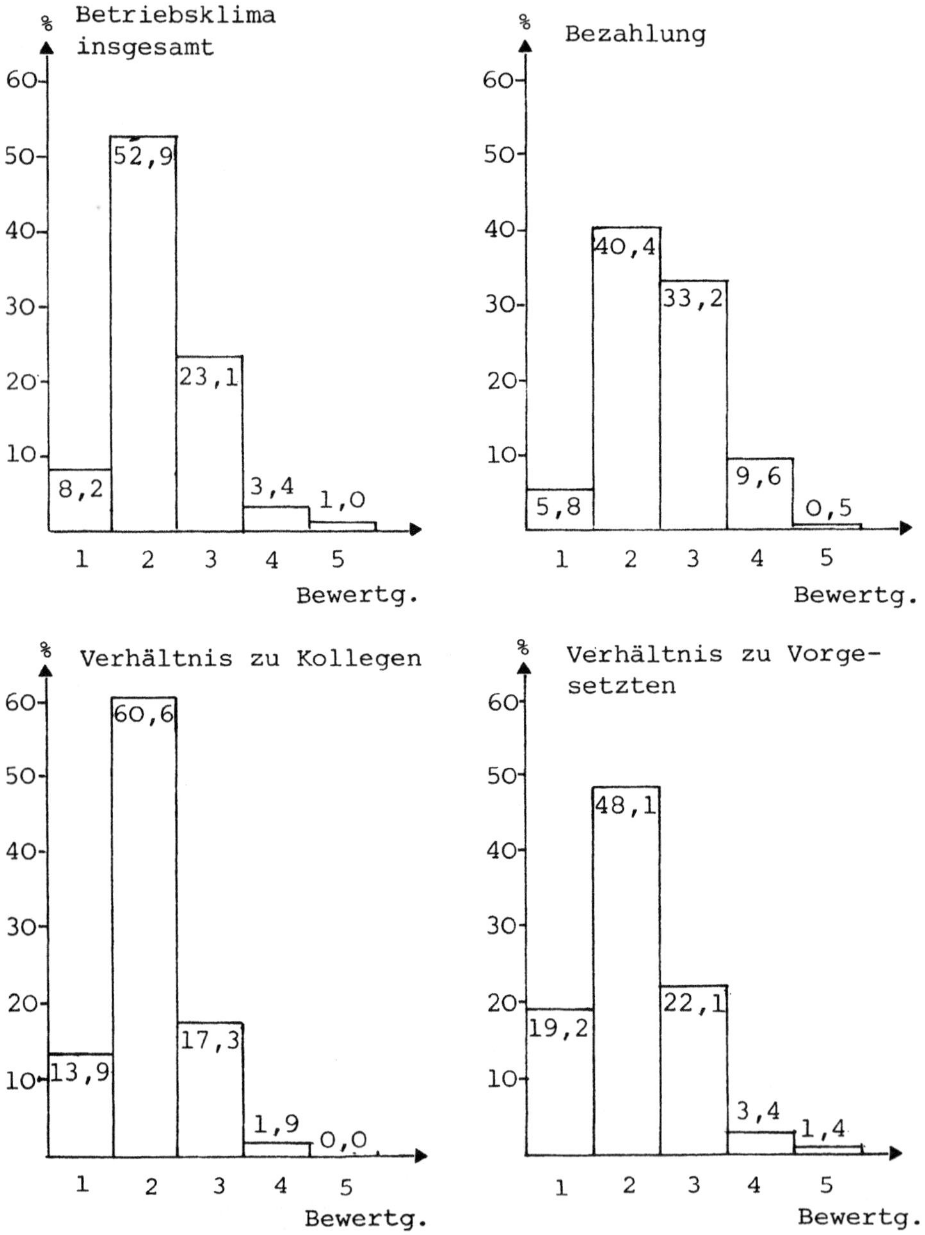

Bewertungsschema: sehr gut (1), gut (2), es geht (3), schlecht (4), sehr schlecht (5)

Schaubild Nr. 1: (Fortsetzung)

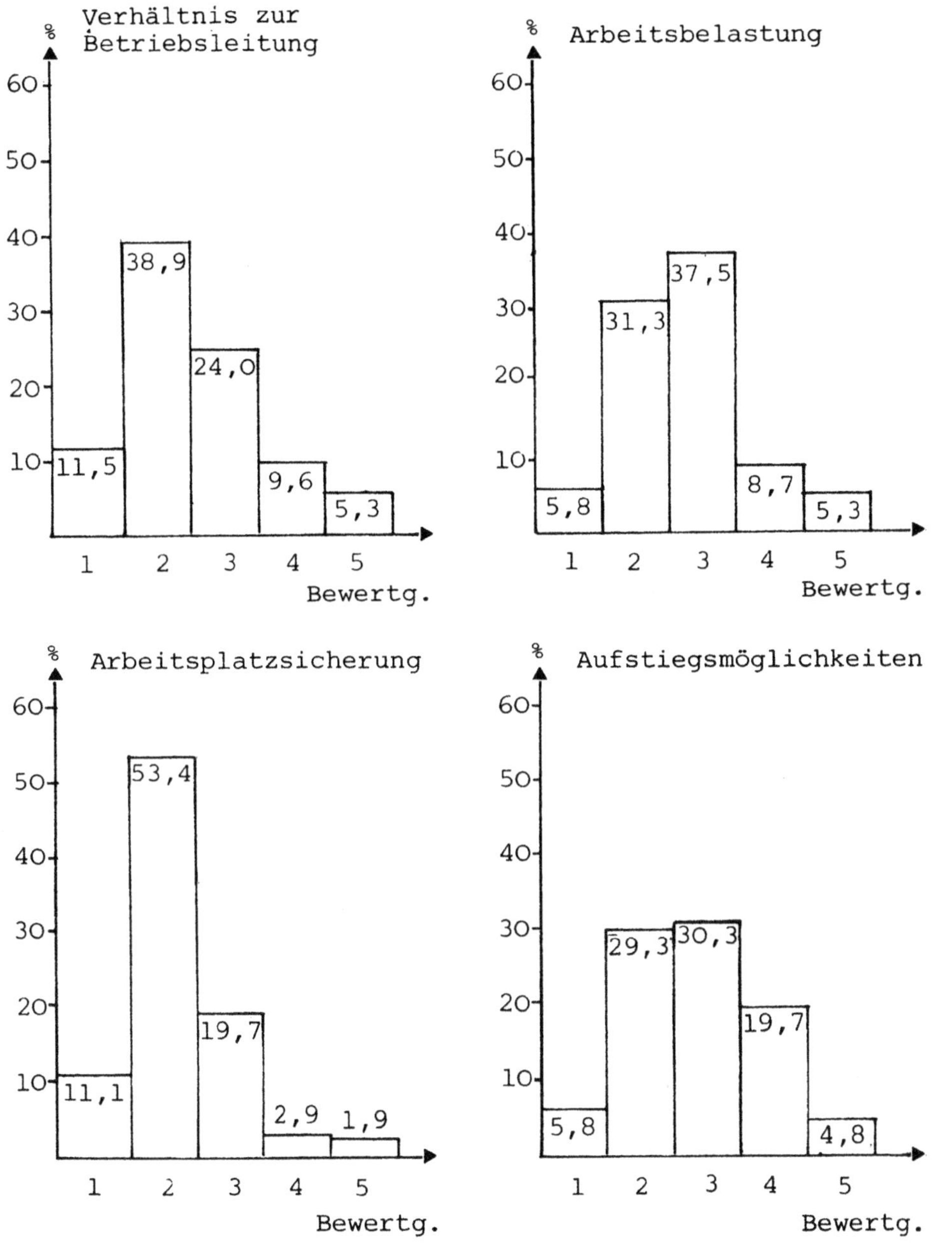

Bewertungsschema: sehr gut (1), gut (2), es geht (3), schlecht (4), sehr schlecht (5)

Schaubild Nr. 1: (Fortsetzung)

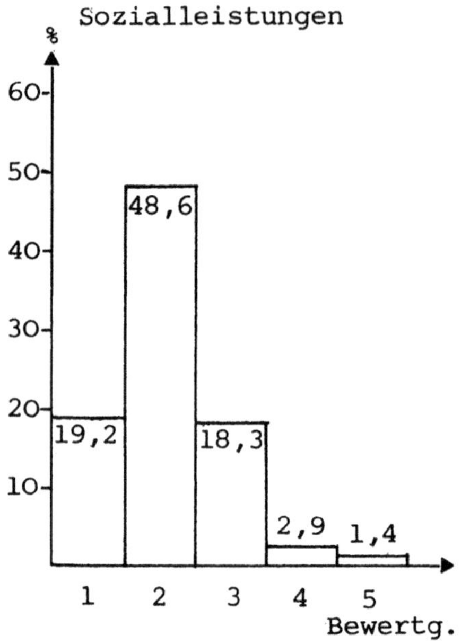

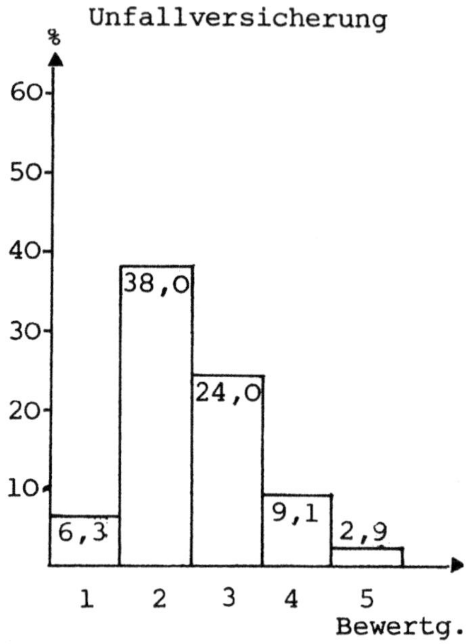

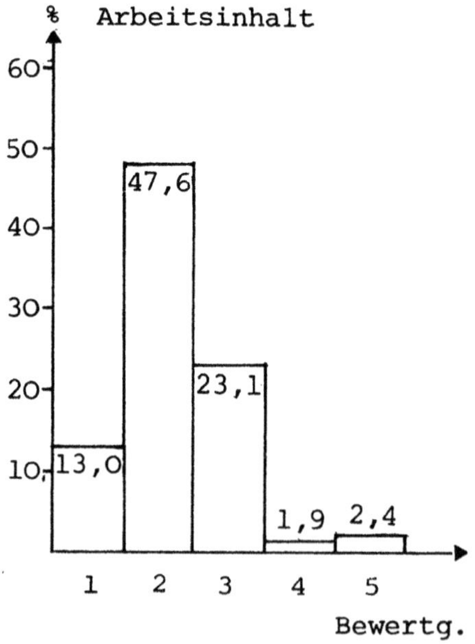

Bewertungsschema: sehr gut (1), gut (2), es geht (3), schlecht (4), sehr schlecht (5)

Um diese Einschätzungen nach einem einheitlichen Index vergleichen zu können, sind methodisch die beiden folgenden Verfahren angewandt worden: In einem Abzugsverfahren wurden von den zusammengefaßten beiden guten Einstufungen (1 und 2) die beiden schlechten Einstufungen (4 und 5) abgezogen. Unberücksichtigt bleiben die Nicht-Nennungen. Die mittlere Einstufung (3) wird indirekt nur dadurch berücksichtigt, daß viele Nennungen der positiven und negativen Werte den mittleren Wert niedrig halten. Dieses Verfahren hat den Vorteil, daß es die Unterschiede zwischen den einzelnen Elementen deutlicher hervortreten läßt. Diese stärkere Akzentuierung wird dadurch gewonnen, daß die Bewertung „es geht" als eher indifferente Haltung aus der direkten Betrachtung herausfällt.

Daraus kann sich aber der Nachteil ergeben, daß bei vielen Nennungen des mittleren Wertes und ausgeglichenen Positiv- und Negativwerten ein zu niedriger Index entsteht. Deshalb ist als zusätzliche Angabe ein Durchschnittswert nach der Methode des ausgewogenen arithmetischen Mittels erforderlich. Nach diesen beiden Methoden lassen sich folgende Ranglisten in der Bewertung des Betriebsklimas und der einzelnen Elemente der Zufriedenheit aufstellen:

Tabelle 23:

Ranglisten der Bewertung des Betriebsklimas und seiner Teilelemente nach Methode des

ausg. arithm. Mittels		*Abzugsverfahrens*	
1. Verhältnis zu Kollegen	(2,08)	1. Verhältnis zu Kollegen	(72,6)
2. Sozialleistungen der Firma	(2,10)	2. Sozialleistungen der Firma	(63,5)
3. Verhältnis zu Vorgesetzten	(2,15)	3. Verhältnis zu Vorgesetzten	(62,5)
4. Arbeitsplatzsicherheit	(2,23)	4. Arbeitsplatzsicherheit	(59,6)
5. Arbeitsinhalt	(2,24)	5. Betriebsklima insgesamt	(56,7)
6. Betriebsklima insgesamt	(2,28)	6. Arbeitsinhalt	(56,3)
7. Verhältnis zur Betriebsleitung	(2,53)	7. Bezahlung	(36,1)
8. Bezahlung	(2,54)	8. Verhältnis zur Betriebsleitung	(35,6)
9. Sicherung gegen Unfälle	(2,56)	9. Sicherung gegen Unfälle	(35,2)
10. Arbeitsplatzbelastung	(2,73)	10. Arbeitsplatzbelastung	(23,1)
11. Aufstiegsmöglichkeiten	(2,87)	11. Aufstiegsmöglichkeiten	(10,6)

Sowohl das Betriebsklima insgesamt als auch die dieses Betriebsklima präzisierenden Einzelelemente werden damit im Durchschnitt – wenn auch mit unterschiedlicher Intensität – als „gut" bezeichnet. Da es in Befragungen ein vielfach zu beobachtendes Phänomen ist, daß die Arbeitnehmer ihre Situation als relativ zufriedenstellend einstufen, sind vor allem die Abstufungen in der Bewertung der einzelnen Elemente sowie ein Vergleich mit anderen Befragungen von Interesse.

Mit deutlichem Abstand an letzter Stelle finden sich die Aufstiegsmöglichkeiten. Nach Dahrendorf ist die in einer formellen Organisation vorgezeichnete Karrierehierarchie aber eines der wichtigsten Schichtungselemente. „Sie schreibt dem Einzelnen Chancen und Grenzen seiner beruflichen Entwicklung vor, verbindet bzw. trennt durch die Chancen bzw. Grenzen mehrere Schichten, die in sich ein gewisses Maß an Homogenität aufweisen."[312] Werden die Aufstiegschancen als zu gering eingestuft, wird vor allem die Arbeiterschaft als ein sozialer Ort verstanden, dem man sich zugehörig fühlt und dem man nicht entrinnen kann. Die Folge kann eine resignierende Passivität sein, die über den eigentlichen Berufsbereich hinausreichen kann.

Die Einschätzung der Aufstiegschancen ist in der Frage Nr. 10[313] noch einmal gesondert verlangt worden. Diese Frage wurde in zwei Teilfragen gestellt, die einmal auf die allgemeinen, d. h. von der eigenen Person unabhängigen Chancen des Aufstiegs, zum anderen auf die Möglichkeit der eigenen Person abstellte. Während die allgemeinen Aufstiegschancen nur zu 25,5 % als gut und zu 21,6 % als schlecht eingestuft werden, beurteilt man die eigenen Aufstiegschancen mit 46,2 % gut als erheblich besser. Zugleich ist aber auch mit 30,8 % der Anteil derjenigen angestiegen, der sich nur schlechte Chancen einräumt.

Nimmt man das Einkommen als Maßstab für die eigene Fortentwicklung, dann wird nach Frage Nr. 17[314] die innerbetriebliche Aufstiegsmöglichkeit immerhin von rd. 30 % an zweiter Stelle hinter der eigenen größeren Leistung mit rd. 40 % genannt, um ein besseres Einkommen erzielen zu können. Eine Alternative für eine Einkommensverbesserung wird kaum darin gesehen, etwa den Arbeitsplatz zu wechseln (rd. 10 %), sich fortzubilden (8,2 %) oder umzuschulen (3,4 %).

Die Zufriedenheit der Mitarbeiter mit der Bezahlung rangiert an 7. bzw. 8. Stelle mit einem Index von 36,1 Punkten und mit einer Durchschnittsbewertung von 2,54.

Bei der Behandlung dieses Elementes des Betriebsklimas muß auf die besondere Rolle des Lohnes hingewiesen werden. Hinter der Mehrzahl betrieblicher Konfliktfelder stehen mittelbar oder unmittelbar Lohnstreitigkeiten. Dabei darf nicht übersehen werden, daß Lohnforderungen häufig eine „symbolische Funktion“ haben, hinter denen sich andere Spannungsursachen verbergen können. Gerade artikulationsschwache Arbeiter haben oft als einen einzigen Kritikpunkt Lohnforderungen zu nennen.

Diese Erfahrung zeigte sich auch in der anonymen Beobachtung. Hauptkritikpunkt bei den meisten Arbeitern war die Entlohnung. Abgesehen von den Abteilungsleitern gaben sich nur zwei Arbeiter mit dem Lohn zufrieden. Interessanterweise waren dies zwei angelernte Arbeiter, die vorher mehr oder weniger selbständig waren. Ein Arbeiter bestritt der Firma sogar den „sozialen Ruf“. In vielen Fällen aber wurde einfach festgestellt: „Der Lohn könnte höher sein“ oder „Die zahlen zu wenig.“ Viele Arbeiter setzten ihren Lohn in Beziehung zu ihrer Leistung: „Für das, was ich hier tue, bekomme ich zu wenig.“ „Ich fühle mich unterbezahlt.“

Dahinter verbirgt sich nicht nur ein Selbstbewußtsein über den Wert der eigenen Leistung, die schon von daher meistens als unterbezahlt erscheint, sondern vielfach auch ein Urteil über die Leistungsanforderungen der Firma, die – so viele Arbeiter – nicht entsprechend entlohnt werde. Stellte man nämlich zusätzlich die Frage,[315] ob die Firma im Vergleich zu anderen Firmen dieser Gegend weniger zahlen würde, erhielt man die differenzierte Antwort: Die Firma würde genauso viel, wenn nicht sogar mehr zahlen als andere Firmen. Hier müsse aber mehr gearbeitet werden. Im Vergleich dazu aber wäre der Lohn zu gering.

In der Entlohnung wurde bei den Arbeitnehmern, die in die Beobachtung einbezogen werden konnten, die Gewinnbeteiligung im allgemeinen nicht berücksichtigt. Laut Frage Nr. 31[316] sahen auch nur 24,5 % in der Gewinnbeteiligung vor allem die Möglichkeit des größeren Verdienstes.

Die sozialen Beziehungen zeichnen sich durch eine hohe Zufriedenheit aus. Sowohl das Verhältnis zu den Kollegen als auch das zu den Vorgesetzten wird sehr positiv eingeschätzt. Mit einer Durchschnittsnote von 2,08 und einem Index von 72,6 Punkten stehen die Beziehungen zu den Kollegen mit Abstand an der Spitze. Schon an 3. Stelle, knapp hinter der Einschätzung der Sozialleistungen, steht das Verhältnis zu den Vorgesetzten mit einem Index von 62,5 Punkten und einer Durchschnittsbewertung von 2,15. Von diesen beiden Beziehungen weicht die Zufriedenheit mit der Betriebsleitung deutlich ab. Sie rangiert mit einer Benotung von 2,53 und einem Index von 35,6 Punkten erst an 7. bzw. 8. Stelle.

Durch die Gewinnbeteiligung scheinen sich nach Einschätzung der Mitarbeiter die sozialen Beziehungen nur noch minimal zu verbessern. Nur 7,7 % glauben, daß sich durch die Gewinnbeteiligung das Verhältnis zu den Vorgesetzten, und nur 6,7 % glauben, daß sich dadurch das Verhältnis zu den Kollegen verbessert hat.[317]

Die erstaunlich gute Einschätzung des Verhältnisses zu den Vorgesetzten fand während der Beobachtung eine gewisse Erklärung, was am Beispiel eines Vorfalles erläutert werden soll. In der Druckerei war die Ursache eines offen ausgetragenen Konfliktes zwischen einem Arbeiter und einem Vorgesetzten das Arbeitstempo. Der Arbeiter hatte sich mit zwei Kollegen unterhalten. Dadurch mußten die Maschinen angehalten werden, weil er die Vorarbeiten nicht fertig hatte. Als er deshalb von dem Vorgesetzten getadelt wurde, reagierte er gereizt: „Er wolle sich nicht antreiben lassen und arbeiten, bis ihm die Zunge auf den Boden hängen würde." Die meisten Arbeitskollegen ergriffen dem Verfasser gegenüber Partei für den Vorgesetzten und vertraten hierzu die Auffassung, daß die Maschinen nicht still stehen dürften, weil die Termine eingehalten werden müßten. Es wurde sofort versichert, daß hier ein gutes Betriebsklima herrschen würde: „Wenn man sonst herumsteht, sagt keiner etwas. Es steht keiner hinter einem, der dauernd aufpaßt. Aber die Maschinen müßten laufen. Termin ist Termin."

Keiner kam dabei auf die Idee, sich gegen den Termindruck zur Wehr setzen zu können, wie der obige Arbeiter es offensichtlich artikulieren wollte. Termine scheinen eine sowohl vom unmittelbaren Vorgesetzten als auch von der Firma losgelöste, unabänderliche Gegebenheit zu sein. Eine Erklärung für diese Einstellung läßt sich in den durch die Produktionstechnik bedingten Dispositionsspielräumen und Kooperationsformen finden. Die Arbeiten in der Druckerei ermöglichen einen relativ großen Dispositionsspielraum hinsichtlich des Interventionszeitpunktes für das Eingreifen in den Produktionsprozeß, der Geschwindigkeit und der räumlichen Bewegungsfreiheit. In diesem Rahmen diszipliniert deshalb nicht mehr der Vorgesetzte, sondern die abstrakte Technik. Ein Arbeiter: „Die Maschinen müssen laufen." Diese technische Rationalität ist aber von den Betroffenen eher einsehbar und akzeptabel. Herrschaft versachlicht sich. Weil der Eindruck entsteht, daß jeder in den durch die Maschinen gesetzten Grenzen selbst über das Arbeitstempo bestimmt, wird das Problem des Termindrucks nicht als Herrschaftskonflikt personalisiert.

Auch wenn der „Termindruck" weniger als Herrschaftskonflikt in Erscheinung tritt, so schlägt er sich doch in der relativ geringen Zufriedenheit mit der Arbeitsbelastung nieder. Die Arbeitsplatzbelastung wird mit einem Durchschnitt von 2,73 und einem Index von 23,1 Punkten mit deutlichem Abstand an zweitletzter Stelle eingestuft. Die Leistungsanforderungen der Firma werden – auch im Vergleich zu anderen Firmen – als besonders hoch eingeschätzt. Diese Einschätzung, daß bei Pieroth mehr als bei anderen Firmen gearbeitet werden müsse, wurde bereits bei der Behandlung des Elementes „Bezahlung" sichtbar. Sie ist nicht allein auf die besonderen Anforderungen des Außendienstes zurückzuführen, wie die Beobachtung deutlich gezeigt hat. Es muß vielmehr in der Firma ein allgemeines „Klima" angenommen werden, das stark auf Leistung und Dynamik ausgerichtet ist.

Die relativ geringe Zufriedenheit mit der Arbeitsbelastung ist dabei nicht Ausdruck einer Unzufriedenheit mit dem Arbeitsinhalt nach der Erfahrung, eine Arbeit, die nicht gefällt, strengt subjektiv auch mehr an. Die Zufriedenheit mit dem Arbeitsinhalt ist vielmehr der oberen Hälfte der Rangskala zuzuordnen. Mit einem Bewertungsdurchschnitt von 2,24 und 56,3 Indexpunkten wird sie vergleichsweise hoch eingeschätzt. Diese Einschätzung findet eine zusätzliche Bestätigung, wenn man als Voraussetzung für die Zufriedenheit den Grad der Übereinstimmung zwischen beruflichen Fähigkeiten und dem Arbeitsplatz annimmt. Für rd. 80 % der befragten Mitarbeiter ist der jetzige Arbeitsplatz im Betrieb am besten ihren beruflichen Fähigkeiten angepaßt.[318]

Äußerst zufrieden sind die Mitarbeiter mit der Sicherheit des Arbeitsplatzes. Nach der Bewertung rangiert die Arbeitsplatzsicherheit mit einem Durchschnitt von 2,23 und mit 59,6 Indexpunkten an vierter Stelle. Die Beobachtung bestärkt das Befragungsergebnis. Bei den meisten Arbeitern war ein relativ starkes Gefühl der Arbeitsplatzsicherheit vorhanden, das auf die dynamische Entwicklung und auf die Größe des Unternehmens zurückgeführt wird. Vorherrschend war der Eindruck, eine allgemeine schlechte Wirtschaftslage habe auf die Firma Pieroth keinen Einfluß. Angesichts von Firmen, die auf Grund der zur Zeit der Beobachtung bestehenden Konjunktursituation diese Sicherheit nicht ausstrahlen, sprach ein Arbeiter sogar von „Draußen, bei privaten Firmen ..." so, als ob die Firma Pieroth ein öffentlich-rechtlicher Arbeitgeber sei, der keine Arbeiter entlassen würde und bei dem man sich geborgen fühlen könne.

Die bisherige – nicht vollständige – Darstellung der einzelnen Elemente des Betriebsklimas hat diese Elemente als gleichwertig nebeneinander gestellt. Es dürfte aber durchaus fraglich sein, ob das Betriebsklima und die Arbeitszufriedenheit insgesamt von allen zehn Einzelelementen gleichermaßen geprägt wird. Es bietet sich daher an, noch einmal die wichtigsten Probleme für die Mitarbeiter, die auf die Frage Nr. 14 selbst genannt worden sind, heranzuziehen, soweit sie in das Betriebsklima eingehen, und diese mit der Bewertung der Zufriedenheit zu vergleichen.

Die allgemeine wirtschaftliche Lage, unter der auch die Sicherheit des Arbeitsplatzes aufgeführt ist, rangiert demnach an 1. Stelle der wichtigsten Probleme. Dem entspricht die Arbeitsplatzsicherheit, die die vierthöchste Bewertung erfahren hat.

An 2. Stelle der wichtigsten Probleme folgt die Einkommensorientierung, die auch die betrieblichen Sozialleistungen umfaßt. Während die Sozialleistungen der Firma Pieroth mit 63,5 Indexpunkten und einem Durchschnitt von 2,1 den 2. Rang in der Zufriedenheitsskala einnehmen, wird die Bezahlung nur dem unteren Mittelfeld zugeordnet. Dabei – das hat die Analyse deutlich gemacht – ist die Bezahlung nicht generell weniger zufriedenstellend, sondern vor allem in Relation zu der bei der Firma Pieroth als groß empfundenen Arbeitsbelastung. Die Gewinnbeteiligung wird von den Mitarbeitern überwiegend den Sozialleistungen zugeordnet.

Bereits an 3. Stelle der wichtigsten Probleme wird der Arbeitsinhalt genannt; mit gleichem Prozentsatz auch das Betriebsklima, vor allem als Verhältnis zu Kollegen und Vorgesetzten. Alle diese Teilelemente rangieren in der Zufriedenheitsskala in der oberen Hälfte, wenn nicht sogar an der Spitze, wie z. B. das Verhältnis zu den Kollegen.

Für die ersten vier der wichtigsten Probleme für die Mitarbeiter, die von 85 % der Mitarbeiter genannt wurden, läßt sich damit sagen, daß diese – mit einigen Abstrichen bei der Bezahlung – mit einer relativ hohen Zufriedenheit von den Pieroth-Mitarbeitern eingestuft werden, so daß deren Zufriedenheitseinschätzung sicherlich ausschlaggebend sind für die hohe Zufriedenheit mit dem Betriebsklima und mit der Arbeit insgesamt.

Diese Feststellung einer hohen Arbeitszufriedenheit der Pieroth-Mitarbeiter ist für sich genommen noch nicht sehr aussagekräftig, weil – dies ist oben schon angemerkt worden – diese Erfahrung wiederholt sowohl in deutschen als auch außerdeutschen Betrieben gemacht wurde.[319] Es ist daher notwendig, die hier vorgefundenen Ergebnisse mit denen anderer Untersuchungen zu vergleichen. Die bisherigen Untersuchungen konzentrieren sich überwiegend auf den Bereich der Montanindustrie und in diesem Bereich vor allem auf den Typus des „Fließbandarbeiters“ bzw. des Arbeiters, der in halb- oder vollautomatisierte Arbeitsprozesse integriert ist. Angestellte dagegen sind weitgehend ausgespart worden.[320]

Als Vergleichsgrundlage soll daher eine Repräsentativerhebung herangezogen werden, die Infas im Auftrag des Bundesministers für Arbeit und Sozialordnung erstellt hat.[321] In dieser Erhebung sind acht der zehn Einzelelemente enthalten, die in unserer Befragung die Zufriedenheit mit dem Betriebsklima präzisieren sollten.[322] Nur für die Sozialleistungen der Firma und für das Verhältnis zur Betriebsleitung finden sich in der Übersicht keine Angaben.

Zu dem Vergleich, der in Tabelle 24 vorgenommen wird, sind folgende methodische Anmerkungen zu machen:

- Um die besondere Situation der Beamten herauszunehmen, werden aus der Infas-Erhebung die Angaben für gewerbliche Betriebe mit einer Betriebsgröße zwischen 100-2000 Personen gewählt und mit denen der Befragung bei Pieroth verglichen.
- Die Infas-Erhebung unterscheidet die beiden Einstufungen „besonders zufrieden“ und „besonders unzufrieden“. Aus dem vom Bundesminister für Arbeit und Sozialordnung veröffentlichten Teil der Infas-Studie[323] ist nicht ersichtlich, wie diese Einstufungen methodisch gewonnen werden.[324] Es wird deshalb unterstellt, daß die beiden Einstufungen „besonders zufrieden“ und „besonders unzufrieden“ in unserer Befragung den Bewertungen „sehr gut“ und „gut“ einerseits sowie „schlecht“ und „sehr schlecht“ andererseits entsprechen.

Danach ergibt sich folgender Vergleich.

Tabelle Nr. 24:

Bewertung der Zufriedenheit im Vergleich

	... % sind damit besonders zufrieden bei		... % sind damit besonders unzufrieden bei	
Elemente	*Infas*	*Pieroth*	*Infas*	*Pieroth*
Bezahlung	23	46,2	20	10,0
Verhältnis zu Kollegen	46	74,5	3	1,9
Verhältnis zu Vorgesetzten	27	67,3	10	4,8
Arbeitsbelastung	7	37,0	34	13,9
Arbeitsplatzsicherheit	22	64,4	8	4,8
Aufstiegsmöglichkeiten	9	35,1	20	24,5
Sicherung gegen Unfälle	11	44,2	9	12,0
Arbeitsinhalt	24	60,6	8	4,3

Alle Einzelelemente des Betriebsklimas finden damit bei den Pieroth-Mitarbeitern – und zwar mit deutlichem Abstand – eine größere Zufriedenheit als die Arbeitnehmer, die in der Übersicht bei Infas berücksichtigt sind. Damit korrespondiert in den meisten Fällen bei den Pieroth-Mitarbeitern auch eine geringere Unzufriedenheit. Nur in zwei Fällen, nämlich bei den Aufstiegsmöglichkeiten und bei der Sicherung gegen Unfälle, ist die Unzufriedenheit bei den Pieroth-Mitarbeitern etwas höher ausgefallen.

Eine Erklärung für die abweichenden Einschätzungen könnte in der besonderen Situation der Außendienstmitarbeiter zu finden sein. Als direkte Weinverkäufer und Vertreter sind sie in einem verstärkten Maße der Gefahr von Verkehrsunfällen ausgesetzt. Ebenso sind sie in keine nennenswerte hierarchische Struktur eingebunden, in der ihnen die Möglichkeit des Aufstiegs geboten werden könnte.

Das Bild der auch im Vergleich zu anderen Untersuchungen sehr hohen Zufriedenheit bei den Pieroth-Mitarbeitern vervollständigt sich, wenn man die direkte Frage stellt, ob man mit der jetzigen Stellung als Arbeiter bzw. Angestellter zufrieden sei.[325] Danach sind 74 % mit ihrer jetzigen Stellung sehr zufrieden oder zufrieden. Nur 2,9 % äußern, daß sie unzufrieden oder sehr unzufrieden seien.

Auch wenn diese Ergebnisse aus den oben genannten methodischen Gründen nicht völlig vergleichbar sind, so sind doch die qualitativen Unterschiede in der Arbeitszufriedenheit nicht zu übersehen. Die Gründe für diese Unterschiede können nicht allein in der Gewinn- und Kapitalbeteiligung des Pieroth-Modells gesehen werden. So ist z. B. die hohe Zufriedenheit mit der Arbeitsplatzsicherheit auf die expansive Entwicklung des Unternehmens zurückzuführen. Aber die Gewinn- und Kapitalbeteiligung ist ein wichtiger Bestandteil einer umfassenderen, nach innen gerichteten Unternehmens- und Personalpolitik, die insgesamt zu dieser Arbeitszufriedenheit beiträgt.

Daß zwischen der Zufriedenheit mit der Arbeit und mit dem Betriebsklima und der Einstellung zur Gewinnbeteiligung ein sehr enger Zusammenhang besteht, findet noch einmal eine deutliche Bestätigung, wenn die Zufriedenheit mit den Einzelelementen des Betriebsklimas nach der „gewinnbeteiligungsorientierten" und „gewinnbeteiligungsdistanzierten" Gruppe untergliedert wird. Das Ergebnis ist in der folgenden Tabelle 25 abzulesen:

Tabelle Nr. 25:

Unterschiede in der Zufriedenheit zwischen der gewinnbeteiligungsorientierten und gewinnbeteiligungsidstanzierten Gruppe

Element	*Mitarbeiter insgesamt*	*gewinnbeteiligungs-orientierte Gruppe*	*gewinnbeteiligungs-distanzierte Gruppe*
1. Verhältnis zu Kollegen	2,08	1,91	2,11
2. Sozialleistungen der Firma	2,10	1,73	2,48
3. Verhältnis zu Vorgesetzten	2,15	1,73	2,31
4. Arbeitsplatzsicherheit	2,23	2,00	2,36
5. Arbeitsinhalt	2,24	2,00	2,35
6. Betriebsklima insgesamt	2,28	2,02	2,38
7. Verhältnis zur Betriebsleitung	2,53	2,07	2,81
8. Bezahlung	2,54	2,04	2,80
9. Sicherung gegen Unfälle	2,56	2,41	2,38
10. Arbeitsplatzbelastung	2,73	2,75	2,54
11. Aufstiegsmöglichkeiten	2,87	2,46	3,45

Die gewinnbeteiligungsorientierte Gruppe unter den Pieroth-Mitarbeitern weist in fast allen Einzelelementen eine größere Zufriedenheit aus als die gewinnbeteiligungsdistanzierte Gruppe. Daß diese Unterschiede dabei nicht einem allgemeinen, nicht weiter differenzierten Gefühl der Zufriedenheit entspringen, zeigt sich darin, daß bei zwei Elementen, nämlich der Sicherung gegen Unfälle und der Arbeitsplatzbelastung, die Zufriedenheit der gewinnbeteiligungsorientierten Gruppe geringer ausgefallen ist als die der gewinnbeteiligungsdistanzierten Gruppe. Bei allen anderen Elementen des Betriebsklimas sind z. T. erhebliche Abweichungen feststellbar.

Aus dieser Analyse läßt sich folgendes Ergebnis formulieren:
Im Vergleich zur Arbeitszufriedenheit in anderen Unternehmen zeigen die Mitarbeiter der Firma Pieroth eine deutlich größere Zufriedenheit mit der Arbeit und mit dem Betriebsklima. Innerhalb der Firma Pieroth ist der Grad der Zufriedenheit bei der gewinnbeteiligungsorientierten Gruppe noch einmal erheblich größer als der bei der gewinnbeteiligungsdistanzierten Gruppe und bei der Gesamtheit der Mitarbeiter. Dieses Ergebnis läßt die These zu, daß die Gewinn- und Kapitalbeteiligung des Pieroth-Modells geeignet ist, bei den Mitarbeiter eine größere Arbeitszufriedenheit zu bewirken.

5.3.1.6 Die Auswirkungen auf das Leistungsverhalten

Eine betriebliche Gewinnbeteiligung beabsichtigt – auch wenn dies unter den Zielen des Pieroth-Modells nicht ausdrücklich genannt wird –, ein gemeinsames Interesse am Betriebserfolg. Explizit in den Mittelpunkt ihrer Überlegungen hat die amerikanische „Human-Relations-Bewegung" den Zusammenhang von größerer Arbeitszufriedenheit und größerer Produktivität gestellt[326] und dabei den materiellen Anreiz in Form betrieblicher Gewinnbeteiligungen als wesentliche Voraussetzung angesehen.[327] Auch wenn das deutsche Partnerschaftskonzept – die meisten deutschen Unternehmen mit einer Gewinn- und Kapitalbeteiligung sind zusammengeschlossen in der Arbeitsgemeinschaft zur Förderung der Partnerschaft in der Wirtschaft e. V. (AGP) – die ideelle Komponente stärker betont,[328] so wird doch das Ziel der Leistungserhöhung nicht übersehen. Dieses Ziel sollte als „konstitutives Merkmal der betrieblichen Partnerschaft" sogar „propagiert werden, da an dieser Produktivitätssteigerung nicht nur der Betrieb, sondern über die materielle Beteiligung in gleicher Weise auch die Mitarbeiter profitieren."[329]
Die empirische Industriesoziologie konnte allerdings nachweisen, daß die Möglichkeiten materieller Anreize zur Intensivierung der Leistungsbereitschaft durch das Einkommen begrenzt sind.[330]
Ob diese Erkenntnisse auch auf die betriebliche Gewinn- und Kapitalbeteiligung übertragbar sind, bleibt fraglich, da diese die Motivation zur Leistungsbereitschaft nicht nur direkt über materielle Anreize, sondern auch indirekt als Beitrag zur Verbesserung der Arbeitszufriedenheit anspricht.
Der Einfluß des Zufriedenheitsgrades der Belegschaftsmitglieder auf die Leistung gilt aber als weitgehend gesichert.[331] Es kann zumindest als Hypothese angenommen werden: „Wenn ein Individuum mit seinen Arbeitsbedingungen zufrieden ist, dann ist es in der Regel eher bereit, gestellte Anforderungen zu erfüllen als ein mit seinen Arbeitsbedingungen unzufriedenes Individuum."[332] Und weiter wird man annehmen können, daß der Grad der Zufriedenheit auch auf dem Wege über Abwesenheits- und Kündigungsraten sich auf die Produktivität auswirkt.[333] Ein hoher Krankheitsstand und eine starke Fluktuation sind in starkem Maße geeignet, den betrieblichen Leistungsprozeß negativ zu beeinflussen. So müssen z. B. für jede Fluktuation als quantifizierbare direkte und indirekte Kosten – ohne die nicht quantifizierbaren Reibungsverluste im Betrieb – zwischen ein und mehr als zwei Jahresgehältern des neuen Mitarbeiters gerechnet werden. Für ein Unternehmen mit rd. 1000 Beschäftigten und einer durchschnittlichen Abgangsquote von 19 % würden sich die jährlichen Fluktuationskosten auf über 4 Mio. DM belaufen.[334]

Für unsere Untersuchung ist daher die Frage von Bedeutung, ob die betriebliche Gewinn- und Kapitalbeteiligung die verschiedenen Faktoren der Leistungsbereitschaft beeinflußt. Da die Auswirkungen auf die Arbeitszufriedenheit bereits analysiert worden sind, sollen als Verhaltensreaktionen der Mitarbeiter hier die direkten Zusammenhänge zur Leistung sowie die Krankheits- und Fluktuationssituation untersucht werden.

In der Befragung der Pieroth-Mitarbeiter ist in der Frage Nr. 17 mit unterschiedlichem Akzent zunächst nach der persönlichen Grundeinstellung zur eigenen Einkommensentwicklung gefragt worden. Die Verbesserung bzw. Entwicklung des eigenen Einkommens wird in beiden Fragen in starker Abhängigkeit von der eigenen, individuellen Leistung gesehen.

Tabelle 26:

Frage Nr. 17: „Wodurch könnten Sie am ehesten Ihre Einkommenssituation verbessern?"

– größere Leistung	39,9 %
– innerbetrieblicher Aufstieg	30,3 %
– Arbeitsplatzwechsel	10,1 %
– Fortbildung außerhalb des Betriebes	8,2 %
– Umschulung	3,4 %
– weiß nicht	4,3 %

Tabelle 27:

Frage Nr. 18: „Wovon hängt die Entwicklung Ihres Einkommens überwiegend ab?"

– eigene Leistung	74,0 %
– wirtschaftliche Entwicklung	10,6 %
– Stärke der Gewerkschaften	2,9 %
– Gewinnsituation des Betriebes	9,2 %
– weiß nicht	1,9 %

Rd. 70 % bzw. 74 % der Mitarbeiter glauben, daß sie durch eine größere Leistung und dem damit verbundenen innerbetrieblichen Aufstieg ihr Einkommen verbessern könnten bzw. die Entwicklung ihres Einkommens von der eigenen Leistung abhängig ist. Diese stark individualistische Sichtweise der eigenen Einkommenssituation wäre für eine instrumentelle Wahrnehmung der Gewinnbeteiligung als Möglichkeit der eigenen Einkommensverbesserung sicherlich förderlich, wenn die zwischen Betriebserfolg und eigener Leistung bestehende Verbindung auch in die Motivation der Arbeitnehmer eingeht.

Teilt man die Mitarbeiter wieder in eine gewinnbeteiligungsorientierte und eine gewinnbeteiligungsdistanzierte Gruppe, zeigt sich, daß die persönliche Leistung als Voraussetzung der Einkommensverbesserung – 55,3 % statt 25,8 % – bzw. als überwiegend maßgebend für die Einkommensentwicklung – 83 % statt 67,7 % – besonders von der gewinnbeteiligungsorientierten Gruppe betont wird. Es ist bereits in einem früheren Kapitel am Beispiel der zunehmenden Umwandlung der Darlehen in Gesellschaftsanteile deutlich geworden, daß zumindest auf Dauer die Einkommensorientierung auch auf die Gewinnbeteiligung übertragen wird. Mit dieser Feststellung ist allerdings noch keine Aussage darüber gemacht, ob die Mitarbeiter diesen Einkommensaspekt der Gewinnbeteiligung auch in bezug zur eigenen Leistung setzen in dem

Sinne, daß ihre Leistungsbereitschaft intensiviert wird. Auf diesen Bezug des Leistungsverhaltens zur Gewinnbeteiligung ist in den Fragen Nr. 31 sowie Nr. 33 und Nr. 34 abgestellt worden.[335]

Auf die Frage, ob sich bei Pieroth oder im Vergleich zu anderen Firmen durch die Gewinnbeteiligung etwas geändert hat, haben nach eigener Einschätzung von Ursache und Wirkung durch die Gewinnbeteiligung 12,5 % „jetzt mehr Freude an der Arbeit" und 21,2 % strengen sich „mehr an, um dadurch den Gewinn zu erhöhen." In einem weiteren Sinne lassen sich noch die hinzuordnen, die sich als „Partner" fühlen. Diese auf die Gewinnbeteiligung zurückgeführten Veränderungen können in bezug zum eigenen Leistungsverhalten der Mitarbeiter gesehen werden. Scheinen diese relativ geringen Nennungen noch keinen großen Einfluß der Gewinnbeteiligung auf das Leistungsverhalten zu signalisieren, so ändert sich das Bild, wenn die Mitarbeiter wieder in eine gewinnbeteiligungsorientierte und eine gewinnbeteiligungsdistanzierte Gruppe aufgeschlüsselt werden, wie dies in der folgenden Tabelle 28 geschehen ist.

Tabelle 28:
Einfluß der Gewinnbeteiligung auf das Leistungsverhalten (Auszug aus Frage Nr. 31)

Veränderungen	*Mitarbeiter insgesamt*	*gewinnbeteiligungs-orientierte Gruppe*	*gewinnbeteiligungs-distanzierte Gruppe*
– mehr Freude an der Arbeit	12,5 %	21,3 %	3,2 %
– strenge mich mehr an, um Gewinn zu erhöhen	21,2 %	46,8 %	3,2 %
– fühle mich als „Partner"	34,1 %	55,3 %	9,7 %

Eindeutig sieht die gewinnbeteiligungsorientierte Gruppe die Gewinnbeteiligung stärker in bezug zur eigenen Leistung, als die gewinnbeteiligungsdistanzierte Gruppe. Daraus kann der Schluß gezogen werden, daß diejenigen, die die Gewinnbeteiligung bewußter wahrnehmen und akzeptieren, auch Rückschlüsse auf ihr Leistungsverhalten ziehen und eine erheblich größere Leistungsbereitschaft zeigen.

War in der bisherigen Analyse nur von der Einschätzung und den Verhaltensreaktionen des einzelnen Mitarbeiters ausgegangen worden, so sollte in den beiden Fragen Nr. 33 und Nr. 34 untersucht werden, ob dieses Verhalten sich auch in den sozialen Beziehungen zu den Kollegen und zu den Vorgesetzten niedergeschlagen hat. Dies würde z. T. auch Aufschluß darüber geben, wie selbstverständlich im Hinblick auf die Gewinnbeteiligung die Leistungsbereitschaft oder die Leistungsanforderung einbezogen wird.

36,5 % der befragten Mitarbeiter sind von Kollegen angesprochen worden, mehr zu arbeiten und/oder Kosten zu sparen, um den Gewinn zu erhöhen. In der gewinnbeteiligungsorientierten Gruppe waren das immerhin 53,2 %; in der gewinnbeteiligungsdistanzierten Gruppe dagegen nur 32,3 %. In beiden Gruppen überwiegt dabei klar das Argument, Kosten zu sparen.

In den vertikalen Beziehungen sind von Vorgesetzten 51,4 % der Mitarbeiter angesprochen worden, mehr zu arbeiten oder Kosten zu sparen, um den Gewinn zu erhöhen. Hier zeigen sich zwischen der gewinnbeteiligungsorientierten und der -distanzierten Gruppe etwas geringere Unterschiede: Während in der gewinnbeteiligungsorientierten Gruppe 55,3 % von Vorgestzten mit diesem Hinweis angesprochen wurden, waren dies in der gewinnbeteiligungsdistanzierten Gruppe 41,9 %.

Wegen mangelnder Vergleichsmöglichkeiten kann hier keine Aussage darüber getroffen werden, ob diese Prozentsätze als hoch oder niedrig zu werten sind. Daß sich in der gewinnbeteiligungsorientierten und in der -distanzierten Gruppe unterschiedliche Werte zeigen, läßt sich wohl nur mit gruppendynamischen Prozessen erklären.

Um das Bild der Auswirkungen der Gewinnbeteiligung auf das Leistungsverhalten abzurunden, müssen neben diesen direkt sichtbar gewordenen Beziehungen zwischen Gewinnbeteiligung und Leistungsverhalten des weiteren die indirekt wirkenden Faktoren des Absentismus (Krankheit) und der Fluktuation in die Analyse mit einbezogen werden.

Die Krankheitssituation ist im statistischen Teil in der Frage Nr. 8 angesprochen. In der folgenden Tabelle 29 soll das Verhalten der Mitarbeiter nach der gewinnbeteiligungsorientieren und -distanzierten Gruppe unterschieden und das Verhalten der Pieroth-Mitabeiter mit dem bei anderen Unternehmen verglichen werden. Zu diesem Vergleich wird wieder die Infas-Studie herangezogen,[336] aus der noch einmal die Werte für Industriebetriebe mit 100 bis 2000 Personen wiedergegeben sind.

Dabei stellt sich das methodische Problem, daß bei dieser Vergleichsgrundlage das junge Durchschnittsalter der Pieroth-Mitarbeiter nicht berücksichtigt wird.

Tabelle 29:

Frage, Statistischer Teil Nr. 8: „Wieviele Tage etwa haben Sie in den letzten 12 Monaten nicht gearbeitet, weil Sie krank waren oder sich nicht wohl fühlten?“

Krankheitstage	*Mitarbeiter insgesamt*	*gewinnbeteiligungs-orientierte Gruppe*	*gewinnbeteiligungs-distanzierte Gruppe*	*Infas zum Vergleich*
– keinen Tag	45,7 %	48,9 %	45,2 %	45 %
– bis zu einer Woche	25,0 %	25,5 %	25,8 %	16 %
– 1 bis 2 Wochen	13,9 %	14,9 %	12,9 %	19 %
– über 2 Wochen	13,9 %	6,4 %	16,1 %	20 %

Läßt man dieses methodische Problem zunächst außer acht, zeigt sich, daß der Krankheitsstand bei Pieroth vor allem bei denen, die länger als eine Woche krank sind, geringer ist als bei anderen Betrieben vergleichbarer Größenordnung. Innerhalb der Pieroth-Mitarbeiter ist die gewinnbeteiligungsorientierte Gruppe noch einmal weniger häufig durch Krankheit abwesend gewesen als die gewinnbeteiligungsdistanzierte Gruppe.

Nimmt man aus der Infas-Studie als Vergleichsgrundlage die Angaben für 25- bis 34jährige Arbeitnehmer,[337] ergeben sich zwar geringere Unterschiede, qualitativ aber bleibt das Ergebnis gleich.

Sowohl die Infas-Erhebung als auch unsere Befragung der Pieroth-Mitarbeiter stellen ab auf das subjektive Erinnerungsvermögen. Ein Vergleich objektiver Daten ist nicht möglich.[338]

Das Fluktuationsproblem ist in mehreren Fragen angesprochen worden. Es muß dabei darauf hingewiesen werden, daß in einer Befragung nur die potentielle Fluktuation, also die latent vorhandene Fluktuationsbereitschaft, nicht aber die tatsächlich eintretende Fluktuation erfaßt werden kann.[339]

Um den Anteil fluktuationsbereiter Mitarbeiter einschätzen zu können, soll zunächst die Häufigkeit des Firmenwechsels vor Eintritt in die Firma Pieroth mit der Bereitschaft verglichen werden, von Pieroth wieder wegzugehen. Danach soll gefragt werden, wie die Gewinnbeteiligung sich auf diese Bereitschaft auswirkt.

Vor Eintritt in die Firma Pieroth haben sich rd. 42 % der Mitarbeiter als eine ausgesprochen mobilitätsfreudige Gruppe erwiesen, die vorher 3 bis 5 mal und häufiger die Firma gewechselt hatte.[340] Nach dem Eintritt würden jetzt nur noch 12,5 % gern einmal den Betrieb wechseln; 28,9 % halten sich diesen Schritt allerdings offen und sind nicht bereit, sich für ein klares „Ja" oder „Nein" zu entscheiden.[341]

Die gewinnbeteiligungsorientierte Gruppe war vor dem Eintritt in die Firma Pieroth mit 46,8 % statt 32,3 % noch mobilitätsfreudiger als die gewinnbeteiligungsdistanzierte Gruppe; nach dem Eintritt in die Firma Pieroth ist sie mit 8,5 % statt 16,1 % aber erheblich weniger zum Wechsel bereit.

Bemerkenswert ist, daß die Antwortverteilung auf die Frage nach der Bereitschaft zum Betriebswechsel ähnlich wie auf die Frage nach dem Wunsch zum Arbeitsplatzwechsel innerhalb der Firma[342] ausgefallen ist. Es muß daher vermutet werden, daß die Mitarbeiter, die innerhalb der Firma gerne den Arbeitsplatz wechseln würden, auch zu einem Betriebswechsel bereits sind. Oder umgekehrt: Der Bereitschaft zum Betriebswechsel könnte möglicherweise entgegengewirkt werden, wenn dem Wunsch nach einem Arbeitsplatzwechsel innerhalb der Firma mehr Chancen eingeräumt würden. Das Datenmaterial stützt diese Vermutung nur teilweise. Von denen, die innerhalb der Firma gerne einmal den Arbeitsplatz wechseln würden, sind 33,3 % bestimmt und weitere 30,6 % vielleicht auch zu einem Betriebswechsel bereit. Bezogen auf die Gruppe, die gerne einmal den Betrieb wechseln würde, würden 46,2 %, also fast die Hälfte, gerne einmal den Arbeitsplatz in der Firma wechseln. Nur 23 % dieser Gruppe sind zwar zum Betriebswechsel bereit, nicht aber zum Wechsel des Arbeitsplatzes.

Die Bereitschaft zum Betriebswechsel wird wesentlich mitbeeinflußt von der Einschätzung der eigenen Chancen am Arbeitsmarkt. 40,9 % der Mitarbeiter glauben, daß sie bestimmt, und weitere 35,1 % meinen, daß sie vielleicht bei einem Betriebswechsel in der Umgebung einen angemessenen Arbeitsplatz finden würden.[343] Von denen, die den Betrieb gerne einmal wechseln würden, sind sich 42,3 % sicher, daß sie in der Umgebung wieder einen angemessenen Arbeitsplatz finden würden. 23,1 % sind sich sicher, daß sie keinen Arbeitsplatz finden werden, sind aber dennoch zum Betriebswechsel bereit.

Neben der Unterteilung zwischen der gewinnbeteiligungsorientierten und der gewinnbeteiligungsdistanzierten Gruppe, die bereits einen Einfluß der Gewinnbeteiligung auf die Fluktuationsbereitschaft gezeigt hat, ist nach diesem Einfluß in zwei Fragen auch direkt gefragt worden.

Nach der Antwort auf Frage Nr. 12[344] hat für 30,8 % der Mitarbeiter die Gewinnbeteiligung einen Einfluß darauf, ob sie bei der Firma Pierroth bleiben wollen oder nicht. Demgegenüber war zum Zeitpunkt des Eintrittes in die Firma Pieroth die Gewinnbeteiligung nur für einen einzigen Mitarbeiter der ausschließliche, für 8,2 % ein Grund unter anderen, gerade zu Pieroth zu gehen.[345]

Nach Frage Nr. 6[346] ist, für den Fall, daß eine neue Stelle gesucht wird, für 21,6 % die Gewinnbeteiligung in einem bestimmten Betrieb ein wichtiger oder sehr wichtiger Grund, sich gerade für diesen Betrieb zu entscheiden.

Für 65,9 % dagegen hat die Gewinnbeteiligung keinen Einfluß darauf, ob sie bei der Firma Pieroth bleiben, und für 75 % wäre bei einer neuen Stellungssuche die Gewinnbeteiligung in einem bestimmten Betrieb entweder überhaupt kein Grund oder nur ein Grund unter vielen anderen, sich gerade für diesen Betrieb zu entscheiden.

Auch in diesen beiden Fragen zeigt eine Aufschlüsselung nach gewinnbeteiligungsorientierter und gewinnbeteiligungsdistanzierter Gruppe gravierende Unterschiede. Während für 44,7 % der gewinnbeteiligungsorientierten Gruppe die Gewinnbeteiligung einen Einfluß darauf hat, ob sie bei Pieroth bleiben, ist dies in der gewinnbeteiligungsdistanzierten Gruppe für keinen einzigen Mitarbeiter der Fall. Bei einer neuen Stellungssuche würde die gewinnbeteiligungsorientierte Gruppe zu 38,3 % es als wichtigen oder sehr wichtigen Grund ansehen, sich für einen Betrieb mit Gewinnbeteiligung zu entscheiden. In der gewinnbeteiligungsdistanzierten Gruppe würde dies kein einziger Mitarbeiter tun.

Nach diesen Ausführungen muß eine akut vorhandene Fluktuationsbeteitschaft von 12,5 % und darüber angenommen werden. Die tatsächliche Fluktuation der Pieroth-Mitarbeiter ist von 17,9 % im Jahre 1975 auf 14,0 % im Jahre 1976 gesunken.[347] Allgemein muß in der Praxis eine Fluktuationsquote je nach Größe des Unternehmens zwischen 15 und 27 Prozent als realistisch angenommen werden. Für Unternehmen, die nach der Größe mit der Firma Pieroth vergleichbar wären, würde diese Fluktuationsquote im Durchschnitt etwa 19 % betragen.[348] Nach der Infas-Studie haben sich in Industriebetrieben mit einer Betriebsgröße zwischen 100 bis 2000 Personen sogar 27 % als „Mobilitätsbereite“ erwiesen.[349] Danach liegt die Fluktuationsquote bei Pieroth weit unter dem Durchschnitt vergleichbarer Unternehmen und seit 1976 noch unterhalb der niedrigsten Rate in der Bandbreite der in der Praxis allgemein feststellbaren Fluktuationsquoten. Nach den obigen Ausführungen muß angenommen werden, daß diese vergleichsweise niedrige Fluktuationsbereitschaft zu einem erheblichen Teil auf die Gewinnbeteiligung zurückzuführen ist. Dieser Einfluß ist um so stärker, je mehr die Mitarbeiter auf die Gewinnbeteiligung ausgerichtet sind.

Daraus ergibt sich jetzt – auch unter Einbeziehung der Beobachtung – folgendes Gesamtbild bzgl. des Leistungsverhaltens der Mitarbeiter als Reaktion auf die Gewinnbeteiligung:

1. Die Gewinnbeteiligung trägt mit dazu bei, daß in der Firma Pieroth eine überdurchschnittlich hohe Arbeitszufriedenheit herrscht. Der Grad der Zufriedenheit der Mitarbeiter ist aber nach gesicherten Erkenntnissen eine wesentliche Einflußgröße für die Arbeitsproduktivität.
2. Eine gewinnbeteiligungsorientierte Gruppe reagiert aktiv auf die Gewinnbeteiligung, indem sie den Zusammenhang zwischen Gewinnbeteiligung und Betriebserfolg auch in die eigene Motivation aufnimmt und in eine Intensivierung der Leistungsbereitschaft überträgt. Diese Gruppe ist weniger durch Krankheit abwesend und zeigt eine trotz früherer größerer Mobilitätsfreudigkeit geringere Fluktuationsbereitschaft als der Durchschnitt der Mitarbeiter.
3. Eine gewinnbeteiligungsdistanzierte Gruppe – zu dieser Erkenntnis hat insbesondere auch die Beobachtung geführt – reagiert passiv auf die Gewinnbeteiligung, indem sie die vergleichsweisen hohen Leistungsanforderungen, die die Firma stellt, ohne Gegenreaktionen hinnimmt und mit Blick auf die Gewinnbeteiligung erträgt.[350] Diese Gruppe ist häufiger durch Krankheit abwesend und weist eine höhere Fluktuationsbereitschaft trotz früherer geringerer Mobilitätsfreudigkeit aus als der Durchschnitt der Pieroth-Mitarbeiter.
4. Insgesamt zeigen die indirekt wirkenden Faktoren wie Krankheit und Fluktuation, die beide bei den Pieroth-Mitarbeitern niedriger ausfallen als bei anderen vergleichbaren Firmen, daß auch die Gesamtbelegschaft, also einschließlich der gewinnbeteiligungsdistanzierten Gruppe, zu einer größeren Leistung bereit ist. Diese Veränderungen im Leistungsverhalten können nicht ausschließlich, dürften aber zum großen Teil auf die Gewinn- und Kapitalbeteiligung des Pieroth-Modells zurückgeführt werden.

5.3.1.7 Die Auswirkungen auf das Verhalten gegenüber den Gewerkschaften

Die betriebliche Gewinn- und Kapitalbeteiligung ist in der politischen Auseinandersetzung bisher vor allem auf den Widerstand der Gewerkschaften gestoßen, da diese in der betrieblichen Beteiligung der Arbeitnehmer eine mögliche Gefährdung ihres Organisationsinteresses sehen. Danach würde sich die betriebliche Gewinn- und Kapitalbeteiligung auf die Arbeitnehmerschaft entsolidarisierend auswirken, was die Kampfkraft der Gewerkschaften schwächen würde. In diesem Abschnitt soll daher der Frage nachgegangen werden, wie sich die Pieroth-Mitarbeiter gegenüber den Gewerkschaften und der gewerkschaftlichen Interessenvertretung verhalten und ob dieses Verhalten ursächlich auf die Gewinnbeteiligung zurückgeführt werden kann.

Zunächst kann man davon ausgehen, daß die einzelnen Arbeitnehmer die Gewerkschaften als um so notwendiger ansehen und sich um so eher darin organisieren werden, je stärker sie die Wahrnehmung ihrer Interessen in Abhängigkeit von den Gewerkschaften sehen. Nimmt man als Ausdruck dieser Interessen der Arbeitnehmer das Einkommen, dann hängt nach Frage Nr. 18[351] nur für 2,9 % der Mitarbeiter die Entwicklung ihres Einkommens überwiegend von der Stärke der Gewerkschaften ab.

Nach Frage Nr. 36[352] stuft mit 48,1 % nicht einmal die Hälfte der Arbeitnehmer die Vertretung ihrer Interessen im Betrieb als „ausreichend“ oder als „es geht“ ein. Obgleich also die Voraussetzungen für die Wahrnehmung einer organisierten Interessenvertretung günstig sind, werden die Gewerkschaften als Interessenvertretung in der Firma nach selbst formulierten Antworten auf die Frage Nr. 37 nur von einem einzigen Mitarbeiter genannt.

Tabelle 30:

Frage Nr. 37: „Welche Interessenvertretung haben Sie in Ihrer Firma? Eigene Angaben bitte“:

– Betriebsrat	31,3 %
– Betriebsrat und Partnerschaftsausschuß	16,4 %
– es gibt keine Interessenvertretung	10,6 %
– Interessen werden selbst wahrgenommen	2,4 %
– Partnerschaftsausschuß	1,9 %
– Gewerkschaften	0,5 %
– Aufsichtsrat	0,5 %
– Vorgesetzte	0,5 %
– Jugendvertreter	0,5 %

Die Zahl der Nicht-Nennungen ist bei dieser Frage mit 35,6 % außerordentlich hoch ausgefallen. Dies weist wohl sehr deutlich darauf hin, daß ein großer Teil der Arbeitnehmer angesichts der bestehenden Möglichkeiten in der Firma darin keine Alternative für eine Vertretung ihrer Interessen sahen. Dies dürfte nicht zuletzt darauf zurückzuführen sein, daß die Gewerkschaften in der Firma nicht präsent sind. Für die übrigen Arbeitnehmer verbleibt dann als Alternative der Betriebsrat bzw. der Betriebsrat und der Partnerschaftsausschuß gemeinsam. Dabei wird – wie die Frage Nr. 38 zeigt[353] – der Partnerschaftsausschuß mit 60,1 % von der überwiegenden Mehrheit als Vermittler zwischen den verschiedenen Interessen eingestuft.

Erstaunlicherweise kann der Betriebsrat nicht einmal mittelbar in Verbindung zu den Gewerkschaften gebracht werden. Wie sich während der Beobachtung gezeigt hat, ist nach Angaben eines leitenden Angestellten kein Mitglied des Betriebsrates Mitglied einer Gewerkschaft; zur damaligen Zeit auch nicht der Betriebsratsvorsitzende. Dies ist deshalb erstaunlich, weil nach den Erfahrungen des Verfassers Betriebsratsmitglieder für Streitfälle mit der Unternehmensleitung schon aus Gründen der Rechtssicherheit vielfach die Mitgliedschaft in den Gewerkschaften suchen.

Insgesamt – das zeigen die Nennungen in Frage Nr. 41[354] sind nur 5,8 % der befragten Mitarbeiter gewerkschaftlich organisiert. Um aber eine abschließende Aussage über den gewerkschaftlichen Organisationsgrad in der Firma Pieroth treffen zu können, müssen zunächst ein Vergleich mit dem branchenüblichen Organisationsgrad und die besondere regionale Situation der Firma berücksichtigt werden.

Der Weinanbau und Weinhandel fällt innerhalb des DGB in den Organisationsbereich der Gewerkschaft Nahrung, Genuß, Gaststätten. Mit einem Organisationsgrad von 15,8 % (1963) weist diese Gewerkschaft den geringsten Organisationsgrad unter den Einzelgewerkschaften des DGB auf.[355] Des weiteren dürfte die ländliche, vorwiegend agrarische Struktur der Hunsrück-Nahe-Region sich sehr hemmend auf den gewerkschaftlichen Organisationsgrad auswirken. Ebenso ist der hohe Anteil von Außendienstmitarbeitern, die überwiegend als Vertreter vereinzelt und in starker Abhängigkeit vom persönlich erzielten Verkauf ihr Einkommen erarbeiten, für eine kollektive Interessenvertretung nicht sonderlich geeignet.

Nimmt man diese für eine gewerkschaftliche Organisation hemmenden Faktoren zusammen, dann erscheint der niedrige Organisationsgrad in der Firma Pieroth nicht mehr als ungewöhnlich. Jedenfalls läßt sich aus diesen Daten keine Bestätigung finden für die Behauptung, die betriebliche Gewinnbeteiligung würde sich negativ auf die Bereitschaft der Mitarbeiter auswirken, sich gewerkschaftlich zu organisieren.

Eine Unterteilung nach gewinnbeteiligungsorientierter und -distanzierter Gruppe zeigt zudem, daß die gewinnbeteiligungsorientierte Gruppe mit 10,6 % bedeutend stärker gewerkschaftlich organisiert ist als die gewinnbeteiligungsdistanzierte Gruppe. Dieser Gruppe gehört kein einziges Gewerkschaftsmitglied an.

Dieser Eindruck, daß – selbst bei vorsichtiger Interpretation dieser Ergebnisse – zumindest zwischen der Aufgeschlossenheit von Mitarbeitern gegenüber einer Organisationsbereitschaft in den Gewerkschaften und der Aufgeschlossenheit gegenüber einer gesellschaftspolitischen Neuerung wie der betrieblichen Gewinnbeteiligung ein positiver Zusammenhang besteht, wird noch bestärkt, wenn man die Einstellung der Mitarbeiter zu politischen Themen heranzieht, die von den Gewerkschaften geprägt worden sind.

So würde z. B. die Humanisierung des Arbeitsplatzes nicht durch die Gewinnbeteiligung behindert werden. Vor die Alternative gestellt,[356] kostenverursachend die Arbeitsplätze zu verbessern oder die Gewinnanteile zu erhöhen, haben sich 72,6 % der Mitarbeiter für die Verbesserung des Arbeitsplatzes ausgesprochen. Nur 17,3 % würden sich für die Erhöhung des eigenen Gewinnanteils aussprechen. Hierbei hat sich die gewinnbeteiligungsorientierte Gruppe mit 72,3 % sogar noch stärker für die Verbesserung des Arbeitsplatzes ausgesprochen als die gewinnbeteiligungsdistanzierte Gruppe mit 64,5 %.

Als weiteres zentrales Thema der Gewerkschaften kann die Mitbestimmung herangezogen werden. Dieses Thema ist oben bereits angesprochen worden.[357] Zwar taucht „Mitbestimmung" nicht unter den Anliegen auf, die für die Mitarbeiter am wichtigsten sind, aber instrumentalisiert, als Mittel also, um die eigene Lage weiter verbessern zu können, wird die Forderung nach Mitbestimmung mit 12,5 % der Mitarbeiter an 2. Stelle der Rangliste genannt. Auch hier zeigt sich, daß die „Mitbestimmung" von der gewinnbeteiligungsorientierten Gruppe mit 14,9 % bedeutend stärker betont wird als von der gewinnbeteiligungsdistanzierten Gruppe mit 3,2 %.

Nach dieser Analyse kann als Fazit festgehalten werden, daß die Befürchtung der Gewerkschaften, ihr Organisationsinteresse könnte durch die betriebliche Gewinn- und Kapitalbeteiligung beeinträchtigt werden, durch den Befund dieser Analyse des Mitarbeiterverhaltens in der Fa. Pieroth nicht gestützt wird.

5.3.1.8 Ergebnisse der Mitarbeiter-Befragung

1. Wird von den Mitarbeitern eine direkte Einschätzung der Gewinnbeteiligung verlangt, dann halten 61,5 % die Beteiligung der Arbeitnehmer am Gewinn ihres Betriebes für wichtig oder gar für unbedingt notwendig. Weitere 21 % halten sie für eine Sache, die den Arbeitnehmern ohnehin zusteht. Nur 16 % sehen die Gewinnbeteiligung als nicht notwendig oder weniger wichtig an.
   Stellt man dagegen die Mitarbeiter vor die Alternative, ob sie lieber eine Lohnerhöhung oder eine Gewinnbeteiligung haben möchten, entscheiden sich rd. 68 % für die Lohnerhöhung und nur 28 % für die Gewinnbeteiligung.
2. Die meisten Mitarbeiter finden den Zugang zur Gewinn- und Kapitalbeteiligung nur über den Aspekt, damit ein höheres Einkommen erzielen zu können. Gerade diese Einkommensorientierung aber bewirkt im Laufe der Zeit einen Einstellungswandel. Haben noch 1975 nur 32 % der Mitarbeiter auf eine mögliche Auszahlung ihrer Anteile verzichtet – dieser Anteil ist fast identisch mit dem, der sich oben für eine Gewinnbeteiligung ausgeprochen hat –, so stieg dieser Anteil 1976 auf rd. 60 % an. Dafür ausschlaggebend dürfte gewesen sein, daß die im Betrieb verbliebenen Anteile als „stille Beteiligung“ eine höhere Verzinsung erzielen konnten.
3. Dieser Einstellungswandel läßt vermuten, daß auf Dauer eine Verschiebung des Zeithorizontes von kurzfristig erwarteten Lohnerhöhungen zugunsten einer langfristiger wirkenden Gewinnbeteiligung erreicht wird, die den Mitarbeitern zunehmend auch die ökonomischen Bedingungen dieser neuen Art von „Einkommensquelle“ bewußt werden läßt. Das aber wäre eine wichtige Voraussetzung für einen wirtschaftlich mitdenkenden und an der betrieblichen Leistung orientierten Mitarbeiter. Die meisten Mitarbeiter sind sich bereits – zumindest theoretisch – darüber im klaren, daß dem Betrieb aus ökonomischer Notwendigkeit das Geld für Investitionszwecke nicht entzogen werden darf.
4. Die Gewinnbeteiligung, die die Mitarbeiter zusätzlich zur normalen Lohnzahlung erhalten, erhöht das Gefühl der leistungsgerechten Entlohnung nur geringfügig. Dagegen sinkt unter Einbeziehung der Gewinnbeteiligung in starkem Maße der Anteil derjenigen, der sich nicht leistungsgerecht entlohnt sieht. Teilt man allerdings die Mitarbeiter in eine gewinnnbeteiligungsorientierte und eine gewinnbeteiligungsdistanzierte Gruppe, dann zeigen sich in dieser Einschätzung gravierende Unterschiede. Während sich die gewinnbeteiligungsdistanzierte Gruppe nur zu 41,9 % gerecht bezahlt sieht, wenn sie Lohn und Gewinnbeteiligung zusammennimmt, ist dies bei der gewinnbeteiligungsorientierten Gruppe für 83,0 % der Fall.
5. Durch die Gewinnbeteiligung wird das bisherige, lohnbezogene Sparverhalten nicht beeinflußt, d. h. mit den Gewinnanteilen wird in gleichem Umfang zusätzlich Vermögen gebildet. Bei einer fiktiv unterstellten jährlichen Gewinnauszahlung würden 75 % der Mitarbeiter diese Summe sparen. Nach einer fünfjährigen Gewinnbeteiligung würde diese größere Vermögenssumme sogar von rd. 86 % wieder

gespart; 42,8 % würden dieses Vermögen als stille Beteiligung im Betrieb und weitere 5 % in Form von Aktien investiv anlegen. Im Vergleich zur übrigen Bevölkerung sind damit die Pieroth-Mitarbeiter in einem herausragenden Maße bereit, sich am Produktivvermögen zu beteiligen.

6. Diese Beteiligung am Produktivvermögen kann nach dieser Analyse kaum über die für die Arbeitnehmer relativ abstrakte Form der Aktie an fremden Unternehmen geschehen. Die für die Arbeitnehmer konkret erfahrbare Form ist die betriebliche Beteiligung. Will man nicht an den Erfahrungsmöglichkeiten der Arbeitnehmer vorbeigehen, müßte eine gesetzliche oder tarifvertragliche Lösung der Vermögenspolitik auf der Grundlage einer betrieblichen Gewinn- und Kapitalbeteiligung aufbauen.
7. Die Arbeitszufriedenheit und die Zufriedenheit mit dem Betriebsklima ist bei den Pieroth-Mitarbeitern in allen Einzelelementen, die das Betriebsklima und die Arbeitszufriedenheit präzisieren, mit deutlichem Abstand größer als bei vergleichbaren Untersuchungen. Damit korrespondiert in den meisten Fällen bei den Pieroth-Mitarbeitern auch eine geringere Unzufriedenheit. Daß die Einstellung zur Gewinnbeteiligung darauf einen erheblichen Einfluß hat, zeigt die Tatsache, daß unter den Pieroth-Mitarbeitern die gewinnbeteiligungsorientierte Gruppe in fast allen Einzelelementen noch einmal eine größere Zufriedenheit ausweist als die gewinnbeteiligungsdistanzierte Gruppe.
8. Die Gewinn- und Kapitalbeteiligung des Pieroth-Modells ist demnach geeignet, bei den Mitarbeitern, die dieses Modell annehmen, eine größere Zufriedenheit mit der Arbeit und mit dem Betriebsklima zu bewirken. Versteht man eine hohe Arbeitszufriedenheit zugleich als Voraussetzung für den Abbau von Entfremdung, dann ist die Gewinn- und Kapitalbeteiligung zugleich ein gesellschaftspolitischer Beitrag zur Minderung der Entfremdungsproblematik.
9. Die Gewinn- und Kapitalbeteiligung hat einen positiven Einfluß auf die Arbeitsproduktivität. Sie wirkt sowohl indirekt als auch direkt leistungssteigernd. Über die höhere Arbeitszufriedenheit sowie über den geringeren Krankheitsstand und eine geringere Fluktuationsbereitschaft wird der Leistungsprozeß indirekt intensiviert. Bei der direkten Wirkung muß zwischen zwei Gruppen von Mitarbeitern unterschieden werden: Die gewinnbeteiligungsorientierte Gruppe nimmt aktiv den Zusammenhang zwischen Gewinnbeteiligung und Betriebserfolg auch in die eigene Leistungsmotivation auf. Die gewinnbeteiligungsdistanzierte Gruppe erträgt mit Blick auf die Gewinnbeteiligung passiv die vergleichsweise höheren Leistungsanforderungen der Firma.
10. Aus der betrieblichen Gewinn- und Kapitalbeteiligung des Pieroth-Modells lassen sich keine negativen Auswirkungen auf das gewerkschaftliche Organisationsinteresse feststellen. Der gewerkschaftliche Organisationsgrad in der Firma Pieroth muß unter den konkreten Bedingungen der Branche, der Region und der Arbeitssituation als normal eingestuft werden. Auch gewerkschaftliche Forderungen wie z. B. die Humanisierung des Arbeitsplatzes oder die Mitbestimmung werden durch die Gewinnbeteiligung nicht beeinträchtigt. Die gewinnbeteiligungsorientierte Gruppe zeichnet sich sogar dadurch aus, daß sie sowohl stärker gewerkschaftlich organisiert ist als auch in einem höheren Maß die gewerkschaftlichen Forderungen unterstützt als die gewinnbeteiligungsdistanzierte Gruppe. Dieses Ergebnis unterstützt nicht die Befürchtungen der Gewerkschaften. Selbst bei vorsichtiger Interpretation kann eher noch der Schluß gezogen werden, daß zwischen der Aufge-

schlossenheit gegenüber der betrieblichen Gewinnbeteiligung und der Aufgeschlossenheit der Mitarbeiter gegenüber Gewerkschaften ein positiver Zusammenhang besteht.

5.3.2 Die materiellen Auswirkungen der Mitarbeiter-Beteiligung

Das Pieroth-Modell hat seit 1967 aufgrund seiner Konstruktion und wegen des starken Wachstums des Unternehmens zu vergleichsweise hohen Gewinnbeteiligungsbeträgen für die Mitarbeiter geführt. Eine Übersicht über die Höhe der jährlichen Gewinnanteile, mit denen die Gesamtheit der Mitarbeiter seit 1967 beteiligt wurde, gibt das Schaubild Nr. 2.[358] Die jährliche Gewinnbeteiligung für die Mitarbeiter insgesamt ist von 484.514,– DM im Jahre 1967 auf rd. 2,5 Mio. DM im Jahre 1978 angestiegen. Die Gesamtsumme dieser Gewinnbeteiligung in den zwölf Jahren von 1967 bis 1978 beläuft sich damit auf rd. 15 Mio. DM.

Von dieser Gesamtsumme der Gewinnbeteiligung sind im Unternehmen von 1967-1978 in Form von Darlehen rd. 7,6 Mio. DM und in Form von stillen Beteiligungen insgesamt rd. 1,2 Mio. DM verblieben.[359] Unterstellt man einmal, daß von dieser Summe keine Abzüge durch Auszahlungen bestimmter Beträge z. B. an ausscheidende Mitarbeiter erfolgt sind, dann machte das Mitarbeiterkapital aus Darlehen und stillen Beteiligungen 1978 etwa 24,2 % aus gegenüber einem nominalen Stammkapital von 36,3 Mio. DM. Bezogen auf das Gesamtkapital, das der Firma mit dem Stammkapital der Altgesellschafter und mit den Darlehen und stillen Beteiligungen der Mitarbeiter zur Verfügung stand, betrug der Mitarbeiter-Anteil rd. 19,5 %. Im Vergleich zu 1976, in dem das Verhältnis des Mitarbeiterkapitals zum nominalen Stammkapital rd. 25 % ausmachte, hat sich damit dieses Kapitalverhältnis leicht zuungunsten der Mitarbeiter verschlechtert. 1974 betrug dieses Kapitalverhältnis allerdings erst 14,5 %.[360]

Wie sich die Gewinnbeteiligung für den einzelnen Mitarbeiter materiell niedergeschlagen hat, soll in der Tabelle 31 am Beispiel eines durchschnittlich verdienenden Mitarbeiters (Stand 1979) verdeutlicht werden.[361]

Die von 1967 bis 1974 unter „Gewinnanteil DM Netto" aufgeführten Beträge wurden nach dem Pieroth-Modell von dem Mitarbeiter jeweils nach 5 Jahren als stille Beteiligung in das Unternehmen eingebracht. Die weiteren in dieser Rubrik aufgeführten Beträge sind von dem Mitarbeiter noch als Darlehen dem Unternehmen überlassen worden.

Nach dieser Tabelle hat ein durchschnittlich verdienender Mitarbeiter, der seit 1967 voll anspruchsberechtigt ist, in den zwölf Jahren nach Abzug der Steuern einen Netto-Gewinnanteil von 18.735,25 DM erhalten. Von diesem Gewinnanteil hat er inzwischen einen Betrag von 12.245,56 DM als stille Beteiligung und 6.489,69 DM als Darlehen im Unternehmen stehen. Die Einstiegsbarauszahlungen sowie die bar ausgezahlten Zinsen für die Darlehen und die bar ausgezahlten Gewinnanteile auf die stillen Beteiligungen machen zusammen immerhin einen Betrag von 11.230,62 DM aus, der dem Mitarbeiter in diesen Jahren zusätzlich zum normalen Barlohn direkt ausgezahlt worden ist. So hat allein 1978 dieser durchschnittlich verdienende Mitarbeiter neben seiner Gewinnbeteiligung von netto 1.721,34 DM, die zunächst 5 Jahre als Darlehen im Unternehmen verbleibt, weiterhin an Zinsen für die bisher gegebenen Darlehen 589,95 DM und an Gewinnanteilen für die stillen Beteiligungen 1.268,89 DM, zusammen also

Schaubild Nr. 2: Gewinnbeteilung von 1967 - 1978 (alle Mitarbeiter)

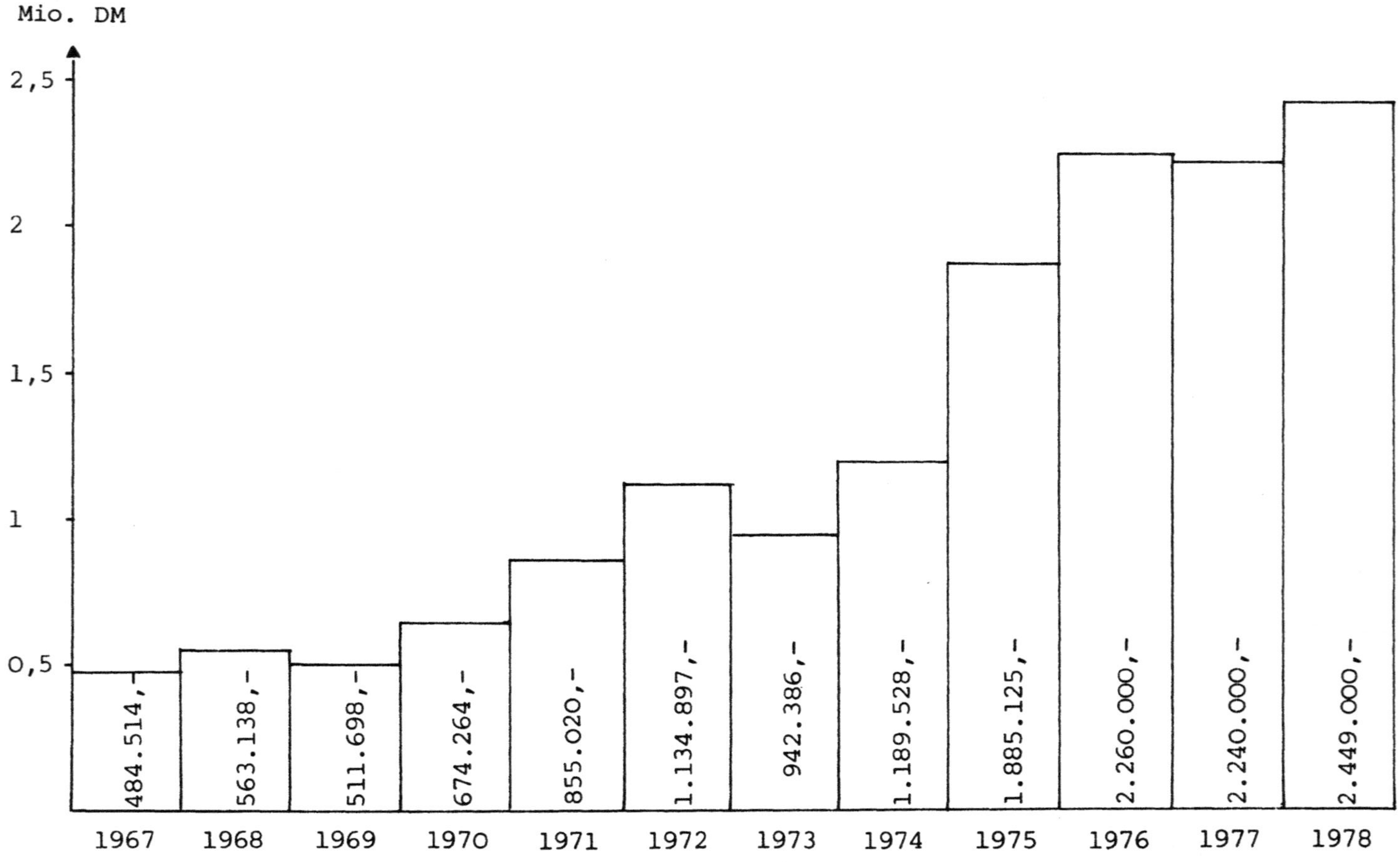

Tabelle 31: Gewinnbeteiligung eines Mitarbeiters mit einem Brutto-Einkommen zwischen 30.000,– und 35.000,– DM pro Jahr; verheiratet

Jahr	Gewinnanteil DM Brutto	Netto	davon: Einstiegs-Barauszahlungen	Zinsen für Darlehen	Gewinnanteile für stille Beteiligungen
1967	2.233,00	1.366,86	401,94 (= 18 %)	–	–
1968	2.265,00	1.529,00	271,80 (= 12 %)	119,86	–
1969	1.600,00	1.143,20	96,00 (= 6 %)	323,73	–
1970	1.875,00	1.486,96	–	445,84	–
1971	2.130,00	1.698,36	–	521,11	–
1972	2.710,00	2.245,80	–	580,37	194,52
1973	1.815,00	1.342,00	–	673,05	354,36
1974	1.780,00	1.433,38	–	677,36	422,89
1975	1.910,00	1.275,00	–	771,36	511,65
1976	2.285,00	1.720,59	–	514,78	881,90
1977	2.360,00	1.772,76	–	522,18	1.087,08
1978	2.305,00	1.721,34	–	589,95	1.268,89
gesamt	25.268,00	18.735,25	769,74	5.739,59	4.721,29

rd. 1.860,– DM bar erhalten. Der Mitarbeiter erhält somit an Vermögensbildung und ausbezahlten Zins-Einkommen allein in diesem Jahr einen Gesamtwert von rd. 3.580,– DM, den er ohne die Gewinn- und Kapitalbeteiligung nicht erhalten würde.

1978 waren von den Mitarbeitern der Pieroth-GmbH – ohne die Tochtergesellschaft – 1156 gewinnbeteiligungsberechtigt, 806 Darlehensgeber und 350 stille Gesellschafter.[362]

5.4 Die Auswirkungen des Pieroth-Modells auf den Betrieb

Bei der Vorstellung des Pieroth-Modells und in der Präambel der ersten Betriebsvereinbarung wurden als Begründung für die Einführung der Gewinn- und Kapitalbeteiligung ausschließlich gesellschaftspolitische Ziele genannt.[363] „Betriebswirtschaftliche Ziele (Kostenersparnis; Finanzierungseffekte; Verbesserung der Stellung am Arbeitsmarkt) oder betriebssoziologische Zielsetzungen (verstärkte Bindung an den Betrieb; bessere Arbeitsatmosphäre) wurden also in die Zielrangordnung nicht aufgenommen. Gleichwohl hat das Modell Nebeneffekte, die von der Firmenleitung und von den Mitarbeitern im Hause Pieroth gerne registriert wurden: Liquiditätsverbesserung, besseres Betriebsklima, Stärkung des Selbstbewußtseins der Mitarbeiter und ihrer Vertretungsorgane."[364]

Auch wenn man nicht so weit geht wie die Zeitschrift „Capital", die die Ausgestaltung des „Pieroth-Modells" vor allem als ein Werk von Steuerexperten zum ausschließlichen Vorteil des Unternehmens darstellt,[365] so kann man doch unterstellen, daß die Auswirkungen des Pieroth-Modells auf den Betrieb nicht nur als „Nebeneffekt" gerne registriert wurden", sondern die Ausgestaltung und Einführung des Modells wesentlich mitbestimmt haben. Dafür spricht schon allein die Art der Kapitalbeteiligung der Mitarbeiter, die entgegen des erklärten Zieles einer echten Substanzbeteiligung aus Steuergründen nur in der Form einer typischen stillen Gesellschaft verwirklicht wurde. Dazu heißt es im Vorwort zur Betriebsvereinbarung von 1973: „Das eigentliche Ziel von Geschäftsführung und Betriebsrat konnte jedoch mit der typischen stillen Gesellschaft nicht erreicht werden. Angestrebt wird eine echte Beteiligung der Mitarbeiter an der Substanz und am Wachstum der Firma durch die Zurechnung der stillen Reserven. Die derzeit noch gültigen Steuergesetze verhindern jedoch eine derartige Substanzbeteiligung."[366]

In einer Umfrage unter Beteiligungsunternehmen haben Guski/Schneider die unternehmerischen Motive zur betrieblichen Vermögensbeteiligung ermittelt.[367] Danach rangieren neben gesellschaftspolitischen Zielen auf den Plätzen 3-6 mit Zielen wie „Bindung an den Betrieb", „Verbesserung des Betriebsklimas", „Finanzierungseffekte" und „Motivation der Mitarbeiter" eindeutig betriebszogene Motive. Diese werden insbesondere von mittelständischen Unternehmen betont. Guski und Schneider stellen als Fazit fest: „Die Großunternehmen verfolgen mit Verfahren der Mitarbeiterbeteiligung vor allem sozial- und gesellschaftspolitische Ziele. Dies hängt mit ihren Möglichkeiten der Refinanzierung am Kapitalmarkt zusammen. Beteiligungsmodelle sind daher als ein weiterer Baustein im Rahmen des gesamten betrieblichen Sozialsystems zu sehen, der zudem in der gesellschaftspolitischen Diskussion verwertbar ist. Anders die Mittelständler, die die Möglichkeit der Refinanzierung in dem Maße nicht haben: Auch bei ihnen herrschen gesellschafts- und sozialpolitische Ziele vor. Von großer Bedeutung sind jedoch weitere Zielsetzungen: Erhofft wird die Verbesserung der Finanzierungssituation und eine Änderung der Einstellung der Mitarbeiter zum Unternehmen. Schließlich betonen die mittelständischen Unternehmen in stärkerem Maße als die Großunternehmen die Zweiseitigkeit von Beteiligungsmodellen: Sie wollen die materiellen Komponenten durch immaterielle Führungs- und Organisationskomponenten ergänzt wissen (partnerschaftliche Betriebsgestaltung)."[368]

Die betriebswirtschaftlichen und steuerrechtlichen Auswirkungen einer betrieblichen Gewinn- und Kapitalbeteiligung sind für die verschiedenen Rechtsformen von Unternehmen in der Literatur ausreichend dargestellt.[369]

Auf eine allgemeine Wiedergabe dieser Ergebnisse soll daher im Rahmen dieser Arbeit verzichtet werden. Hier sollen die betriebsbezogenen Auswirkungen nur insoweit dargestellt werden, als sie konkret für die Pieroth-GmbH und für das Pieroth-Modell von Bedeutung sind. Dabei muß auf eine systematische Darstellung anhand betrieblicher Kennziffern der Firma Pieroth verzichtet werden, da dem Verfasser ein umfassender Einblick in die nicht der Publizitätspflicht unterliegenden Geschäftsführung nicht ermöglicht wurde.

Die Gewinn- und Kapitalbeteiligung der Mitarbeiter berührt in unterschiedlicher Form die verschiedenen Bezugsfelder des Betriebes: 1. über den Arbeitsmarkt und das Leistungsverhalten der Mitarbeiter die Qualität des „Faktors Arbeit" und den betrieblichen Leistungsprozeß; 2. über die Kapitalbereitstellung in Form von Mitarbeiterkapital und über Steuereffekte die Finanzsituation des Betriebes; 3. über die Verbesserung der Konkurrenzfähigkeit und über die Imagepflege die Absatzchancen. Insgesamt wird durch alle genannten Faktoren die Unternehmensrentabilität beeinflußt.

5.4.1 Die Auswirkungen auf die Arbeitsproduktivität

Bisherige Untersuchungen über Mitarbeiterbeteiligungen, die der Beteiligung eine leistungssteigernde Wirkung zuschreiben,[370] kommen zu diesem Ergebnis über eine theoretische Ableitung. Sie stellen die Forschungsergebnisse zur Arbeitszufriedenheit und zum Betriebsklima dar und messen der Mitarbeiterbeteiligung einen Einfluß auf die die Arbeitszufriedenheit und das Betriebsklima bestimmenden Faktoren bei. Oder sie benutzen empirische Vergleiche von Produktivitätskennziffern von Beteiligungs- und Nicht-Beteiligungsunternehmen bzw. von Produktivitätskennziffern vor und nach Einführung von Beteiligungen innerhalb eines Unternehmens. Bei diesen empirischen Vergleichen ist dann für einige Unternehmen in den USA und bei der Firma Behrends, Ahrensburg festgestellt worden, daß die Produktivität und der Unternehmenserfolg von Beteiligungsunternehmen größer ausgefallen ist als bei vergleichbaren Nicht-Beteiligungsunternehmen. Bei der Firma Behrends ist nach Einführung der Beteiligung ein deutlich positiver Trend der Produktivitätskurve registriert worden. Diese Vergleiche haben zu dem Rückschluß geführt, daß die festgestellten Ergebnisse nur auf die Mitarbeiterbeteiligung zurückzuführen seien. Kampschulte glaubt sogar, diese leistungssteigernde Wirkung der Mitarbeiterbeteiligung quantifizieren zu können; er hält dadurch eine 25 %ige Gewinnsteigerung für realistisch.[371]

Sieht man von den theoretischen Ableitungen einmal ab, die nur einen Plausibilitätsbeweis führen, dann haben alle diese Untersuchungen den methodischen Mangel, daß sie die Wirkungen anderer möglicher Einflußfaktoren auf die Produktivität nicht ausschalten können. Beispielsweise kann allein die Einführung einer Mitarbeiterbeteiligung Ausdruck eines geänderten Managementverhaltens sein, das sich auch auf die übrigen Betriebsbereiche auswirkt. Ebenso können Veränderungen des technischen Fortschritts, der Marktverhältnisse, der Konjunktursituationen, Verschiebungen regionaler und sektoraler Wirtschaftsstrukturen u. a. diese Ergebnisse entscheidend beeinflußt haben. Eine gesicherte Aussage über die Auswirkungen der Mitarbeiterbeteiligung auf die Arbeitsproduktivität lassen diese Untersuchungen daher nicht zu.

Im Gegensatz dazu ist in dieser Untersuchung methodisch ein anderer Weg beschritten worden. Es wurden nicht von betrieblichen Produktivitätskennziffern Rückschlüsse auf das Leistungsverhalten der Mitarbeiter gezogen – eine Methode, die angesichts des durch das Vertriebssystem mit beeinflußten starken Wachstums der Firma Pieroth auch keine Erkenntnisse zulassen würde –, sondern das Leistungsverhalten der Pieroth-Mitarbeiter wurde durch die Beobachtung und durch die Befragung direkt gemessen.

In der obigen Analyse der Auswirkungen der Gewinn- und Kapitalbeteiligung auf das Leistungsverhalten der Mitarbeiter[372] ist die Hypothese eindeutig bestätigt worden, daß die Mitarbeiterbeteiligung leistungssteigernd wirkt. Die Verbesserung der Arbeitsproduktivität ist sowohl direkt über eine höhere Leistungsmotivation als auch indirekt über eine höhere Arbeitszufriedenheit und ein besseres Betriebsklima sowie über einen geringeren Krankheitsstand (Absentismus) und eine geringere Fluktuationsquote wirksam. Zudem weist die Sozialstruktur des Betriebes mit dem relativ niedrigen Durchschnittsalter der Belegschaft darauf hin, daß die Firma Pieroth einen aktiven Ausleseprozeß am Arbeitsmarkt betreiben kann, der die Qualität des „Faktors Arbeit" erheblich beeinflußt. Objektive Leistungsfähigkeit und subjektive Leistungsmotivation sind die beiden bestimmenden Faktoren des betrieblichen Leistungsprozesses.[373] Daß der Zugang zum Arbeitsmarkt über das Image erleichtert wird, das durch die Gewinn- und Kapitalbeteiligung mit gebildet wird, hat die Beobachtung und Befragung gezeigt. Bei Pieroth zu arbeiten, scheint für viele Mitarbeiter in der Umgebung von Burg Layen und Bad Kreuznach einen gewissen Prestigewert zu bedeuten; die Mitarbeiter sind „sogar stolz" darauf, wenn in Bekanntenkreisen oder in der Öffentlichkeit über das Pieroth-Modell gesprochen und berichtet wird.

In welchen Ausmaß sich die aktive Personalpolitik am Arbeitsmarkt und die Verbesserung der Arbeitsproduktivität auf den betrieblichen Leistungsprozeß und auf den Betriebserfolg auswirken, ist nach dieser Untersuchung nicht quantifizierbar. Nach den bisherigen Ausführungen sind auch grundsätzlich Zweifel angebracht, ob eine solche Quantifizierung überhaupt möglich ist.

5.4.2 Die Auswirkungen auf die Finanzierungsmöglichkeiten des Betriebes

Für Unternehmen mit einer Gewinn- und Kapitalbeteiligung in der Ausgestaltung des Pieroth-Modells ergeben sich positive Finanzierungseffekte aufgrund zweier steuerrechtlicher Wirkungen:

- Die Zinsen und Gewinnanteile, die die Arbeitnehmer wegen der Gewinn- und Kapitalbeteiligung erhalten, gelten steuerrechtlich als Betriebsausgaben und verringern somit den steuerpflichtigen Gewinn.
- Die Besteuerung erfolgt nach der Leistungsfähigkeit. Hohe Einkommensbezieher werden mit einem hohen und Bezieher niedriger Einkommen mit einem geringen Steuersatz belegt. Die Aufteilung eines einzigen hohen Gewinnanteils in viele kleine

Teilbeträge mit der Übertragung auf viele Bezieher niedriger Einkommen führt deshalb dazu, daß die durchschnittliche Steuerbelastung gesenkt werden kann.

Beide Effekte zusammen führen zu einer echten Steuereinsparung und damit zu einer Steigerung des tatsächlichen „Gewinns" des Unternehmens. Ein Teil der Kosten der Gewinn- und Kapitalbeteiligung wird auf den Staat als Steuerempfänger abgewälzt und auf diese Weise vom Fiskus getragen.

Grundsätzlich kann man feststellen: Je höher die Steuersätze auf den Unternehmensertrag ausfallen, desto größer ist der relative Steuerverzicht des Fiskus und desto kleiner ist der Beitrag der Kapitalseite zur Finanzierung der Gewinn- und Kapitalbeteiligung der Arbeitnehmer.

Geht man beispielsweise von der Annahme aus, daß die Belastung eines Unternehmens mit Ertragssteuern 70 % beträgt und die durchschnittliche Steuerbelastung der Mitarbeiter bei 25 % liegt, dann führt eine Gewinn- und Kapitalbeteiligung zu einer Steuereinsparung von 45 %.[374]

Dieser Finanzierungseffekt kann noch erhöht werden, wenn mit dem Finanzamt eine Vereinbarung darüber erzielt wird, daß die im Unternehmen verbleibenden Gewinnanteile aus der Gewinnbeteiligung zunächst als „einseitig einbehaltener Arbeitslohn" zu werten sind, die dann nicht der sofortigen Lohnsteuer- und Sozialversicherungspflicht unterliegen. Lohnsteuer und Sozialabgaben werden nach dieser Regelung erst dann fällig, wenn die Gewinnanteile in die tatsächliche Verfügungsgewalt der Mitarbeiter übergehen. Innerhalb dieser Zeit bewirkt diese Steuerstundung bei einer angenommenen durchschnittlichen Steuerbelastung der Mitarbeiter von 25 % noch einmal einen 25 %igen Finanzierungseffekt.

Diese verschiedenen Finanzierungseffekte sollen in einem Schaubild (Schaubild Nr. 3) verdeutlicht werden,[375] in dem ein Teilgewinn von 100.000,– DM angenommen wird, der

a) über eine Selbstfinanzierung der Kapitalgeber,
b) über eine Beteiligung der Mitarbeiter, ohne Steuerstundungseffekt, und
c) über eine Beteiligung der Mitarbeiter mit Steuerstundungseffekt

dem Unternehmen zur Verfügung gestellt wird.

Schaubild Nr. 3: Finanzierungseffekte der Mitarbeiterbeteiligung

Angenommener Teilgewinn 100.000,– DM

	Mitarbeiterbeteiligung	
a) Selbstfinanzierung	*b) ohne*	*c) mit Steuerstundungseffekt*
Steueranteil (= 70 %) 70.000,– DM	Steueranteil 25.000,– DM	Steuerstundungseffekt (= 25 %) 25.000,– DM
	Steuerspareffekt (= 45 %) 45.000,– DM	Steuerspareffekt (= 45 %) 45.000,– DM
Nettogewinn (= 30 %) 30.000,– DM	Nettogewinn (= 30 %) 30.000,– DM	Nettogewinn (= 30 %) 30.000,– DM

Dieses Schaubild zeigt, daß die Gewinn- und Kapitalbeteiligung den Unternehmen äußerst günstige Finanzierungsmöglichkeiten eröffnet. Allerdings ist die Voraussetzung des Steuerstundungseffektes rechtlich umstritten. Nach dem „Zuflußprinzip" müssen Zuwendungen an die Arbeitnehmer dann lohnversteuert werden – das gilt auch für die Sozialabgaben –, wenn diese Zuwendungen „zugeflossen" sind. Während das Finanzgericht Münster in einem Urteil von 1965 den Zeitpunkt des Zuflusses bereits mit der Gutschrift über die als Darlehen im Unternehmen verbleibende Gewinnbeteiligung als gegeben ansieht,[376] hat in einem neueren Urteil von 1974 das Finanzgericht München entschieden, daß das „Zuflußprinzip" erst zum Zeitpunkt der Verfügbarkeit der Gewinnanteile wirksam wird.[377] Nach dem Münchener Urteil – und dies scheint die heutige Praxis zu bestimmen – ist die Steuerstundung als Finanzierungsinstrument möglich.

Die Firma Pieroth hat während der laufenden Verhandlungen mit dem Finanzamt Bad Kreuznach ebenfalls die Praxis geübt, die Gewinnanteile steuerrechtlich als „einseitig einbehaltenen Arbeitslohn" zu werten. Deren Lohnversteuerung und Sozialabgabenverpflichtung wurde bis zur Umwandlung der Gewinnanteile in die Kapitalbeteiligung bzw. deren Entnahme aus dem Betrieb hinausgeschoben. Diese Regelung ist erst nach einem Beschluß des Partnerschaftsausschusses von 1973 geändert worden.[378] Danach hat die Firma auf die Vorteile der Steuerstundung verzichtet; nicht nur wegen der unsicheren Haltung der Finanzbehörden, sondern auch weil nach Berechnungen, die dem Partnerschaftsausschuß vorlagen, die hinausgeschobene Versteuerung für die Arbeitnehmer aufgrund der Progressionswirkung Nachteile aufweist, die durch die Zinsvorteile nicht aufgewogen werden.[379]

Ausgehend von dem Zahlenbeispiel, das der Berechnung des verteilungsfähigen Gewinns zugrundegelegt worden ist,[380] lassen sich für die Firma Pieroth über die Steuereffekte folgende Finanzierungsvorteile durch die Gewinn- und Kapitalbeteiligung aufzeigen (siehe nebenstehende Aufstellung).

Durch die Gewinn- und Kapitalbeteiligung spart die Firma Pieroth nach diesem Zahlenbeispiel allein an Ertragssteuern 1,25 Mio. DM. Das sind 63 % der Arbeitnehmer-Gewinnbeteiligung, die damit vom Fiskus getragen wird.

Solange Pieroth die Lohnsteuern und Sozialabgaben auf die Gewinnbeteiligung nicht sofort bei Gutschrift, sondern erst bei der Umwandlung in die stille Beteiligung abgeführt hat, solange konnte die Firma einen zusätzlichen Steuerstundungseffekt von 0,595 Mio. DM in Höhe der durchschnittlichen Belastung der Mitarbeiter mit Lohnsteuern und Sozialabgaben (= 30 %) erzielen. Während die Ersparnis an Ertragssteuern voll im Unternehmen verbleibt, konnte die Firma aus dem Steuerstundungseffekt neben der Liquiditätsverbesserung einen Zinsvorteil in der Höhe erzielen, in der bei Aufnahme eines Fremdkapitals von 0,595 Mio. DM auf dem Kapitalmarkt Zinsen zu zahlen gewesen wären. Insgesamt konnte durch die Gewinn- und Kapitalbeteiligung die Liquidität um 0,655 Mio. DM verbessert werden, einschließlich der Steuerstundung sogar um 1,25 Mio. DM.

Nach dieser – noch nicht einmal vollständigen[381] – Aufzählung von Finanzierungs- und Steuervorteilen, die sich aus der Gewinn- und Kapitalbeteiligung ergeben, verzichten die Alt-Kapitalgeber nur scheinbar auf 50 % des verteilungsfähigen Gewinnes. Berücksichtigt man nur die Ertragssteuerersparnis, dann wird in unserem Zahlenbeispiel die Gewinnbeteiligung der Mitarbeiter in Höhe von 1,983 Mio. DM finanziert zu

– 63,0 % = 1,25 Mio. DM durch den Fiskus; diese Steuerersparnis wird bei Pieroth mittlerweile nicht mehr den Mitarbeitern anteilsmäßig zugeschrieben.

Steuerliche Auswirkungen (in Mio. DM):

a) ohne Beteiligung		*b) mit Beteiligung*	
Steuerbilanz-(brutto)gewinn	21,3	Steuerbilanzgewinn (brutto)	21,3
./. Ertragssteuern (= 63,3 %)	13,48	./. Mitarbeiter-Gesamtanteil (als Betriebsausgabe abzugsfähig)	1,983
= Nettogewinn	7,82	= Steuerbilanzgewinn nach Beteiligung	19,317
		./. Ertragssteuer	12,23
		= Nettogewinn nach Beteiligung	7,087
Ergebnis:		*Ergebnis:*	
1. Steuerbelastung	13,48	1. Steuerbelastung	12,23
		2. Steuerersparnis an Ertragssteuern gegenüber a)	1,25
3. Liquidität aus Gewinn (Eigenkapital)	7,82	3. Liquidität aus – Gewinn (Eigenkapital)	7,087
		– Arbeitnehmeranteil ./. 30 %	1,388
		zusammen	8,475
		4. Liquiditätsverbesserung gegenüber a)	0,655
		bis 1975 noch:	
		Steuerstundungseffekt (zeitlich befristet) = 30 % des Mitarbeiter-Gesamtanteils	0,595

– 26,5 % = 0,5245 Mio. DM durch die Mitarbeiter selbst, da das Pieroth-Versorgungswerk sich mit 50 % von 1,049 Mio. DM auf die Gewinnbeteiligung mindernd auswirkt.
– 10,5 % = 0,2082 Mio. DM durch die Alt-Kapitalgeber

Neben diesen direkt wirksamen Finanzierungs- und Steuervorteilen, die sich aus der Gewinn- und Kapitalbeteiligung ergeben, sind zusätzliche Effekte durch die Leistungssteigerung der Mitarbeiter zu berücksichtigen. Nimmt man mit Kampschulte[382] wegen der Leistungssteigerung eine 25 %ige Gewinnsteigerung an, kann der „Aufwand" der Alt-Kapitalgeber zur Finanzierung der Gewinn- und Kapitalbeteiligung der Mitarbeiter unter Umständen sogar überkompensiert werden.

Zu diesem Ergebnis kommt man bereits bei ausschließlicher Betrachtung der Ertragssteuerersparnis. Dieses Ergebnis wird noch bestärkt, wenn zusätzlich die anderen Steuervorteile und die Liquiditätsverbesserung berücksichtigt werden. „Jedenfalls bietet dieses Modell ... bei höheren Gewinnbeträgen eine besonders billige Form der Kapitalbeschaffung durch ein expansives Unternehmen und auch in diesem Bereich einen Wettbewerbsvorteil, der letztlich fast ausschießlich zu Lasten des Fiskus und damit des allgemeinen Steueraufkommens geht."[383]

Damit ist die Gewinn- und Kapitalbeteiligung nicht nur ein Mittel zur Erreichung „gesellschaftspolitischer Ziele", sondern auch ein hervorragendes betriebswirtschaftliches Instrument zur Verbesserung der Kapitalbeschaffung außerhalb des für mittelständische Unternehmen schwer zugänglichen Kapitalmarktes. „Bei solchen Möglichkeiten ist es nur allzu verständlich, wenn der Finanzierungseffekt in zahlreichen Unternehmen den eigentlichen Anlaß zu der Entscheidung gegeben hat, eine Kapitalbeteiligung der Mitarbeiter einzuführen."[384]

5.4.3 Die Auswirkungen auf die Absatzchancen des Betriebes

In der Literatur ist praktisch kein Hinweis darauf zu finden, daß eine Gewinn- und Kapitalbeteiligung von Arbeitnehmern Auswirkungen auf die Situation des Betriebes auf dem Absatzmarkt haben könnte. Dies mag einmal daran liegen, daß solche Auswirkungen kaum meßbar wären. Zum anderen haben nur einige wenige Beteiligungsunternehmen eine andauernde und bundesweite Publizität erreicht; für die meisten dieser Unternehmen dürfte gelten, daß ihre Mitarbeiter-Beteiligung nur regional begrenzt bekannt ist.

Gerade für die Firma Pieroth aber kann nicht übersehen werden, daß die Gewinn- und Kapitalbeteiligung mit zum „Markenzeichen" des Unternehmens geworden ist. Die häufige Berichterstattung in den Medien über das Pieroth-Modell ist ein kostenloser Werbeträger. Da das Modell als die sozialpolitisch fortschrittliche Tat eines Unternehmers assoziiert wird, wird ein positives Image aufgebaut, das auch dem Produkt der Firma Pieroth zugute kommt. Besonders im Weinhandel und bei dem Vertriebssystem des direkten Verkaufs an den Verbraucher ist dieser Image-Pflege eine hohe Bedeutung beizumessen.

Was Faltlhauser der Mitarbeiterbeteiligung an Verbesserung des „Akquisitionswertes" eines Unternehmens am Arbeitsmarkt zuschreibt, gilt gleichermaßen für den Absatzmarkt. Er sagt: „Die Mitarbeiterbeteiligung wird dabei jeweils als Hauptbeweisstück einer ingesamt fortschrittlichen Unternehmenspolitik vorgestellt. Vor diesem Hintergrund ist es auch zu verstehen, daß die neuen Beteiligungssysteme nicht mehr ‚unter Ausschluß der Öffentlichkeit' ausprobiert, sondern mit groß angekündigten Betriebsfeiern, mit Pressekonferenzen und mit Werbeschriften der Öffentlichkeit bekanntgegeben werden. Die Mitarbeiterbeteiligung ist zu einem wichtigen Instrument der Unternehmens-PR (Public Relation, der Verfasser) geworden. Je mehr die Gesellschaft von den Unternehmen gesellschaftspolitische Leistungen verlangt, um so PR-wirksamer wird die Erfüllung dieser Forderung durch einzelne Betriebe. Da die Zahl der Beteiligungsbetriebe noch relativ gering ist, kommt dieser betrieblichen PR natürlich auch noch die sozialpolitische Pionierrolle zustatten."[385]

Neben dieser Image-Wirkung kann weiter angenommen werden, daß die Mitarbeiterbeteiligung auch über die höhere Leistungsbereitschaft in Verbindung mit einem größeren Kosten- und Qualitätsbewußtsein sich positiv auf die Absatzchancen des Unternehmens auswirkt, weil die dadurch bedingte tendenzielle Kostensenkung und Qualitätsverbesserung des Produktes die Wettbewerbsfähigkeit des Unternehmens am Markt erhöht.

5.5 Gesamtergebnis der Analyse des Pieroth-Modells

1. Die Einführung der Gewinn- und Kapitalbeteiligung der Mitarbeiter in der Firma Pieroth ist nicht ausschließlich von uneigennützigen, sozialpolitischen Motiven getragen. Sie bringt für das Unternehmen handfeste Vorteile, die nicht nur unter Berücksichtigung aller betriebswirtschaftlichen Faktoren, sondern auch unter dem Gesichtspunkt der Gewinnhöhe der Alt-Kapitalgeber das finanzielle „Opfer" der Mitarbeiterbeteiligung sogar überkompensieren können.
2. Die betriebswirtschaftlichen Vorteile der Gewinn- und Kapitalbeteiligung liegen vor allem in drei Bereichen:
   - über den besseren Zugang zum Arbeitsmarkt und über die höhere Arbeitszufriedenheit erzielt das Unternehmen mit einer leistungsbereiteren Belegschaft eine höhere Arbeitsproduktivität.
   - Über Steuerersparnisse und über das Mitarbeiterkapital gewinnt das Unternehmen eine vom Kapitalmarkt unabhängige günstige Finanzierungsquelle, die sowohl die Kapitalausstattung als auch die Liquidität des Unternehmens erhöht. Diese Vorteile sind gerade für ein stark expansives Unternehmen von großer Bedeutung.
   - Die hohe Publizität des Pieroth-Modells ist ein kostenloser Werbeträger, der ein positives Image vermittelt. Die Mitarbeiterbeteiligung wird zum wesentlichen Bestandteil des „Markenzeichens". Die Ausprägung dieses Markenzeichens in Verbindung mit der höheren Arbeitsproduktivität und der besseren Kapitalausstattung erhöht die Wettbewerbsfähigkeit des Unternehmens am Absatzmarkt.
3. Das Pieroth-Modell schafft keine vollwertige gesellschaftsrechtliche Mitgliedschaft des Arbeitnehmers im Unternehmen. Eine echte Substanzbeteiligung, die den Mitarbeiter als gleichwertigen Partner und Mitunternehmer ansieht, wird durch das Gesellschafts- und Steuerrecht verhindert. Wegen der starken steuerlichen Nachteile anderer Beteiligungsformen hat die Firma Pieroth als Organisationsform der Kapitalbeteiligung das Darlehen und die typische stille Beteiligung gewählt.
4. Im Verhältnis zum nominalen Stammkapital des Unternehmens ist das Mitarbeiterkapital (Darlehen und stille Beteiligung) von 14,5 % (1974) auf 25 % (1976) angestiegen; bis 1978 ist es mit 24,2 % wieder leicht gesunken. Vor einer „Überfremdung" des Unternehmens, bei der die Alt-Eigentümer durch Rechte aus dem Mitarbeiterkapital überstimmt werden könnten, ist die Firma Pieroth aber durch die rechtliche Ausgestaltung des Mitarbeiterkapitals, das nicht die gleiche rechtliche Qualität wie das Eigenkapital der Altkapitalgeber besitzt, geschützt. Außerdem besteht die vertragliche Möglichkeit, die Betriebsvereinbarung über die Gewinn- und Kapitalbeteiligung durch die Firma einseitig aufkündigen oder unterbrechen zu können.
5. Neben den Vorteilen für den Betrieb hat die Gewinn- und Kapitalbeteiligung auch aus der Sicht der Arbeitnehmer eine Reihe positiver Auswirkungen:

- Zusätzlich zu dem zwischen den Tarifparteien normal ausgehandelten Barlohn erhalten die Arbeitnehmer aus der Gewinn- und Kapitalbeteiligung beträchtliche Zuwendungen, die je nach Beteiligungsdauer die Höhe eines Monatseinkommens erreichen oder diese sogar übersteigen können. Diese Zuwendungen verbessern über die ausgeschütteten Gewinnanteile aus der stillen Beteiligung und die ausgezahlten Zinsbeträge aus dem Darlehen einerseits das verfügbare Einkommen und führen andererseits durch die Kapitalanlage im Unternehmen zu einer beachtenswerten Vermögensbildung. Die Gewinn- und Kapitalbeteiligung ist geeignet, die Vermögensverteilung zugunsten der Arbeitnehmer zu verändern.
- Die Gewinn- und Kapitalbeteiligung verbessert das Betriebsklima und die Arbeitszufriedenheit. Die Arbeitnehmer werden in einem höheren Maße in ihrer Arbeit motiviert und in ihrer Motivation stärker auf das betriebliche Geschehen ausgerichtet. Es muß davon ausgegangen werden, daß mit zunehmender Dauer der Beteiligung auch die ökonomischen Bedingungen dieser neuen Einkommensquelle bewußt werden. Wenn „Entfremdung" in einer operationalisierbaren Form als Mangel an Motivationsmöglichkeit in der Arbeit und als fehlende Beziehung zwischen der Arbeit des einzelnen und dem Betriebserfolg definiert wird, dann ist die betriebliche Gewinn- und Kapitalbeteiligung in der Lage, Entfremdung abzubauen.
- Die betriebliche Beteiligung verändert langfristig die Rolle des Arbeitnehmers im Betrieb. Institutionell kommt dies in der Firma Pieroth darin zum Ausdruck, daß neben den Mitbestimmungsrechten nach dem Betriebsverfassungsgesetz, die den Mitarbeitern in der Rolle des Arbeitnehmers eingeräumt werden, zusätzliche Mitbestimmungsrechte aus der Rolle des stillen Gesellschafters erwachsen sind. Ein wachsendes Interesse am „eigenen" Betrieb und die Bereitschaft, sich mit den ökonomischen Bedingungen des Betriebserfolges auseinanderzusetzen, schaffen auch informell die Voraussetzungen für und das Verlangen nach einer stärkeren Mitsprache der Mitarbeiter.

6. Aus der Analyse des Pieroth-Modells lassen sich keine Anhaltspunkte dafür finden, daß das Organisationsinteresse der Gewerkschaften beeinträchtigt wird. So ist die Bereitschaft der Mitarbeiter, sich gewerkschaftlich zu organisieren, unter den konkreten branchenbezogenen und regionalen Bedingungen der Firma als normal einzustufen. Ebenso wird das Aufgreifen gewerkschaftlicher Themen durch die Mitarbeiterbeteiligung nicht behindert.

6. Betriebliche Gewinn- und Kapitalbeteiligung mit gemeinsamen Einrichtungen auf Branchenebene — Lösung der vermögenspolitischen Frage?

Zieht man das Fazit aus der Analyse des Pieroth-Modells, muß man feststellen, daß beide Seiten in dem Konflikt zwischen „Kapital“ und „Arbeit“ aus der betrieblichen Gewinn- und Kapitalbeteiligung der Mitarbeiter Vorteile gewinnen. Nur aus einer Position des Klassenkampfes heraus ist eine Haltung verständlich, die aus den Vorteilen, die auch für das Unternehmen entstehen, eine grundsätzliche Kritik an der Mitarbeiter-Beteiligung ableitet. Dagegen muß in einer pluralistischen Gesellschaft – erst recht unter dem Anspruch einer Konzeption der Sozialen Marktwirtschaft – politisches Handeln darauf gerichtet sein, anstehende Probleme durch einen sozialen Ausgleich unterschiedlicher Interessen zu lösen. Nur so hat eine pluralistische Gesellschaft Aussicht auf politische Stabilität. Für diesen sozialen Ausgleich bietet sich eine Lösung auf der Grundlage der betrieblichen Gewinn- und Kapitalbeteiligung an.

Sie bietet sich vor allem deshalb an, weil sie den Arbeitnehmern den Zugang zum Produktivvermögen auch bewußtseinsmäßig öffnen kann. Die investive Anlage im eigenen, arbeitgebenden Betrieb macht die Beteiligung am Produktivvermögen für die Arbeitnehmer konkret erfahrbar. Will man über das vermögenspolitische Ziel der Änderung der Einkommens- und Vermögensverteilung zugunsten der Arbeitnehmer hinaus auch das Selbstverständnis und die Rolle des Arbeitnehmers im Betrieb selbst ändern, dann ist eine reine überbetriebliche Gewinn- und Kapitalbeteiligung dazu nicht geeignet. Eine überbetriebliche Beteiligung, die die Arbeitnehmer in Form abstrakter Wertpapiere beteiligt, wird – dies geht aus der Analyse des Pieroth-Modells eindeutig hervor – vom Arbeitnehmer nicht in bezug zur eigenen Arbeit gesehen und wird daher seine Einstellung zur Arbeit nicht berühren.

Die an dieser Argumentation ansetzende Kritik, die betriebliche Beteiligung der Mitarbeiter sei nur eine neue Form des Leistungsanreizes, um den Leistungsdruck zu erhöhen, geht am Kern des Problems vorbei. Diese Kritik geht von der Voraussetzung aus, daß sich der Zwangscharakter der Arbeit nicht verändert hat. Ist mit „Zwangscharakter“ nicht nur die allgemeine Notwendigkeit, arbeiten zu müssen, um seinen Lebensunterhalt zu verdienen, sondern die Einstellung der Arbeitnehmer zu ihrer Arbeit gemeint, hat die betriebliche Beteiligung durchaus eine qualitative Veränderung dieses Zwangscharakters bewirkt. Sie hat die Zufriedenheit mit der Arbeit eindeutig erhöht. Bei einem großen Teil der Arbeitnehmer ist die Motivation zur Leistung positiv verändert worden. Diese Arbeitnehmer haben den Zusammenhang zwischen Betriebserfolg und eigener Leistung aktiv aufgegriffen. Sie empfinden dabei das Interesse des Betriebes und das eigene Interesse als gemeinsame Angelegenheit. Durch diese Möglichkeit, sich als Arbeitnehmer und „Mitgesellschafter“ mit seinem Betrieb identifizieren zu können, erhält die betriebliche Gewinn- und Kapitalbeteiligung eine Bedeutung, die über das materielle Ergebnis der Beteiligung weit hinausreicht.

Die aus der Sicht des Deutschen Gewerkschaftsbundes gegen die betriebliche Beteiligung angeführten Kritikpunkte haben allein durch die Analyse des Pieroth-Modells in drei entscheidenden Punkten keine Bestätigung gefunden:

- Eine Entfremdung der Arbeitnehmer von ihren Gewerkschaften wird durch betriebliche Vermögensbeteiligung nicht gefördert.
- Betriebliche Beteiligungen sind geeignet, die Einkommens- und Vermögensverteilung zugunsten der Arbeitnehmer zu verändern.
- Gewerkschaftliche Themen wie die Forderung nach Mitbestimmung verlieren bei den Arbeitnehmern durch die betriebliche Beteiligung nichts von ihrer Bedeutung.

Bei einer reinen betrieblichen Gewinn- und Kapitalbeteiligung bleiben allerdings folgende Probleme ungelöst:

- Die Mobilität der Arbeitnehmer wird durch die betriebliche Beteiligung mit zunehmender Dauer der Beteiligung stark eingeschränkt.
- Je mehr sich die Kapitalbeteiligung der Mitarbeiter einer echten Substanzbeteiligung annähert, um so stärker stellt sich das Problem des doppelten Risikos eines möglichen Arbeitsplatzverlustes mit gleichzeitigem Verlust des Vermögens, wenn der Betrieb in Konkurs gehen sollte.
- Ein großer Teil der Arbeitnehmer wird von der Vermögensbeteiligung ausgeschlossen werden. Nur Arbeitnehmer in gewinnträchtigen Unternehmen werden beteiligt. Arbeitnehmer in ertragsstarken Unternehmen werden bevorzugt.
- Die Finanzierung der betrieblichen Beteiligung trägt zu einem großen Teil der Staat durch einen nicht absehbaren Steuerausfall.

Um diese Probleme zu vermeiden, ist in der wissenschaftlichen und politischen Diskussion lange Zeit der überbetrieblichen Gewinn- und Kapitalbeteiligung der Vorzug gegeben worden. Vor allem das mit der Einrichtung zentraler Fonds verbundene Machtproblem ließ diesen Lösungsvorschlag als nicht kompromißfähig erscheinen. In der jüngsten vermögenspolitischen Diskussion ist daher der Vorschlag eines branchenbezogenen Tariffonds als Ergänzung zur betrieblichen Gewinn- und Kapitalbeteiligung gemacht worden. Dieser Vorschlag hat in der bisherigen Diskussion die größte Annäherung sowohl zwischen den Tarifpartnern als auch zwischen den politischen Parteien gebracht. Er kann daher als mögliche kompromißfähige Lösung angesehen werden.[386]

Eine tarifvertraglich vereinbarte Kombination von betrieblicher Gewinn- und Kapitalbeteiligung mit branchenbezogenen Tariffonds könnte nach den bisher veröffentlichten Vorstellungen folgende Eckpunkte umfassen:[387]

a) In Verbindung mit den Lohnverhandlungen wird zwischen den Tarifvertragsparteien zugleich ein Tarifvertrag über eine zukünftige Gewinn- und Kapitalbeteiligung der Arbeitnehmer abgeschlossen. Nach § 4 des Tarifvertragsgesetzes besteht bereits die Möglichkeit, eine gemeinsame Einrichtung als Tarif- oder Branchenfonds zu gründen, deren Zweck nach § 705 BGB auf die Kapitalbeteiligung der Arbeitnehmer festgelegt werden könnte. Durch den Tarifvertrag könnten alle Arbeitnehmer einer Branche in diese Regelung einbezogen werden.
b) Anknüpfungspunkt für die von den Arbeitgebern zu leistende Gewinnbeteiligung wäre sinnvollerweise der steuerpflichtige Gewinn, von dem ein zu vereinbarender Prozentsatz den Arbeitnehmern zuzuführen ist. Da die Tarifparteien autonom sind, können auch andere Bemessungsgrundlagen (z. B. Jahreslohnsumme, Kapitalrentabilität der Unternehmen) herangezogen werden, falls die Ermittlung und Definition des Gewinns sich als zu schwierig erweisen sollten.

c) Die abgabepflichtigen Zuwendungen der Arbeitgeber könnten entweder vollständig oder nur zu einem bestimmten Teil, z. B. zu 50 %, der gemeinsamen Einrichtung zufließen, wobei der andere Teil den im arbeitgebenden Unternehmen beschäftigten Arbeitnehmern direkt zu übertragen wäre. Angesichts der oben beschriebenen Vorteile der betrieblichen Gewinn- und Kapitalbeteiligung könnte auch eine Regelung getroffen werden, die eine Erfüllung der Leistungsverpflichtung der Arbeitgeber nach dem Tarifvertrag zunächst vorrangig in dem Angebot einer betrieblichen Beteiligung vorsieht. Für alle Arbeitgeber, die eine solche betriebliche Beteiligung nicht anbieten wollen oder können, besteht danach eine Leistungsverpflichtung gegenüber der gemeinsamen Einrichtung.

   Bei einer solchen Regelung muß aber angenommen werden, daß der gemeinsamen Einrichtung letztlich nur die weniger „attraktiven" Unternehmen verbleiben, da die Unternehmen so weit wie möglich die betriebswirtschaftlichen Vorteile nutzen werden, die die betriebliche Beteiligung ihnen bietet. Um dieser Entwicklung entgegenzuwirken, könnte für die Unternehmen, die die betriebliche Beteiligung realisieren, eine höhere Abgabeverpflichtung vereinbart werden als für die Unternehmen, die ausschließlich an die gemeinsame Einrichtung leisten. Diese Regelung hätte zudem den Vorteil, daß den Arbeitnehmern insgesamt ein größerer Anteil zufließt.

   In Anlehnung an das Koalitionsgespräch am 20.9.1979 könnte für den Fall, daß die Arbeitgeber eine betriebliche Beteiligung anbieten, den Arbeitnehmern die Wahlfreiheit eingeräumt werden, ob sie dieses Angebot wahrnehmen oder lieber auf die gemeinsame Einrichtung zurückgreifen wollen. Entscheiden sich die Arbeitnehmer für die gemeinsame Einrichtung, wären die Arbeitgeber auch in diesem Fall verpflichtet, ihre Leistungen gegenüber der gemeinsamen Einrichtung zu erfüllen.

d) Die Form der Leistungsverpflichtung der Arbeitgeber könnte ohne Bewertungsprobleme und ohne Beeinträchtigung durch die steuerrechtliche Frage der Mitunternehmerschaft in der Überlassung eigener Aktien, durch die Einräumung einer typischen stillen Beteiligung und durch die Entrichtung von Bargeld bestehen. Aktien und typische stille Beteiligungen sind unproblematisch, weil sie über die Börse bzw. nach dem Nominalwert bewertet werden können. Die Entrichtung von Bargeld sollte als Möglichkeit vorgesehen werden, um eine verfassungsrechtliche Diskussion über die Koalitionsfreiheit nach dem Eigentumsrecht zu vermeiden.[388]

e) Die Rechtsform der gemeinsamen Einrichtung wäre von den Tarifvertragsparteien selbst festzulegen. In der Regel werden sie heute in der Rechtsform eines Vereins betrieben. Nach vorherrschender Praxis und juristischer Auffassung müßte der Vorstand paritätisch besetzt werden. Ohne gesetzliche Änderungen könnte eine solche gemeinsame Einrichtung bereits heute als Kapitalanlagegesellschaft betrieben werden, die ähnlich wie Investmentfonds arbeiten würde. Als Kapitalanlagegesellschaft würde sie dem Kreditwesengesetz und dem Kapitalanlagegesetz unterliegen. Ihre Anlagepolitik dürfte danach nur der Vermögensbildung, nicht aber gesellschaftspolitischen Nebenzielen dienen. Diese gesetzliche Einbindung würde zugleich die bei der überbetrieblichen Beteiligung auftretende Machtproblematik vermeiden.

f) Über die gemeinsame Einrichtung könnten auch die Probleme der Insolvenzsicherung und des Mobilitätshemmnisses gelöst werden. Zur Vermeidung des Doppelrisikos eines möglichen Arbeits- und Vermögensverlustes bei betrieblichen Beteiligungen durch Konkurs des arbeitgebenden Unternehmens könnte über die gemeinsame Einrichtung z. B. ein Umlageverfahren oder eine Ausgleichskasse abgewickelt werden. Bei einem Betriebswechsel eines Arbeitnehmers wäre ein einfacher Austausch zwischen betrieblicher Beteiligung und der Beteiligung an der gemeinsamen Einrichtung möglich. Dies gilt zumindest für einen Betriebswechsel innerhalb einer Branche; wäre aber ebenso denkbar für den Betriebswechsel zwischen verschiedenen Branchen.

g) Eine staatliche Förderung könnte je nach finanzpolitischem Spielraum und nach politischer Priorität an verschiedenen Ansatzpunkten anknüpfen: In Betracht käme eine Förderung der Arbeitnehmer z. B. durch eine Ausweitung des 3. Vermögensbildungsgesetzes oder durch eine Steuerbegünstigung nach § 8 des Kapitalerhöhungssteuergesetzes, eine Förderung der gemeinsamen Einrichtung durch eine Befreiung des Anlagevermögens von der Körperschaftssteuer und sonstigen Steuern und die bereits bestehende Förderung betrieblicher Beteiligungen durch die steuerliche Absetzbarkeit als Betriebsausgaben. Eine weitere Förderung der betrieblichen Beteiligung, die den Arbeitnehmern eine echte Substanzbeteiligung z. B. als typische stille Beteiligung ermöglicht, wäre in höchstem Maße sinnvoll.

Das institutionelle Geflecht einer solchen Regelung ist auf der Seite 126 graphisch dargestellt. Dieser Skizzierung von Eckpunkten einer tarifvertraglich vereinbarten Beteiligung, die um eine gemeinsame Einrichtung ergänzt ist, erhebt nicht den Anspruch, ein neues vermögenspolitisches Modell darzustellen. Sie soll nur aufzeigen, daß es für eine tarifvertragliche Regelung der Mitarbeiterbeteiligung eine große Gestaltungsfreiheit gibt, die im Sinne eines Kompromisses zwischen der reinen betrieblichen und der reinen überbetrieblichen Beteiligung genutzt werden kann. Wie die Praxis der heutigen Beteiligungsunternehmen zeigt, ist die Einbeziehung dieser Unternehmen in einen Tarifvertrag dabei nicht an bestimmte Größenordnungen, Rechtsformen oder Branchen gebunden.[389] Weiterhin sollte die obige Skizzierung zeigen, daß eine tarifvertragliche Regelung bereits in dem heutigen gesetzlichen Rahmen möglich ist. Sie wird allerdings um so eher von den Tarifvertragsparteien aufgegriffen, je mehr sich der Staat dazu bereit erklärt, eine solche Lösung auch steuer- und gesellschaftsrechtlich zu fördern. Beziffert man die Kosten der staatlichen Förderung für eine Lösung, wie sie in dem Koalitionsgespräch vom 20.9.1979 zunächst vereinbart worden war, mit 500 Mio. DM,[390] dann erscheint dieser Betrag angesichts der ordnungspolitischen Dimension, die hier zur Entscheidung steht, nicht als untragbar. Er ist es zumal dann nicht, wenn die Möglichkeit einbezogen wird, diesen Betrag durch Einsparungen bei der staatlichen Förderung der Geldvermögensbildung auszugleichen. Vor dem Hintergrund dieser Lösungsmöglichkeit der vermögenspolitischen Frage soll abschließend noch einmal auf die gewerkschaftlichen Bedenken gegen eine Regelung auf der Grundlage einer betrieblichen Gewinn- und Kapitalbeteiligung und auf die mit der reinen betrieblichen Beteiligung verbundenen Probleme[391] eingegangen werden:

- Die Probleme des Mobilitätshemmnisses und des Doppelrisikos sind in der Ausgestaltung der gemeinsamen Einrichtung ausdrücklich berücksichtigt worden.[392] Sie können über die gemeinsame Einrichtung direkt oder über ein bei der gemeinsamen Einrichtung angesiedeltes Umlageverfahren bzw. über eine Ausgleichskasse gelöst werden.
- Über die Branchenlösung würden nicht nur die Arbeitnehmer in gewinnträchtigen Unternehmen, sondern alle Arbeitnehmer einer Branche in die Vermögensbeteiligung einbezogen werden. Zu starke Unterschiede in der Höhe der Beteiligungen würden vor allem dann nicht eintreten, wenn die Unternehmen, die eine betriebliche Beteiligung ihren Mitarbeitern anbieten, in einer anteiligen Regelung einen

Schaubild Nr. 4: Tarifvertragliche Regelung betrieblicher Beteiligungen mit gemeinsamen Einrichtungen

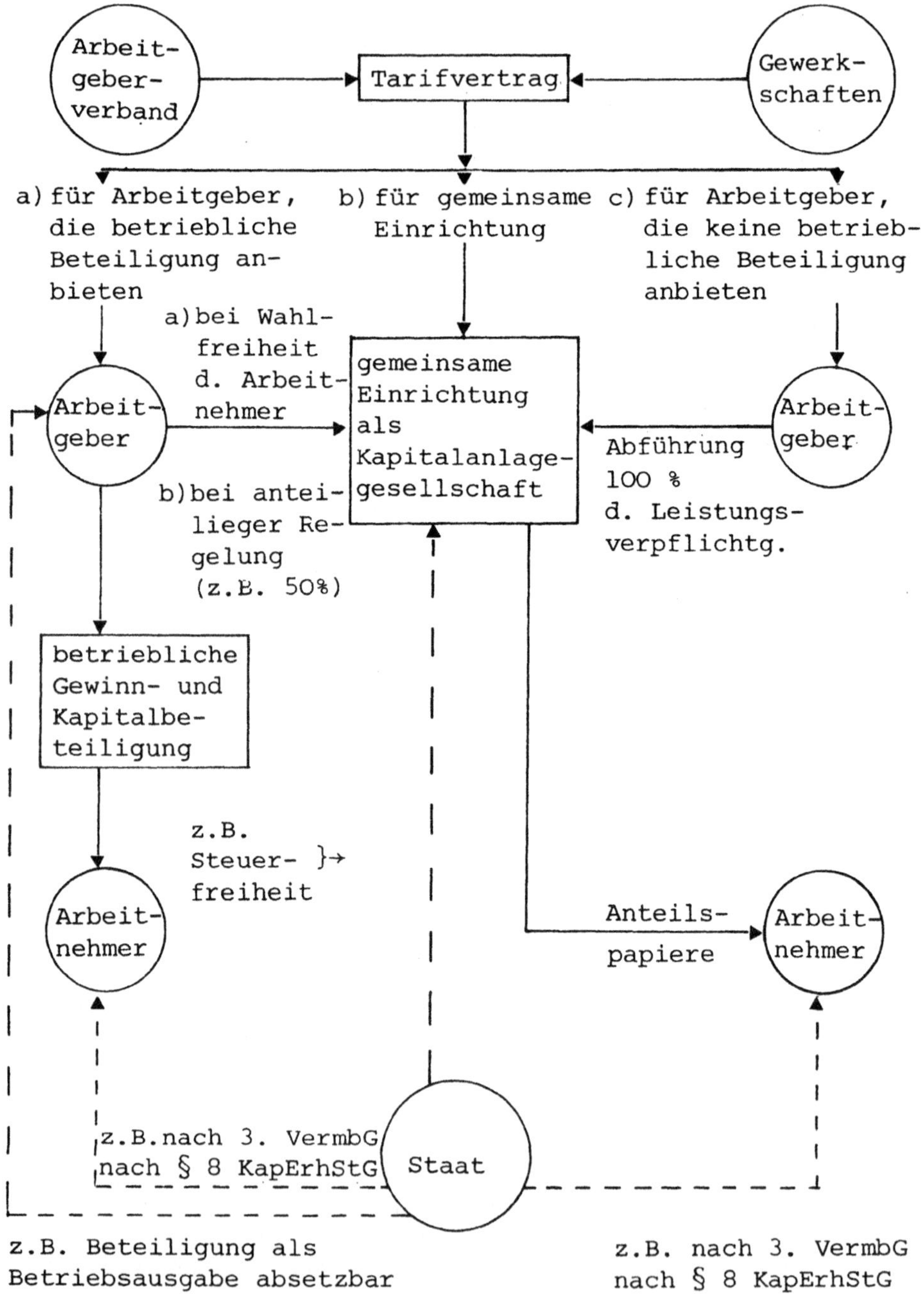

Betrag, z. B. 50 % der tarifvertraglichen Leistungsverpflichtung, an die gemeinsame Einrichtung zu übertragen hätten.

Andererseits würde eine völlig gleiche Beteiligungshöhe für alle Arbeitnehmer der Branche der Idee und Wirksamkeit betrieblicher Gewinn- und Kapitalbeteiligungen widersprechen. Die Gewerkschaften selbst waren bestrebt, in der Lohnpolitik als Ergänzung zu Branchentarifverträgen auch eine betriebsnahe Tarifpolitik durchzusetzen.[393] Sie haben damit gezeigt, daß sie unterschiedliche Tarife auch als Chance begreifen, insgesamt für die Arbeitnehmer einen größeren Anteil zu erkämpfen.

In dieser Branchenlösung nicht einzubeziehen sind die Arbeitnehmer des öffentlichen Dienstes. Hier aber könnte als Ausgleich ein Ausbau des 624-DM-Gesetzes angeboten werden. Die CDU hatte auf ihrem Hamburger Parteitag 1973 dazu vorgeschlagen, für alle die Arbeitnehmer, die nicht in die betriebliche Beteiligung einbezogen werden können, einen Beteiligungslohn (Investivlohn) nach dem Burgbacher-Plan anzubieten.[394]

- Die finanzielle Belastung des Staates kann vor allem dann nicht als unvertretbar hoch gewertet werden, wenn eine sinnvoll erscheinende Verlagerung der finanziellen Förderung von der Geldvermögensbildung zur Beteiligung am Produktivvermögen vorgenommen würde. Gerade angesichts eines enger werdenden Finanzierungsspielraumes des Staates kommt es darauf an, durch eine Prioritätensetzung die politische Handlungsfreiheit zu behalten.
- Die Befürchtung der Gewerkschaften, die Vemögensbeteiligung der Arbeitnehmer vor allem in der Form der betrieblichen Gewinn- und Kapitalbeteiligung könnte die Durchsetzung anderer gewerkschaftlicher Forderungen beeinträchtigen, hat nach dieser Analyse des Pieroth-Modells – zumindest was die Einstellung der Arbeitnehmer betrifft – keine Bestätigung gefunden. Diese Bedenken gehen zudem von der Voraussetzung aus, daß die anderen Forderungen für die Arbeitnehmer und für die Gewerkschaften wichtiger seien als die Vermögensbeteiligung. Diese Voraussetzung aber muß selbst bei der eine Vermögensbeteiligung völlig ablehnenden IG Metall in Frage gestellt werden. Nach einer repräsentativen Befragung der Arbeitnehmer in der Metallindustrie, die im Auftrag des Arbeitgeberverbandes Gesamtmetall Ende 1979 von dem Münchener Forschungsinstitut Infratest durchgeführt worden ist, wird die Vermögensbildung der Arbeitnehmer von 55 % der Mitglieder der IG Metall und sogar von 62 % ihrer Funktionäre an die 5. Stelle der Wunschliste gewerkschaftlicher Aktivitäten gesetzt. Vor dieser Forderung rangieren nur die aktuellen Themen wie sichere Arbeitsplätze, höhere Löhne, bessere berufliche Bildung und niedrigere Steuerbelastung.[395] Wird die Forderung nach Vermögensbildung dennoch nicht von der IG Metall aufgegriffen, dann gehört diese Forderung zu den Themen, von denen in der gleichen Befragung 81 % der Mitglieder meinen, daß es „zwischen ihren eigenen Interessen als Arbeitnehmer und der von der Gewerkschaft vertretenen zumindest gelegentlich Unterschiede“ gäbe.[396] Die Befürchtung, daß andererseits von der Arbeitgeberseite die Vermögensbeteiligung „gegen die Mitbestimmungsforderungen ins Feld geführt“ werden könnte – wie Vetter meint[397] –, dürfte nach Auffassung des Verfassers auf absehbare Zeit ins Leere stoßen. Nach Verabschiedung des Mitbestimmungsgesetzes von 1976 und dem Urteil des Bundesverfassungsgerichtes von 1979 ist – auch wenn die Gewerkschaften mit dem Mitbestimmungsgesetz unzufrieden sind – für einen überschaubaren Zeitraum nicht damit zu rechnen, daß eine Forderung nach Ausweitung der bestehenden Mitbestimmungsregelung politisch aktuell werden könnte. Die Mitbestimmungs-

frage muß vorläufig als gelöst angesehen werden.[398] Um so mehr bietet sich an, daß sich die Gewerkschaften zukünftig auf die Vermögensbeteiligung der Arbeitnehmer konzentrieren.

- Sowohl in der historischen Entwicklung als auch in der aktuellen vermögenspolitischen Diskussion war das gewichtigste und politisch auch legitime Argument der Gewerkschaften, daß eine vermögenspolitische Lösung auf der Grundlage einer betrieblichen Gewinn- und Kapitalbeteiligung das gewerkschaftliche Organisationsinteresse beeinträchtigen würde. Nimmt man nur das Pieroth-Modell als Beispiel einer betrieblichen Beteiligung, hat die Analyse der Einstellungen und Verhaltensreaktionen der Mitarbeiter diese Befürchtungen nicht bestätigt. Selbst wenn diese Analyse nur als Einzelfall, nicht aber als repräsentativ akzeptiert würde, ist eine Beeinträchtigung des gewerkschaftlichen Organisationsinteresses zumindest dann völlig unbegründet, wenn die betriebliche Beteiligung um branchenbezogene gemeinsame Einrichtungen ergänzt und tarifvertraglich vereinbart wird. In einer solchen Branchenlösung würde die Vermögensbeteiligung als Leistung der gewerkschaftlichen Tarifmacht erscheinen, deren Durchsetzung und Ausmaß von der gewerkschaftlichen Verhandlungsmacht abhängig wäre.[399] Unter diesem Aspekt müßte es sogar unabhängig von der Branchenlösung im gewerkschaftlichen Interesse liegen, einer zunehmenden Zahl freiwilliger Betriebsvereinbarungen über betriebliche Beteiligungen entgegenzugehen, daß diese tariffähig werden.

Das Fazit dieser Analyse heißt, daß eine tarifvertraglich vereinbarte betriebliche Gewinn- und Kapitalbeteiligung, die um branchenbezogene gemeinsame Einrichtungen erweitert wird, auch für die Gewerkschaften als annehmbar angesehen werden muß. Diese Lösungsmöglichkeit der vermögenspolitischen Frage erscheint deshalb in höchstem Maße als kompromiß- und durchsetzungsfähig. Vor allem knüpft sie an den konkreten Erfahrungsmöglichkeiten und Belangen der Arbeitnehmer an, die nur über eine betriebliche Beteiligung ihre Einstellung zur Arbeit und die Rolle als Arbeitnehmer innerhalb des Betriebes verändern können. Eine solche Vermögensbeteiligung der Arbeitnehmer wäre nicht die „große Lösung“ im Sinne eines neuen Unternehmensrechtes, das die Arbeitnehmer gesellschaftsrechtlich selbst zu Mitgliedern des Unternehmens macht und das die Frage der Beteiligung an den Entscheidungen und Erträgen des Unternehmens gleichzeitig regelt. Aber sie scheint unter den rechtlichen und ordnungspolitischen Bedingungen die pragmatische Lösung zu sein, die den sozialen Ausgleich zwischen „Kapital“ und „Arbeit“ in unserer Gesellschaft weiter fördern könnte.

Literaturverzeichnis

Adam, Hermann; Der Kampf um Löhne und Gewinn, Köln 1974

Adam, Hermann; Macht und Vermögen in der Wirtschaft. Köln 1974

Agartz, Viktor; Expansive Lohnpolitik. In: Mitteilungen des Wirtschaftswissenschaftlichen Instituts der Gewerkschaften, 6. Jg., Köln 1953

Alber, Jens; Der Wohlfahrtsstaat in der Krise? In: Zeitschrift für Soziologie, Heft 4, Oktober 1980

Andersen, Uwe; Einführung in die Vermögenspolitik, München 1976

Andersen, Uwe; Die Vermögenskonzentration und mögliche Gegenmaßnahmen. In: Konzentration ohne Kontrolle, Kritik Bd. II, hrsg. v. Dieter Grosser, 3. Aufl., Opladen 1974

Andersen, Uwe; Pieper, Hildegard; Innere Reformen im Entscheidungsprozeß – Zum Meinungsstreit um den Koalitionskompromiß über Mitbestimmung und Vermögensbildung. In: Aus Politik und Zeitgeschichte. Beilage zur Wochenzeitung „Das Parlament" Nr. 28/1974 vom 13.7.1974

Apel, Günter; Issen, Roland; Miteigentum. Probleme und Lösungen. München 1970

Atteslander, Peter; Methoden der empirischen Sozialforschung. Berlin, New York 1971

Ballerstedt, Eike; Soziologische Aspekte der innerbetrieblichen Partnerschaft. Das Ahrensburger Modell. München 1971

Ballerstedt, Eike; Glatzer, Wolfgang; Soziologischer Almanach. Frankfurt, New York 1975

Bank, Hans Peter; Die Sozialgesetzgebung der Bundesrepublik Deutschland und ihr zeitlicher Zusammenhang mit den Wahlterminen seit 1949. In: Recht der Arbeit Nr. 23 (1970)

Barth, Kuno; Vermögensbeteiligungsabgabe – Enteignung der Unternehmen auf Raten? Schriftenreihe „Der Betrieb". Düsseldorf 1971

Bayerisches Staatsministerium für Arbeit und Sozialordnung; Vermögenspolitik. Betriebliche Modelle für Arbeitnehmer in Bayern. O. O., März 1980

Bellebaum, Alfred; Soziologie der modernen Gesellschaft. Hamburg 1977

Bernholz, Peter; Grundlagen der Politischen Ökonomie, 1. Bd., (UTB 192), Tübingen 1972

Bernstein, Eduard; Die Bedeutung der Lohnformen. In: Sozialistische Monatshefte 1904

Beteiligung der Arbeitnehmer an der Vermögensbildung. Memorandum der Kommission der Europäischen Gemeinschaft, von der Kommission verabschiedet am 27.8.1979. In: Bulletin der Europäischen Gemeinschaften, Beilage 6/79

Beyme, Klaus von; Gewerkschaften und Arbeitsbeziehungen in kapitalistischen Ländern. München 1977

Bitz, Michael; Pläne und Maßnahmen zur Vermögensbildung. Eine Analyse ihrer Ziele und Funktionselemente. Köln, Berlin, Bonn, München 1971

Blum, Reinhard; Soziale Marktwirtschaft. Wirtschaftspolitik zwischen Neoliberalismus und Ordoliberalismus. Tübingen 1969

Boettcher, Erik; Sozialpolitik und Sozialreform. Tübingen 1957

Brogsitter, A.; Die Gewinnbeteiligung der Arbeitnehmer und ihre Bedeutung für die Volkswirtschaft. Diss. Frankfurt 1922

Brück, Gerhard W.; Allgemeine Sozialpolitik. Grundlagen, Zuammenhänge, Leistungen. Köln 1976

Brune, Alfons; Gewinnbeteiligungsmodelle. Darstellung und steuerrechtliche Behandlung. Wiesbaden 1977

Bundesminister für Arbeit und Sozialordnung (Hrsg.); Sozialpolitische Informationen, „Grundlinien eines Vermögensbeteiligungs-Gesetzes", Sonderausgabe vom 2.2.1974

Bundesminister für Arbeit und Sozialordnung (Hrsg. v.); Die Einkommens- und Vermögensverteilung in der Bundesrepublik Deutschland. Auswahl aus der amtlichen und verbandlichen Statistik. Ausgabe 1979. Bonn Januar 1980

Bundesminister der Justiz (Hrsg.); Bericht über die Verhandlungen der Unternehmensrechtskommission. Köln 1980

Bundesverband der Katholischen Arbeitnehmerbewegung (KAB) Deutschlands (Hrsg.); Texte zur katholischen Soziallehre II. Dokumente zur Geschichte des Verhältnisses von Kirche und Arbeiterschaft am Beispiel der KAB. 1. Halbband, bearbeitet von Wolfgang Klein u. a., Kevelaer 1976

Bundesvereinigung Deutscher Arbeitgeberverbände (BDA); „Weichen richtig stellen" vom 29.6. 1971

Bunz, Axel R.; Jansen, Rolf; Schacht, Konrad; Qualität des Arbeitslebens. Soziale Kennziffern zu Arbeitszufriedenheit und Berufschancen. Als Forschungsauftrag des Bundesministers für Arbeit und Sozialordnung erstellt vom Institut für angewandte Sozialwissenschaft, Bonn-Bad Godesberg, Dezember 1973

CDU; Beschlüsse des 22. Bundesparteitages der CDU, „Vermögenspolitisches Grundsatzprogramm“, beschlossen auf dem Parteitag in Hamburg am 19.11.1973
CDU-Nordrhein-Westfalen; Ludwig Erhard, Karl Arnold „Wohlstand für alle. Eigentum für jeden.“ Sonderdruck. Düsseldorf 1957

Dahrendorf, Ralf; Sozialstruktur des Betriebes. – Betriebssoziologie –. Wiesbaden 1959
Deppe, Frank; Autonomie und Integration. Materialien zur Gewerkschaftsanalyse. Schriftenreihe für Sozialgeschichte und Arbeiterbewegung, Bd. 9, Marburg 1979
„DGB-Forderungen zur Vermögensbildung“ (o. Verf.), in: Gewerkschaftsspiegel Nr. 8/1973
Downs, Anthony; Ökonomische Theorie der Demokratie. Tübingen 1968

EMNID-Institut; Einstellung, Meinungsbild und Verhaltenstendenzen der Bevölkerung zur vermögenspolitischen Auseinandersetzung. Eine vertrauliche, nicht veröffentlichte Untersuchung im Auftrage der Bundesvereinigung Deutscher Arbeitgeberverbände. Bielefeld Spezialerhebung April, Mai 1971
Engels, Wolfram; Sablotny, Herbert; Zickler, Dieter; Das Volksvermögen. Seine verteilungs- und wohlstandspolitische Bedeutung. Frankfurt 1974
Engelsing, Rolf; Sozial- und Wirtschaftsgeschichte Deutschlands. Göttingen 1973
Esser, Klaus; Faltlhauser, Kurt; Beteiligungsmodelle. (Reihe: Aktuelle Personalführung). München 1974

Faltlhauser, Kurt; Miteigentum. Das „Pieroth-Modell“ in der Praxis. Düsseldorf, Wien 1971
Faltlhauser, Kurt; Beteiligung der Mitarbeiter am Unternehmen. In: Ausgewählte Probleme des Personal-Managements. Hrsg. v. Deutsche Gesellschaft für Betriebswirtschaft. Berlin 1972
Faltlhauser, Kurt; Das Pieroth-Modell der Mitarbeiterbeteiligung der Firma Weingut Ferdinand Pieroth, Weinkellerei GmbH. Sonderdruck aus: Die Beteiligung von Mitarbeitern. Unternehmer stellen vor, wie ihre Mitarbeiter zu Mitunternehmern werden. Zwölf Praxisbeispiele. Herne o. J.
Faltlhauser, Kurt; Schneider, Hans J.; Kapital für die Firma – Vermögen für alle. Sonderdruck des Manager-Magazins aus Heft Nr. 12, Dezember 1975
Farthmann, Friedhelm; Zwischen Allmacht und Ohnmacht? In: DER SPIEGEL vom 9.4.1979
Fischer, Wolfram; Der Wandel der sozialen Frage in den fortgeschrittenen Industriegesellschaften. Referat auf der Tagung des Vereins für Socialpolitik. Augsburg September 1976
Flach, K. H.; Maihofer, W.; Scheel, W.; Die Freiburger Thesen der Liberalen, Reinbek 1972
Friderichs, Hans; Realistische Vorschläge zur Fortentwicklung der Vermögenspolitik. In: BMWI-Dokumentation Nr. 229, Bonn August 1976
Fritsch, Bruno; Entwicklungsländer. Gibt es einen „dritten Weg“ für die „dritte Welt“? In: Wirtschaftswoche Nr. 52/1970 vom 23.12.1970
Funk, Werner; Gewinnbeteiligung und Verteilungstheorie. Diss. Bochum 1970

Gärtner, Ulrich; Luder, Peter; Ziele und Wegen einer Demokratisierung der Wirtschaft. Diessenhofen 1979
Gahlen, Bernhard u. a.; Volkswirtschaftslehre. Eine problemorientierte Einführung. München 1971
Gaugler, Eduard; Zukunftschancen der betrieblichen Partnerschaft. In: Das Ahrensburger Modell – ein Weg zur Demokratisierung der Wirtschaft. Carl Backhaus – zum 70. Geburtstag. Hrsg. von Arnuld Geißler und Wolfgang Fricke, Ahrensburg 1972
Gaugler, Eduard, Kuchinka, Horst; Mitarbeiterbeteiligung und Steuerrecht. AGP-Veröffentlichungen Reihe 2, Heft 11, Köln 1972
Geißler, Heiner; Die Neue Soziale Frage. Analysen und Dokumente. Freiburg 1976
Giersch, Herbert; Allgemeine Wirtschaftspolitik. 1. Bd., Grundlagen. Wiesbaden 1961
Gleitze, Bruno; Sozialkapital und Sozialfonds als Mittel der Vermögenspolitik. WWI-Studie, Nr. 1, 2. Aufl., Köln 1969
Gleitze, Bruno; Lohnpolitik und Vermögensverteilung. In: Sozialer Fortschritt 1957
Grosser, Dieter; Bedeutet wirtschaftliche Macht stets politische Macht? In: Politische Kontrolle wirtschaftlicher Macht, S. 231-235 (Der Bürger im Staat. Hrsg. v. d. Landeszentrale für politische Bildung Baden-Württemberg, 23. Jg., Heft 4, Dezember 1973
Grosser, Dieter; Lohnpolitik – Korrektiv der Einkommens- und Vermögenskonzentration? In: Konzentration ohne Kontrolle, Kritik Bd. II, hrsg. v. Dieter Grosser, Opladen 1974
Grosser, Dieter (Hrsg.); Zielkonflikte staatlicher Finanzpolitik. Politische Bildung Heft 3/1976, Stuttgart 1977
Günther, Michael; Der Einfluß von Partnerschaft und Erfolgsbeteiligung auf die Wettbewerbsfähigkeit der Betriebe. AGP-Veröffentlichungen Reihe I, Heft 3, Hilden 1965

Guski, Hans Günter; Schneider, Hans J.; Betriebliche Vermögensbeteiligung in der Bundesrepublik Deutschland. Eine Bestandsaufnahme. Köln 1977

Hagen, Karlheinz; Die betriebswirtschaftlichen Auswirkungen der Erfolgsbeteiligung. Eigenverlag des Verfassers. München o. J.

Halbach, Günter; Materialien zur Vermögensbildung in Arbeitnehmerhand. Thesen, Pläne, Gesetze. Schriftenreihe des Instituts für Städtebau, Wohnungswirtschaft und Bausparwesen e. V. (Arnold-Knoblauch-Institut, 4 Folgen, Bonn 1965, 1968, 1973 und 1977

Hardach, Karl; Wirtschaftsgeschichte Deutschlands im 20. Jahrhundert. Göttingen 1976

Höhnen, Wilfried; Zwanzig Jahre vermögenspolitische Diskussion. In: Karl H. Pitz (Hrsg.); Das Nein zur Vermögenspolitik. Gewerkschaftliche Argumente und Alternativen zur Vermögenspolitik. Reinbek bei Hamburg 1974

Jungbluth, Michael; Nicht vom Lohn allein. Elf Modelle für Mitbestimmung und Gewinnbeteiligung. Hamburg 1973

Kampschulte, Ferdinand; Höhere Leistung durch Ergebnisbeteiligung. In: Der Volkswirt Nr. 2/1954, S. 13-15

Kern, Horst; Schumann, Michael; Industriearbeit und Arbeiterbewußtsein. 2 Bde, Frankfurt 1970

Klüber, Franz; Eigentumstheorie und Eigentumspolitik, Osnabrück 1963

König, René (Hrsg.); Handbuch der empirischen Sozialforschung, Bd. 2. Grundlegende Methoden und Techniken der empirischen Sozialforschung. Erster Teil, 3. Aufl. Stuttgart 1973

Kratz, E.; Die betriebswirtschaftliche und soziale Problematik der Gewinnbeteiligung. Diss. Freiburg 1956

Krelle, Wilhelm; Schunck, Johann; Siebke, Jürgen; Überbetriebliche Ertragsbeteiligung der Arbeitnehmer. Mit einer Untersuchung über die Vermögensstruktur der Bundesrepublik Deutschland, 2 Bde. Tübingen 1968

Kurz, Rudi; Rall, Lothar; Konjunktur- und vermögenspolitische Probleme des Sparens. In: Mitteilungen des Instituts für Angewandte Wirtschaftsforschung Nr. 3 v. 16.12.1979

Leminsky, Gerd; Die vermögenspolitischen Alternativen der überbetrieblichen Ertragsbeteiligung. In: WWI-Mitteilungen Nr. 4, Köln 1971

Lenk, Kurt: Theorien der Revolution. (UTB 165) München 1973

Limmer, Hans; Die deutsche Gewerkschaftsbewegung, 3. Aufl., München 1970

Loderer, Eugen; Qualität des Lebens statt Vermögenspolitik. In: Karl H. Pitz (Hrsg.); Das Nein zur Vermögensbildung. Reinbek bei Hamburg 1974

Luhmann, Niklas; Soziologische Aufklärung. Aufsätze zur Theorie sozialer Systeme, Bd. 1, 3. Aufl., Opladen 1972

Maier, Kurt; Interdependenzen zwischen Mitbestimmung und betrieblicher Partnerschaft. Berlin 1969

Materialien zum Bericht zur Lage der Nation 1974. Hrsg. v. Bundesminister für innerdeutsche Beziehungen. Bonn August 1974

Mockenhaupt, Hubert; Weg und Wirken des geistlichen Sozialpolitikers Heinrich Brauns. München, Paderborn, Wien 1977

Molitor, Bruno; Vermögensverteilung als wirtschaftspolitisches Problem. Tübingen 1965

Molitor, Bruno; Verteilungspolitik in der Marktwirtschaft. In: Hamburger Jahrbuch, 19. Jg., Tübingen 1974

Mückl, Wolfgang J.; Vermögenspolitische Konzepte in der Bundesrepublik Deutschland. Analysen der Ziele, Mittel und Wirkungen. Schriftenreihe der Kommission für wirtschaftlichen und sozialen Wandel, Bd. 34, Göttingen 1975

Müller, Alfred; Vermögensbildung in Arbeitnehmerhand. Durch Tarifvertrag oder Gesetz – individuell oder kollektiv? In: Gewerkschaftliche Monatshefte Nr. 2/1972

Müller-Armack, Alfred; Die Soziale Marktwirtschaft und ihrer Widersacher. In: Ludwig Erhard, Alfred Müller-Armack (Hrsg.); Soziale Marktwirtschaft. Ordnung der Zukunft. Manifest '72. Frankfurt, Berlin, Wien 1972

Ders.; Art. „Soziale Marktwirtschaft", in: Handwörterbuch der Sozialwissenschaften, Bd. 9, Tübingen, Göttingen 1956

Neumayer, W. W.; „Direkt"-Gewinnbeteiligung durch Leistungslohn und Plankostenrechnung. In: Zeitschrift für Betriebswirtschaft, 21. Jg., Wiesbaden 1951, S. 269-293

Nieder, Peter; Der Zusammenhang zwischen Produktivität und Zufriedenheit. In: Arbeit und Leistung. Zeitschrift für Angewandte Arbeits- und Personalwirtschaft Nr. 9/1974

Osterland, Martin, u. a.; Materialien zur Lebens- und Arbeitssituation der Industriearbeiter in der BRD. Studienreihe des Soziologischen Forschungsinstituts Göttingen. Frankfurt 1973

Pagel, Jörg; Vermögensbildung in der Bundesrepublik, DPA-Hintergrund, 3 Teile, DPA-Archiv/HG 2683, Hamburg vom 12.7.1977

Pieroth Gmbh (Hrsg.)

– „Der Tradition verwachsen – Dem Fortschritt verpflichtet: Das Weingut Ferd. Pieroth GmbH Weinkellerei stellt sich vor." Burg Layen o. J.
– Pieroth-Sozialbilanz. Gesellschaftsbezogene Erfolgsrechnung 1973/74. O. O., o. J.
– Pieroth-Sozialbilanz. Sozialbericht, Wertschöpfungsrechnung, Sozialrechnung 1975/76, Burg Layen o.J.
– Pieroth-Sozialbilanz. Sozialbericht, Wertschöpfungsrechnung, Sozialrechnung 1977-78, Burg Layen o. J.
– Pieroth-Sozialhandbuch, Heft 6b, Sicherung älterer Mitarbeiter; Burg Layen o. J.
– Broschüre „Kinder im Betrieb". Anregungen und Grundsätze für die Mitarbeiter der Pieroth-Gruppe. O. O., o. J.
– Das Pieroth-Versorgungswerk. Burg Layen o. J.
– Das Pieroth-Sozialsystem. Burg Layen o. J.
– Pieroth-Modell der Vermögensbeteiligung – Grundstein einer gemeinsamen Zukunft. (Betriebsvereinbarung von 1968)
– Das Pieroth-Modell der Mitarbeiterbeteiligung. (Betriebsvereinbarung von 1973). Pieroth-Sozialhandbuch, Heft 3, Burg Layen o. J.
– 10 Jahre Pieroth-Modell 1967-1977. Gewinn- und Kapitalbeteiligung der Mitarbeiter. (Betriebsvereinbarung von 1975). Pieroth-Sozialhandbuch, Heft 3, Stand Mai 1977, Burg Layen o. J.
– 10 Jahre Pieroth-Modell 1967-1977. Gewinn- und Kapitalbeteiligung für die Mitarbeiter. Stand 1.5.1977, Planegg o. J.
– 12 Jahre Pieroth-Modell 1967-1979. Gewinn- und Kapitalbeteiligung der Mitarbeiter. Erläuterungen für die Mitarbeiter. Stand 1.7.1979, Planegg o. J.

Pitz, Karl H. (Hrsg.); Das Nein zur Vermögenspolitik. Gewerkschaftliche Argumente und Alternativen zur Vermögenspolitik Reinbek bei Hamburg 1974

Preller, Ludwig; Sozialpolitik – Theoretische Ortung. Tübingen 1962

Raisch, Peter, Unternehmensrecht; Bd. 1: Unternehmensprivatrecht: Handels- und Gesellschaftsrecht. Reinbek bei Hamburg 1973

Reichhold, Ludwig; Der vierte Stand und Europa. Vom proletarischen Internationalismus zur europäischen Mitverantwortung. Bisher unveröffentlichtes Manuskript (Wien 1979)

Rosenberg, Ludwig; Tacke, Bernhard; DGB – Der Weg zur Einheitsgewerkschaft. (Hrsg.: DGB-Bundesvorstand), O. O., o. J.

Rudolph, Egon; Möglichkeiten zur Realisierung der einzelwirtschaftlichen Zielsetzungen der leistungsbezogenen Mehrerfolgsbeteiligung. Diss. Berlin 1970

Sachverständigenrat zur Begutachtung der gesamtwirtschaftlichen Entwicklung; Jahresgutachten 1972 und 1975

Schäfer, Claus; Gegen die Vorhaben der Bundesregierung zur Förderung betrieblicher Vermögensbildung. In: Gewerkschaftliche Monatshefte 1/1978

Schippel, M.; Lohnformen und Preis der Arbeit, in: Die Neue Zeit, Bd. 11 (1892/93)

Schlecht, Otto; Beteiligung der Arbeitnehmer am Produktivvermögen – Eine Herausforderung der Tarifparteien. Manuskript eines Vortrages vor dem Beirat der Gewerkschaft Textil/Bekleidung am 9.3.1979 in München.

Schlecht, Otto; Plädoyer für eine stärker investitionsorientierte Vermögenspolitik. Manuskript einer Rede vom 7.11.1979 in Rolandseck

Schmidt, Giselher; Zur Problematik von „Demokratisierung" und „Systemveränderung". In: Aus Politik und Zeitgeschichte. Beilage zur Wochenzeitung „Das Parlament" Nr. 32/74 v. 10.8.1974

Schneider, Hans J.; Die partnerschaftliche Kapitalbeteiligung der Arbeitnehmer am mittelständischen Industrieunternehmen. Köln, Bonn 1973

SPD; „Leitsätze der SPD zur Beteiligung der Arbeitnehmer am wachsenden Produktivvermögen", beschlossen auf dem Parteitag in Hannover am 13.4.1973

Spiegelhalter, Franz; Ergebnisbeteiligung und Vermögensbildung, Essen 1962

Toillie, Barbara; Dezentrale Vermögensbildungsfonds. Organisation, Funktionsbedingungen, Probleme und Lösungsansätze. Berlin 1977

„Vermögensbildner Pieroth. Wein, mein und dein". In: Capital Nr. 3/1971, S. 21-22
Vollmer, Lothar; Unternehmensbezogene (investive) Gewinnbeteiligung. Rechtspolitische Bedeutung – Kollektivvertragliche Regelung. In: Der Betrieb, Heft 1/2 vom 6./13.1.1978

Weyer, Helmut; Die Gewinn- und Kapitalbeteiligung der Mitarbeiter. Funktionselemente, finanzwirtschaftliche Wirkungen und Determinanten aus der Sicht der Unternehmung. München 1978
Widmaier, Hans Peter (Hrsg.); Politische Ökonomie des Wohlfahrtsstaates. Eine kritische Darstellung der Neuen Politischen Ökonomie. Frankfurt 1974
Willgerodt, Hans; Bartel, Karl; Schillert, Ulrich; Vermögen für alle. Probleme der Bildung, Verteilung und Werterhaltung des Vermögens in der Marktwirtschaft. Düsseldorf, Wien 1971

Zur Frage der Gewinnbeteiligung (o. Verf.), in: Correspondenzblatt der Generalkommission der Gewerkschaften Deutschlands, Bd. 30 (1920)
Zwiedineck Südenhorst von; Art. „Gewinnbeteiligung", in: Handwörterbuch der Staatswissenschaft, 4. Bd., 4. Aufl., Jena 1927

1 Vgl. Apel, Günter; Issen, Roland; Miteigentum. Probleme und Lösungen. München 1970, S. 133 f.; Willgerodt, Hans; Bartel, Karl; Schillert, Ulrich; Vermögen für alle. Probleme der Bildung, Verteilung und Werterhaltung des Vermögens in der Marktwirtschaft. Düsseldorf, Wien, 1971, S. 288 f.; Andersen, Uwe; Einführung in die Vemögenspolitik. München 1976, S. 140 f.; Adam, Hermann; Macht und Vermögen in der Wirtschaft. Köln 1974, S. 35 f.

2 Eine Einschränkung muß insofern erfolgen, als der Anlagekatalog nach dem 624-DM-Gesetz sowohl die Anlage in Produktivvermögen als auch in Sparprämien- und Bausparverträgen umfaßt, während ein reiner Investivlohn nur die Anlage in Produktivvermögen beinhalten dürfte.

3 Pieroth, Elmar; Referat am 17.4.1972 in Frankfurt, Pressegepräch, unveröffentlichtes Manuskript, S. 8.

4 Vgl. dazu auch die Feststellung von Gärtner, Ulrich; Luder, Peter; Ziele und Wege einer Demokratisierung der Wirtschaft. Diessenhofen 1979, S. 413 und S. 415.

5 Vgl. Bayerisches Staatsministerium für Arbeit und Sozialordnung; Vermögenspolitik. Betriebliche Modelle für Arbeitnehmer in Bayern. O.o., März 1980. Guski, Hans-Günter; Schneider, Hans J.; Betriebliche Vermögensbeteiligung in der Bundesrepublik Deutschland. Eine Bestandsaufnahme. Köln 1977; Schneider, Hans J.; Die partnerschaftliche Kapitalbeteiligung der Arbeitnehmer am mittelständischen Industrieunternehmen. Köln, Bonn 1973.

6 Vgl. Faltlhauser, Kurt; Miteigentum. Das „Pieroth-Modell" in der Praxis. Düsseldorf, Wien 1971. Faltlhauser hat als Mitarbeiter der Firma Pieroth unter dem Namen der „Gesellschaft für innerbetriebliche Zusammenarbeit" (GIZ) und in Zusammenarbeit mit dem Partnerschaftsausschuß eine Befragung der Mitarbeiter vorgenommen. Der Fragebogen ist in der Firma hergestellt, durch die Hauspost verteilt worden und er mußte in der Firma wieder abgegeben werden. In den Augen der Mitarbeiter ist dieser Fragebogen als eine Befragung der Firma selbst erschienen.

Vgl. auch: Ballerstedt, Eike; Soziologische Aspekte der innerbetrieblichen Partnerschaft. Das Ahrensburger Modell. München 1971. Ballerstedt hat nur 20 Mitarbeiter, die an der Gewinn- und Kapitalbeteiligung der Firma Behrens in Ahrensburg beteiligt sind, in die Befragung einbezogen und als Kontrollgruppe eine gleich große Anzahl von nichtbeteiligten Arbeitern herangezogen. Ihn interessierte vor allem, ob durch die Mitarbeiterbeteiligung das Gesellschaftsbild des Arbeiters verändert würde.

7 So ein Diskussionbeitrag auf dem Parteitag der SPD, Hannover 10.-14. April 1973; vgl. Protokoll der Verhandlungen, Bd. 1. (Hrsg. Vorstand der SPD), Bonn o. J., S. 712.

8 Vgl. dazu z. B.: Forderungen der Jungsozialisten in der SPD; Beschlüsse des Bundeskongresses der Jungsozialisten in Bremen, Dezember 1970. In die gleiche Richtung zielte 1972 eine Diskussion innerhalb des DGB um „ewige Sperrfristen"; vgl. Beschluß des 9. Ordentlichen Bundeskongresses des DGB zur Vermögensbildung. Und: Anlage zum Antrag des Bundesvorstandes Nr. 27 an den 9. Ordentlichen Bundeskongreß des DGB. Beide Positionen sind wiedergegeben in: Halbach, Günter; Materialien zur Vermögensbildung in Arbeitnehmerhand. Thesen, Pläne, Gesetze. Dritte Folge: 1969 bis 1973. Schriftenreihe des Instituts für Städtebau, Wohnungswirtschaft und Bausparwesen e. V. Arnold-Knoblauch-Institut), Bd. 28, Bonn 1973, S. 70, S. 102 und S. 103 f.; vgl. dazu auch die Diskussionsbeiträge einer von Jungsozialisten und Teilen des DGB angeführten Minderheit auf dem SPD-Parteitag 1973, Protokoll der Verhandlungen, a.a.O., S. 596 f., insbes. S. 638; vgl. auch Höhnen, Wilfried; Zwanzig Jahre vermögenspolitische Diskussion. In: Pitz, Karl H. (Hrsg.); Das Nein zur Vermögenspolitik. Gewerkschaftliche Argumente und Alternativen zur Vermögensbildung. Reinbek bei Hamburg 1974, S. 36.

9 Vgl. Bernholz, Peter; Grundlagen der Politischen Ökonomie, 1. Bd., (UTB 192) Tübingen 1972, S. 27 f.; § 1 des Gesetzes zur Förderung der Stabilität und des Wachstums der Wirtschaft vom 8.6.1967.

10 Vgl. Meadows, Dennis H.; Die Grenzen des Wachstums, Stuttgart 1972.

11 Theoretisch ist diese Verknüpfung von marktwirtschaftlicher Steuerung und Privateigentum an Produktionsmitteln nicht zwingend. Dies zeigt der Anspruch des jugoslawischen Modells. Der Verfasser hält dieses Modell aber nicht für praktikabel.

12 Die Verteilung der Einkommen nach den im Erwerbsprozeß wahrgenommenen Funktionen der Selbständigen (= Kapitalgeber) und Unselbständigen (= Arbeitnehmer).

13 Vgl. Adam, Hermann; Der Kampf um Löhne und Gewinne, Köln 1974, S. 28; Gahlen, Bernhard u. a.; Volkswirtschaftslehre. Eine problemorientierte Einführung. München 1971, S. 139 f.

14 Vgl. Materialien zum Bericht zur Lage der Nation 1974. Hrsg. v. Bundesminister für innerdeutsche Beziehungen. Bonn August 1974, S. 411 u. S. 428. Für diese Aussage könnte ein Vergleich der Lohnquoten dann nicht herangezogen werden, wenn eine gegenwärtig höhere Investitionsquote in der Zukunft den Arbeitnehmern eine größere Konsumquote ermöglichen würde. Dies trifft für die DDR aber nicht zu, da deren Investitionen eine erheblich geringere Produktivität haben als die Investitionen in der Bundesrepublik Deutschland.

15 Diese Argumentation ist eine bewußte Vereinfachung. Selbstverständlich wird in Zentralverwaltungswirtschaften von der Bevölkerung auch gespart. Aber dieses Sparverhalten beeinflußt nicht nennenswert die staatlich festgesetzte Investitionsquote.

16 Vgl. Apel, Günter; Issen, Roland; Miteigentum. . ., a.a.O., S. 46 f.; Klüber, Franz; Eigentumstheorie und Eigentumspolitik, Osnabrück 1963, insbes. S. 22 f.; Willgerodt, Hans; Bartel, Karl; Schillert, Ulrich; Vermögen für alle. . ., a.a.O., S. 24 f.

17 Vgl. § 903 BGB: „Der Eigentümer einer Sache kann, soweit nicht das Gesetz oder Rechte Dritter entgegenstehen, mit der Sache nach Belieben verfahren und andere von jeder Einwirkung ausschließen."

18 Zur folgenden Darstellung, vgl. Reichhold, Ludwig; Der vierte Stand und Europa. Vom proletarischen Internationalismus zur europäischen Mitverantwortung. Bisher unveröffentlichtes Manuskript (Wien 1979).

19 Vgl. Raisch, Peter; Unternehmensrecht; Bd. 1: Unternehmensprivatrecht: Handels- und Gesellschaftsrecht. Reinbek bei Hamburg 1973.

20 Der Begriff „gewerkschaftliche Gegenmacht" hat eine zweifache Bedeutung: Tragen Gewerkschaften die grundlegenden Ordnungselemente einer Gesellschaft mit, wie z. B. in der Bundesrepublik Deutschland, wird darunter die Gegenmacht der Gewerkschaften allein gegen die Macht der Arbeitgeber (= des „Kapitals") verstanden. Diese Bedeutung liegt dem Begriff hier zugrunde. In einem weiteren Sinne bezeichnet dieser Begriff eine klassenkämpferische, revolutionäre Position der Gewerkschaften, die auch gegen die Gesellschaftsordnung selbst gerichtet ist.

21 Argumente für die Notwendigkeit vermögenspolitischer Maßnahmen sind in der Literatur ausreichend dargestellt, vgl. dazu: Andersen, Uwe; Einführung . . ., a.a.O., S. 105 f.; Apel, Günter; Issen, Roland; a.a.O., S. 12 f.; Bitz, Michael; Pläne und Maßnahmen zur Vermögensbildung. Eine Analyse ihrer Ziele und Funktionselemente. Köln, Berlin, Bonn, München 1971, S. 25 f.; Jungbluth, Michael; Nicht vom Lohn allein. Elf Modelle für Mitbestimmung und Gewinnbeteiligung. Hamburg 1973, S. 33 f.; Willgerodt, Hans u. a.; a.a.O., S. 13 f.

22 Zu den Herrschaftsproblemen vgl. aus sozialistischer Sicht: Bahro, Rudolf; Die Alternative. Zur Kritik des real existierenden Sozialismus. Köln, Frankfurt 1977, insbes. S. 141 f.; Djilas, Milovan; Die neue Klasse. Wien, München, Zürich 1958.

Zur Frage eines internationalen Vergleichs der personellen Einkommensverteilung vgl.: Fischer, Wolfram; Der Wandel der sozialen Frage in den fortgeschrittenen Industriegesellschaften. Kopie des Referates auf der Jahrestagung des Vereins für Socialpolitik, Augsburg September 1976, Fritsch, Bruno; Entwicklungsländer. Gibt es einen „dritten Weg" für die „dritte Welt"?, in: Wirtschaftswoche Nr. 52/1970 v. 23.12.1970, S. 80; Molitor, Bruno; Verteilungspolitik in der Marktwirtschaft, in: Hamburger Jahrbuch, 19. Jg., Tübingen 1974, S. 226.

23 Vgl. Bericht über die Verhandlungen der Unternehmensrechtskommission; Hrsg. v. Bundesministerium der Justiz, Köln 1980, insbes. S. 490 f.; Unveröffentlichter „Ergebnisbericht der Unternehmensrechtskommission an den Bundesvorstand der CDU", Abschlußberatung vom 10./11.6.1977.

24 Vgl. S. 12/13; Die Unternehmen können praktisch in zweifacher Weise auf den Versuch reagieren, Lohnerhöhung durchzusetzen, die über den Produktivitätsanstieg hinausgehen: Sie können entweder diese Lohnerhöhung auf die Preise abwälzen. Sie können aber auch mit der Einschränkung ihrer Investitionen antworten.

25 Zum Zusammenhang zwischen Einkommens- und Vermögenspolitik, vgl.: Jahresgutachten 1972 des Sachverständigenrates zur Begutachtung der gesamtwirtschaftlichen Entwicklung, Bundesrats-Drucksache 612/72, S. 164 f.

26 Vgl. Limmer, Hans; Die deutsche Gewerkschaftsbewegung. München 1970, S. 148 f.

27 Rosenberg, Ludwig, Tacke, Bernhard; DGB – Der Weg zur Einheitsgewerkschaft; Düsseldorf o. J., S. 13.

28 Farthmann, Friedhelm; Zwischen Allmacht und Ohnmacht? In: DER SPIEGEL vom 9.4.1979.
29 Vgl. von Zwiedineck Südenhorst; Art. „Gewinnbeteiligung“, in: Handwörterbuch der Staatswissenschaft, 4. Bd., 4. Aufl., Jena 1927, S. 1155 f.; Bundesvorstand der Katholischen Arbeitnehmer-Bewegung (KAB) Deutschlands (Hrsg.); Texte zur katholischen Soziallehre II. Dokumente zur Geschichte des Verhältnisses von Kirche und Arbeiterschaft am Beispiel der KAB. 1. Halbband. Bearbeitet von Wolfgang Klein u. a., Kevelaer 1976, S. 4 f.
30 Titel der sechs Predigten Bischof Kettelers 1848 in Mainz; vgl. Rosenberg, Ludwig, Tacke, Bernhard, a.a.O., S. 15).
31 Ebenda, S. 10 f.
32 Nach Verabschiedung des Mitbestimmungsgesetzes von 1976, das 1979 durch ein Urteil des Bundesverfassungsgerichtes bestätigt wurde, hält es der Verfasser für unrealistisch, daß in der Bundesrepublik Deutschland auf absehbare Zeit eine neue Mitbestimmungsdiskussion aufkommen könnte. Die gewerkschaftlichen Forderungen nach Ausweitung der Mitbestimmungsrechte auf Unternehmensebene sind weitgehend, wenn auch für die Gewerkschaften noch nicht zufriedenstellend, erfüllt. Für eine Ausweitung der Mitbestimmungsrechte am Arbeitsplatz haben die Gewerkschaften selbst bisher kein großes Interesse gezeigt. Auf europäischer Ebene wird zwar im Europäischen Parlament die Mitbestimmung im Rahmen der Schaffung eines einheitlichen Gesellschaftsrechtes diskutiert. Dieser Diskussion aber fehlt der nötige Druck von seiten der Gewerkschaften, da die Gewerkschaften in Europa in der Mitbestimmungsfrage keine geschlossene Linie vertreten.
33 Vgl. dazu die näheren Ausführungen in Abschnitt 4, s. S. 39f.; eine chronologische Übersicht gibt eine Untersuchung des Bayerischen Staatsministeriums für Arbeit und Sozialordnung; Vermögenspolitik. . ., a.a.O., S. 7 f.
34 Bitz, Michael; a.a.O., S. 21; Zu einer ähnlichen Einschätzung kommt auch das Institut für Angewandte Wirtschaftsforschung in einem Gutachten für das Bundeswirtschaftsministerium, vgl. Kurz, Rudi; Rall, Lothar; Konjunktur- und vermögenspolitische Probleme des Sparens. In: Mitteilungen des Instituts für Angewandte Wirtschaftsforschung Nr. 3 v. 15.12.1979. S. 16.
35 Vgl. dazu Bitz, Michael; a.a.O., S. 17 f.; Halbach, Günter; Materialien zur Vermögenspolitik in Arbeitnehmerhand. Thesen, Pläne, Gesetze. 4 Folgen. Schriftenreihe des Instituts für Städtebau, Wohnungswirtschaft und Bausparwesen e. V. (Arnold-Knoblauch-Institut), Bd. 5, Bonn 1965, Bd. 16, Bonn 1968, Bd. 28, Bonn 1973 und Bd. 31, Bonn 1977.
36 Vgl. Mückl, Wolfgang J.; Vermögenspolitische Konzepte in der Bundesrepublik Deutschland. Analysen der Ziele, Mittel und Wirkungen. Schriftenreihe der Kommission für wirtschaftlichen und sozialen Wandel, Bd. 34, Göttingen 1975.
37 Vgl. Downs, Anthony; Ökonomische Theorie der Demokratie, Tübingen 1968; Widmaier, Hans Peter (Hrsg.); Politische Ökonomie des Wohlfahrtsstaates. Eine kritische Darstellung der Neuen Politischen Ökonomie, Frankfurt 1974, insbes. S. 13 f; Grosser, Dieter; Bedeutet wirtschaftliche Macht stets politische Macht? In: Politische Kontrolle wirtschaftlicher Macht, S. 231-235 (Der Bürger im Staat. Hrsg. v. d. Landeszentrale für politische Bildung. 23. Jg., Heft 4, Dezember 1973).
38 Vgl. Luhmann, Niklas; Soziologische Aufklärung. Aufsätze zur Theorie sozialer Systeme, Bd. 1, 3. Aufl., Opladen 1972.
39 Vgl. Widmaier, Hans Peter; a.a.O., S. 14.
40 Vgl. Reichhold, Ludwig; a.a.O.
41 Vgl. von Zwiedineck Südenhorst; a.a.O., S. 1156.
42 Schmidt, Giselher; Zur Problematik von „Demokratisierung“ und „Systemveränderung“. In: Aus Politik und Zeitgeschichte. Beilage zur Wochenzeitung Das Parlament, Nr. 32/74 v. 10.8.1974, S. 6.
43 Vgl. Bundesverband der Katholischen Arbeitnehmerbewegung (KAB) Deutschlands (Hrsg.); Texte zur katholischen Soziallehre, a.a.O., S. 3 f.; Rosenberg, Ludwig; Tacke, Bernhard; a.a.O., S. 10 f.
44 Die „Kathedersozialisten“ begründeten im 19. Jahrhundert eine Schule der deutschen Volkswirtschaftslehre, die die Lösung der sozialen Frage in sozialreformerischen Aktivitäten des Staates sah. Zur Verbreitung ihrer Ideen gründeten sie 1872 den Verein für Socialpolitik. Hauptvertreter waren L. Brentano, G. Schmoller und A. Wagner. Im Auftrage dieses Vereins ist schon früh ein Gutachten zur Frage der Gewinnbeteiligung erstellt worden. Vgl. v. Plener, J., Weigert, M., Neumann, G. und Wertheim, J.; Über Betheiligung der Arbeiter am Unternehmensgewinn. Schriften des Vereins für Socialpolitik, Nr. VI, Leipzig 1874.

45 Vgl. Bundesverband der Katholischen Arbeitnehmer-Bewegung (KAB) Deutschlands; a.a.O., S. 4 f., S. 43 f. und S. 54 f.
46 Vgl. von Zwiedineck Südenhorst; a.a.O., S. 1155.
47 Vgl. Budde, Heiner; Ein Kampf um Gerechtigkeit. Die christlich-soziale Bewegung im Industriezeitalter. Eine Zeittafel. Eigenverlag. Köln 1978, S. 7.
48 Ebenda.
49 Vgl. Brück, Eberhard W.; Allgemeine Sozialpolitik. Grundlagen, Zusammenhänge, Leistungen. Köln 1976, S. 21.
50 Vgl. Brogsitter, A.; Die Gewinnbeteiligung der Arbeitnehmer und ihre Bedeutung für die Volkswirtschaft. Dissertation. Frankfurt 1922, S. 31 f.; Neumayer, W. W.; „Direkt"-Gewinnbeteiligung durch Leistungslohn und Plankostenrechnung. In: Zeitschrift für Betriebswirtschaft, 21. Jg., Wiesbaden 1951, S. 269 f.; Funk, Werner; Gewinnbeteiligung und Verteilungstheorie. Dissertation. Bochum 1970, S. 7 f.
51 Brune, Alfons; Gewinnbeteiligungsmodelle. Darstellung und steuerrechtliche Behandlung. Wiesbaden 1977, S. 12; vgl. Funk, Werner, a.a.O., S. 8 f.; vgl. auch Mann, Golo; Deutsche Geschichte des 19. und 20. Jahrhunderts. Frankfurt 1958, S. 242 f., S. 334 f. und S. 399 f.
52 Vgl. Neumayer, W. W.; a.a.O., S. 269 f.; Funk, Werner; a.a.O., S. 8 f.; Rudolph, Egon; Möglichkeiten zur Realisierung der einzelwirtschaftlichen Zielsetzungen der leistungsbezogenen Mehrerfolgsbeteilung. Diss. Berlin 1970, S. 21.
53 Mann, Golo; a.a.O., S. 615 f. und 648 f.
54 Vgl. Funk, Werner; a.a.O., S. 11; Gaugler, Eduard; Zukunftschancen der betrieblichen Partnerschaft. In: Das Ahrensburger Modell – ein Weg zur Demokratisierung der Wirtschaft. Carl Backhaus – zum 70. Geburtstag. Hrsg. von Arnulf Geißler und Wolfgang Fricke. Ahrensburg 1972, S. 149; Spiegelhalter, Franz; Ergebnisbeteiligung und Vermögensbildung. Essen 1962, insbes. S. 75 f. und S. 192 f.
55 Vgl. Höhnen, Wilfried; a.a.O., S. 36; Mann, Golo; a.a.O., S. 984 f. und S. 1026 f.
56 Vgl. Gaugler, Eduard; a.a.O.; Höhnen, Wilfried; a.a.O.; S. 47; Guski, Hans-Günter; Schneider, Hans J.; Betriebliche Vermögensbeteiligung in der Bundesrepublik Deutschland; a.a.O., S. 57 f.
57 Vgl. Höhnen, Wilfried; a.a.O., S. 47.
58 Vgl. Funk, Werner; a.a.O., S. 9.
59 Vgl. Rosenberg, Ludwig; Tacke, Bernhard; a.a.O., S. 12 f.; Lenk, Kurt; Theorien der Revolution. (UTB 165), München 1973, S. 134.
60 Vgl. Neumayer, W. W.; a.a.O., S. 269 f.; Rudolph, Egon; a.a.O., S. 20.
61 Funk, Werner; a.a.O., S. 14.
62 Vgl. Engelsing, Rolf; Sozial- und Wirtschaftsgeschichte Deutschlands. Göttingen 1973, S. 143 f., insbes. S. 149 und S. 171; Hardach, Karl; Wirtschaftsgeschichte Deutschlands im 20. Jahrhundert. Göttingen 1976, S. 37 f., S. 216 f. und S. 238 f.
63 Vgl. Brune, Alfons; a.a.O., S. 11.
64 Vgl. Spiegelhalter, Franz; a.a.O.
65 Vgl. Brune, Alfons; a.a.O., S. 12 f.; Höhnen, Wilfried; a.a.O., S. 47; Guski, Hans-Günter; Schneider, Hans J.; a.a.O., S. 31 f.
66 Vgl. Kratz, E.; Die betriebswirtschaftliche und soziale Problematik der Gewinnbeteiligung, Diss., Freiburg 1956, S. 1.
67 Vgl. Funk, Werner; a.a.O., S. 8; Spiegelhalter, Franz; a.a.O., S. 192.
68 Vgl. Guski, Hans-Günter; Schneider, Hans J.; a.a.O., S. 34.
69 Vgl. Funk, Werner; a.a.O., S. 14 f.
70 Vgl. Bernstein, Eduard; Die Bedeutung der Lohnformen. In: Sozialistische Monatshefte, 1904, S. 279.
71 O. Verf.; Zur Frage der Gewinnbeteiligung, in: Correspondenzblatt der Generalkommission der Gewerkschaften Deutschlands, Bd. 30 (1920), S. 106.
72 Vgl. Schippel, M.; Lohnformen und Preis der Arbeit, in: Die neue Zeit, Bd. 11 (1892/93), S. 563 ff.
73 O. Verf.; Zur Frage der Gewinnbeteiligung, a.a.O., S. 106.
74 Die Deutsche Angestellten-Gewerkschaft (DAG) hat sich bereits im Jahre 1955 mit der Denkschrift „Miteigentum der Arbeitnehmer, eine Stellungnahme der Deutschen Angestellten-Gewerkschaft zur Vermögensbildung" an die Öffentlichkeit gewandt und diese Vorschläge 1965 noch einmal überarbeitet. Vgl. Apel, Günter; Issen, Roland; a.a.O., S. 203.
75 Der DGB war zwar nach 1945 unter Mitwirkung von christlich-sozialen Gewerkschaftern als Einheitsgewerkschaft gegründet worden, ist als Nachfolgeorganisation des sozialistischen

ADGB und auf Grund der Minderheitsposition der Christlich-Sozialen aber nach wie vor eher sozialistisch bzw. sozialdemokratisch orientiert, so daß sich die grundsätzlich positive Einstellung der christlich-sozialen Arbeitnehmerbewegung zur Gewinnbeteiligung nicht durchsetzen konnte.

76 Vgl. Andersen, Uwe; a.a.O., S. 166; Bitz, Michael; a.a.O., S. 20; Höhnen, Wilfried; a.a.O., S. 40 f.; Müller, Alfred; Vermögensbildung in Arbeitnehmerhand. Durch Tarifvertrag oder Gesetz – individuell oder kollektiv? In: Gewerkschaftliche Monatshefte Nr. 2/1972, S. 98 f.

77 Vgl. Agartz, Viktor; Expansive Lohnpolitik. In: Mitteilungen des wirtschaftswissenschaftlichen Instituts der Gewerkschaften, 6. Jg., Köln 1953.

78 Loderer, Eugen; Qualität des Lebens statt Vermögenspolitik. In: Pitz, Karl H. (Hrsg.); Das Nein zur Vermögenspolitik. Gewerkschaftliche Argumente und Alternativen zur Vermögensbildung. Reinbek bei Hamburg 1974, S. 24.

79 Vgl. Gleitze, Bruno; Sozialkapital und Sozialfonds als Mittel der Vermögenspolitik. WWI-Studie, Nr. 1, 2. Aufl., Köln 1969; Ders.; Lohnpolitik und Vermögensverteilung, Sozialer Fortschritt 1957, S. 53 f.; Höhnen, Wilfried; a.a.O., S. 40 f.

80 Vgl. Leminsky, Gerd; Die vermögenspolitischen Alternativen der überbetrieblichen Ertragsbeteiligung. In: WWI-Mitteilungen Nr. 4, Köln 1971, S. 107 f.; vgl. auch Antrag Nr. 27 des DGB-Bundesvorstandes zum 9. Ordentlichen Bundeskongreß 1972 in Berlin sowie Anlage zu diesem Antrag, vgl. Halbach, Günter; a.a.O.; Höhnen, Wilfried, a.a.O., S. 43

81 Da die politische Einflußnahme, soweit sie von seiten der Gewerkschaften erfolgt, wesentlich vom DGB bzw. ADGB geprägt wird, beschränkt sich die Beurteilung der gewerkschaftlichen Haltung hier auf diesen Gewerkschaftsverband.

82 Lenk, Kurt; a.a.O., S. 134. 83 Ebenda, S. 130.

84 Vgl. Deppe, Frank; Autonomie und Integration. Materialien zur Gewerkschaftsanalyse. Schriftenreihe für Sozialgeschichte und Arbeiterbewegung, Bd. 9, Marburg 1979.

85 Vgl. Limmer, Hans; a.a.O., S. 128 f. und S. 148 f.

86 Vgl. Lenk, Kurt; a.a.O., S. 133 f.

87 Vgl. Brück, Gerhard W.; Allgemeine Sozialpolitik, a.a.O., S. 21 f.

88 So der Name des Gesetzes, mit dem 1878 die Sozialdemokratische Partei verboten wurde; vgl. Demokratie als Auftrag. Drei Jahrzehnte Bundesrepublik Deutschland, 2. Auflage, Presse- und Informationsamt der Bundesregierung. Bonn 1980, S. 31.

89 Vgl. Preller, Ludwig; Sozialpolitik – Theoretische Ortung. Tübingen 1962, S. 130 f.; Brück, spricht in diesem Zusammenhang von „systemstabilisierender Sozialpolitik", vgl. Brück, Gerhard W.; a.a.O., S. 29 f.

90 Vgl. Boettcher, Erik; Sozialpolitik und Sozialreform. Tübingen 1957, S. 10.

91 Vgl. etwa die Bemühungen Heinrich Brauns, Reichsarbeitsminister 1920-1928; dazu vgl. Mockenhaupt, Hubert; Weg und Wirken des geistlichen Sozialpolitikers Heinrich Brauns; München, Paderborn, Wien 1977, insbes. S. 175-222.

92 Vgl. Grosser, Dieter; Vom Nachtwächter- zum Interventionsstaat? Wandlungen im Verhältnis von Staat, Wirtschaft und Gesellschaft seit der Industrialisierung. In: Ders. (Hrsg.); Zielkonflikte staatlicher Finanzpolitik. Politische Bildung Heft 3/1976, Stuttgart 1977, S. 6 f.

93 Vgl. Müller-Armack, Alfred; Die Soziale Marktwirtschaft und ihre Widersacher. In: Ludwig Erhard, Alfred Müller-Armack (Hrsg.); Soziale Marktwirtschaft. Ordnung der Zukunft. Manifest '72. Frankfurt, Berlin, Wien 1972, S. 21 f., insbes. S. 25 f., ders.; Art.: Soziale Marktwirtschaft, in: Handwörterbuch der Sozialwissenschaften, Bd. 9, Tübingen, Göttingen 1956.

94 Vgl. Preller, Ludwig; a.a.O., S. 130 f.; Brück spricht von „systemgestaltender Sozialpolitik", vgl. Brück, Gerhard W.; a.a.O., S. 29 f.

95 Vgl. Willgerodt, Hans u. a.; a.a.O., S. 249 f.

96 Vgl. Die Einkommens- und Vermögensverteilung in der Bundesrepublik Deutschland. Auswahl aus der amtlichen und verbandlichen Statistik. Ausgabe 1979. Hrsg. v. Bundesminister für Arbeit und Sozialordnung, Bonn Januar 1980, S. 172.

97 Zu den besonderen sozialpolitischen Aktivitäten des Gesetzgebers in Wahljahren, vgl. Alber, Jens; Der Wohlfahrtsstaat in der Krise? In: Zeitschrift für Soziologie, Heft 4, Oktober 1980, S. 313-342, insbes. 325 f.; sowie Bank, Hans Peter; Die Sozialgesetzgebung der Bundesrepublik Deutschland und ihr zeitlicher Zusammenhang mit den Wahlterminen seit 1949. In: Recht der Arbeit Nr. 23 (1970), S. 101-108; besondere vermögenspolitische Gesetze in Wahljahren, z. B. Wohnungsbauprämiengesetz 1952, 312-DM-Gesetz 1961, Änderung des Spar-Prämiengesetzes, das Wohnungsbauprämiengesetz, das. 2. Vermögensbildungsgesetz 1969, vgl. Halbach, Günter; Materialien zur Vermögensbildung in Arbeitnehmerhand 1.-3. Folge, a.a.O.

98 Seit dem Zweiten Weltkrieg gibt es in der Bundesrepublik Deutschland als Einheitsgewerkschaft nicht nur den DGB, sondern auch die Deutsche Angestellten-Gewerkschaft (DAG) und den Deutschen Beamten-Bund (DBB). In Abgrenzung zu früheren weltanschaulichen Richtungsgewerkschaften kennzeichnet die „Einheitsgewerkschaften" das Bemühen, verschiedene politische Weltanschauungen in sich aufzunehmen.

99 Vgl. Bernholz, Peter; a.a.O., S. 30 und S. 107 f.; Entwurf des Berichtes der Bundesregierung über die Vermögensbildung. (Gesellschaftspolitischer Informationsdienst), Bonn 1971, S. 26.

100 Vgl. Krelle, Wilhelm; Schunck, Johann; Siebke, Jürgen; Überbetriebliche Ertragsbeteiligung der Arbeitnehmer. Mit einer Untersuchung über die Vermögensstruktur der Bundesrepublik Deutschland, 2 Bde, Tübingen 1968, S. 381; vgl. auch den damals viel diskutierten Artikel „Paradies der Reichen", in: DER SPIEGEL Nr. 31/1969, S. 3 f.

101 Vgl. Willgerodt, Hans u. a.; a.a.O., S. 251.

102 Vgl. Handelsblatt vom 27.3.1980, S. 2.

103 Vgl. Andersen, Uwe; a.a.O., S. 123 f. und S. 133.

104 Vgl. Willgerodt, Hans u. a.; a.a.O., S. 252.

105 Vgl. Willgerodt, Hans u. a.; a.a.O., S. 252.

106 Ebenda, S. 252 f.

107 Vgl. Arnold, Karl; „Die soziale Festigung unseres Volkslebens". Referat auf dem CDU-Bundesparteitag in Karlsruhe am 20.10.1951. Als Auszug wiedergegeben in Halbach, Günter; Materialien zur Vermögensbildung . . ., a.a.O., 1. Folge, S. 11.

108 Vgl. Abschnitt 2, s. S. 12 f.

109 Vgl. Kurz, Rudi; Rall, Lothar; Konjunktur- und vermögenspolitische Probleme des Sparens. Gutachten des Instituts für Angewandte Wirtschaftsforschung, erstellt im Auftrag des Bundesministeriums für Wirtschaft. In: Institut für Angewandte Wirtschaftsforschung, Mitteilungen Nr. 3/79 v. 15.12.1979, S. 6.

110 Ebenda, S. 14.

111 Vgl. Jahresgutachten 1964 Ziffer 248.

112 Vgl. dazu Gahlen, Bernhard; u. a.; Volkswirtschaftslehre. Eine problemorientierte Einführung. München 1971, S. 152 f.; Grosser, Dieter; Lohnpolitik – Korrektiv der Einkommens- und Vermögenskonzentration? In: Konzentration ohne Kontrolle, Kritik Bd. II, hrsg. v. Dieter Grosser, Opladen 1974, S. 283 f.

113 Vgl. Jahresgutachten 1972, Ziffer 501 f.

114 Vgl. Jahresgutachten 1975, Ziffer 370 f.

115 Nach 1945 beschränkt auf die Bundesrepublik Deutschland.

116 Vgl. Beteiligung der Arbeitnehmer an der Vermögensbildung. Memorandum der Kommission der Europäischen Gemeinschaft, von der Kommission verabschiedet am 27.8.1979. In: Bulletin der Europäischen Gemeinschaften; Beilage 6/79.

117 Vgl. Anmerkungen Nr. 97

118 Vgl. Grosser, Dieter; Vom Nachtwächter- zum Interventionsstaat?; a.a.O.

119 Vgl. Anmerkungen 89 und 94.

120 Die Analyse ist hier auf den DGB bzw. ADGB beschränkt worden.

121 Vgl. Höhnen, Wilfried; a.a.O., S. 31 uns S. 42; Beyme, Klaus von; Gewerkschaften und Arbeitsbeziehungen in kapitalistischen Ländern. München 1977, S. 275; Leber, Georg; Vermögensbildung in Arbeitnehmerhand. 4 Bde, Frankfurt 1964, 1965 und 1966.

122 Die Unterscheidung zwischen Maßnahmen, die auf Vermögensbildung und die auf die Änderung der Vemögensverteilung gerichtet sind, ist nowendig, weil Maßnahmen zur Förderung der Vermögensbildung nicht automatisch eine Veränderung der Vermögensverteilung bewirken müssen. Im Rahmen der Rechtsordnung der Bundesrepublik können letztere aber nur auf die Änderung der Verteilung des zuwachsenden Vermögens zielen.

123 Unter diesem Motto stand der Bundesparteitag der CDU in Hamburg 1957. Ludwig Erhard und Karl Arnold haben zu den beiden Teilaspekten des Themas die Hauptreferate gehalten. Dabei ist in dem Referat von Erhard „Wohlstand für alle" der Aspekt einer bewußten staatlichen Eigentumspolitik nicht angeklungen. Der für die Eigentumspolitik zentrale Gedanke Erhards war, „daß ein steigendes Masseneinkommen eine immer bessere reale Basis für eine erhöhte Spartätigkeit und innerhalb dieser Kategorie eine stärkere Beteiligung der relativ kleineren Einkommen am Aktienerwerb schafft." Die beiden Referate sind als Sonderdruck der CDU-NRW (Düsseldorf 1957) herausgegeben worden. (Zitat auf S. 14 des Sonderdrucks).

124 Vgl. Zi. 5 der Ergebnisse.

125 Vgl. Zi. 3 und 4 der Ergebnisse.

126 Vgl. Zi. 6 der Ergebnisse.
127 Molitor, Bruno; Vermögensverteilung als wirtschaftspolitisches Problem, Tübingen 1965, S. 28.
128 Vgl. Fischer, Wolfram; a.a.O.
129 Vgl. Bundesminister für Arbeit und Sozialordnung (Hrsg.); Die Einkommens- und Vermögensverteilung in der Bundesrepublik Deutschland. Auswahl aus der amtlichen und verbandlichen Statistik, Ausgabe 1979, Bonn Januar 1980, S. 173.
130 Ein Auslaufen der Sparförderung erfolgt, weil immer mehr Arbeitnehmer mit steigenden Einkommen den Einkommensgrenzen in der Sparförderung entwachsen. Seit 1973 weist die Zahl der nach dem Vermögensbildungsgesetz geförderten Arbeitnehmer eine fallende Tendenz auf, vgl. Ebenda, S. 185; Als Vertreter der Bundesregierung hat z. B. Matthöfer ein Auslaufen der Sparförderung gefordert, vgl. „Die Sparförderung aushungern", in: Die Zeit Nr. 17 vom 20.4.1979, S. 18; Für die Opposition hat Geißler auf Finanzreserven in der Sparförderung hingewiesen, die seiner Meinung nach gezielter für die Beteiligung in Produktivvermögen eingesetzt werden könnten, vgl. Geissler, Heiner; Die Neue Soziale Frage. Analysen und Dokumente, Freiburg 1976, S. 137 f. Im Haushaltsstruktur-Gesetz vom Dezember 1975 ist bereits eine Reduzierung der Sparprämien und der Wohnungsbau-Prämien vorgenommen worden, vgl. Sozialbericht der Bundesregierung, Bundestagsdrucksache 7/4953, S. 48; Eine weitere Senkung der Wohnungsbau-Prämie sowie die ersatzlose Streichung der Bausparprämie ist nach der Bundestagswahl in den Koalitionsgesprächen von SPD und FDP für den 1.1.1982 geplant, vgl. „Sparprogramm auf Kosten der Arbeitnehmer". In: Soziale Ordnung. Christlich-Demokratische Blätter der Arbeit Nr. 12/1980 v. 1.12.1980, S. 4.
131 Vgl. Krelle, Wilhelm u. a.; a.a.O.
132 Vgl. Flach, K. H., Maihofer, W., Scheel, W.; Die Freiburger Thesen der Liberalen, Reinbek 1972, S. 80 f.; beschlossen auf dem Parteitag in Freiburg am 12.10.1971.
133 Vgl. „Leitsätze der SPD zur Beteiligung der Arbeitnehmer am wachsenden Produktivvermögen", beschlossen auf dem Parteitag in Hannover am 13.4.1973.
134 Vgl. Beschlüsse des 22. Bundesparteitages der CDU, „Vermögenspolitisches Grundsatzprogramm", beschlossen auf dem Parteitag in Hamburg am 19.11.1973.
135 Vgl. Entwurf eines Gesetzes über die Beteiligung der Arbeitnehmer am Produktivvermögen und zur Verbesserung der Kapitalstruktur in der Wirtschaft, insbesondere des Mittelstandes – Beteiligungslohngesetz BLG – vom 14.4.1970, Bundestagsdrucksache VI/616.
136 Vgl. Antrag betr. Betrieblicher Gewinn- und Kapitalbeteiligung der Arbeitnehmer vom 26.6. 1972 (Bundestagsdrucksache VI/3613); wiedereingebracht am 21.5.1975 (Bundestagsdrucksache VII/3664) und im Februar 1978 (Bundestagsdrucksache VIII/1565).
137 Vgl. Beschlüsse des 22. Bundesparteitages der CDU, a.a.O.
138 Vgl. Höhnen, Wilfried; a.a.O., S. 42 f.
139 Vgl. Ebenda.
140 Vgl. Gewerkschaftsspiegel Nr. 8/1973, S. 28 f.; „DGB-Forderungen zur Vermögensbildung".
141 Vgl. Abschnitt 4.2.1, s. oben S. 41.
142 Vgl. Loderer, Eugen; Qualität des Lebens statt Vermögenspolitik. In: Pitz, Karl H.; Das Nein zur Vermögenspolitik; a.a.O., S. 9 f.
143 So K. H. Pitz auf einer Podiumsdiskussion an der Gesamthochschule Kassel am 28.6.1977, an der auch der Verfasser teilnahm. Vgl. Ökonomische Probleme der Erfolgsbeteiligung von Arbeitnehmern; Hrsg. von Horst-Günter Ptag, Kassel 1978.
144 Eine Zusammenfassung der Position der BDA gibt Uwe Andersen; Einführung in die Vermögenspolitik, München 1976, S. 171 f.
145 Vgl. Broschüre der BDA „Weichen richtig stellen" vom 29.6.1971.
146 „Vermögensbildung oder Gewerkschaftsfonds", Stellungnahme der BDA zur Konzeption der SPD vom 26. Juli 1973; zitiert nach Halbach, Günter; Materialien zur Vermögensbildung in Arbeitnehmerhand. Thesen, Pläne, Gesetze. Vierte Folge: 1973 bis 1977; a.a.O., S. 18 f., insbes. S. 28.
147 Vgl. „Grundlinien eines Vermögensbeteiligungsgesetzes", in: Bundesminister für Arbeit und Sozialordnung (Hrsg.); Sozialpolitische Informationen, Sonderausgabe vom 2.2.1974. Ebenso: Bulletin des Presse- und Informationsamtes der Bundesregierung vom 30.1.1974, S. 112.
148 Vgl. Bayerisches Staatsministerium für Arbeit und Sozialordnung; a.a.O., S. 10; Bulletin des Presse- und Informationsamtes der Bundesregierung v. 18.5.1974, S. 593.
149 Vgl. Bundesratsdrucksache 105/76; FAZ vom 15.1.1976.
150 Ebenda.

151 Vgl. Andersen, Uwe; Pieper, Hildegard; Innere Reformen im Entscheidungsprozeß – Zum Meinungsstreit um den Koalitionskompromiß über Mitbestimmung und Vermögensbildung. In: Aus Politik und Zeitgeschichte. Beilage zur Wochenzeitung Das Parlament Nr. 28/1974.
152 Jahreswirtschaftsbericht der Bundesregierung 1976, Bundestagsdrucksache 7/4677 vom 30.1.1976.
153 Vgl. Rede von Rudolf Sperner, Gewerkschaftstag der IG Bau, Steine, Erden in Hamburg, Protokoll 4. Tag, S. 286 f.
154 Vgl. Handelsblatt vom 11.10.1976: „IG Bau empfiehlt Beteiligungsmodell".
155 Vgl. Sperner, Rudolf in einem ZDF-Interview v. 12.10.1976.
156 Vgl. Handelsblatt vom 8.9.1976: „Sperner: Vermögen auch in den Betrieben bilden."
157 Vgl. Anhörung zur Vermögenspolitik und Tarifpolitik am 19.10.1978 in Bonn.
158 Vgl. ZDF-Interview vom 12.10.1976.
159 Vgl. das Grundsatzreferat von Karl Hauenschild auf dem Gewerkschaftstag der IG Chemie-Papier-Keramik am 23.9.1976.
160 Dem Verfasser liegt die Kopie eines Vermerkes aus dem Bereich der IG Chemie über „Grundlinien eines Branchenfonds II" vor, der am 9.1.1978 in Hannover erstellt worden ist. Nach diesem Vermerk müssen mit dem Arbeitgeberverband der Chemischen Industrie bereits sehr detaillierte Verhandlungen geführt worden sein.
161 Vgl. Gesellschaftspolitische Information Nr. 30/76 vom 14.10.1976.
162 Vgl. Süddeutsche Zeitung vom 9.10.1976.
163 Vgl. Handelsblatt vom 11.10.1976.
164 Vgl. Jahresgutachten 1975 . . ., a.a.O.
165 Vgl. Abschnitt 4.2.1, s. S. 41.
166 Vgl. Abschnitt 4.3, s. o. S. 45.
167 Kopie dieser Studie liegt beim Verfasser; vgl. auch Frankfurter Rundschau vom 9.2.1976.
168 Abschrift dieses Briefes liegt dem Verfasser vor.
169 Ebenda.
170 Ebenda.
171 Abschrift dieses Briefes liegt dem Verfasser vor; der Brief ist ebenfalls – allerdings unvollständig – abgedruckt in der „Zeit" vom 23.4.1976.
172 Vgl. Die Welt vom 7.7.1976; Das Handelsblatt vom 7.7.1976 und Frankfurter Rundschau vom 4.7.1976.
173 Vgl. Frankfurter Rundschau vom 5.7.1976.
174 Vgl. Handelsblatt vom 28.5.1976.
175 Vgl. Interview mit dem ZDF am 12.10.1976.
176 Vgl. Sperner auf der Anhörung der Arbeitsgruppe „Eigentum" der CDU/CSU-Bundestagsfraktion am 19.10.1978 in Bonn; unkorrigierte Abschrift, S. 25.
177 Vgl. Sperner auf der Anhörung der Arbeitsgruppe „Eigentum" der CDU/CSU-Bundestagsfraktion am 19.10.1978 in Bonn; unkorrigierte Abschrift, S. 25.
178 Vgl. BMWI-Dokumentation Nr. 229 vom 20.8.1976.
179 Vgl. Ausarbeitung der Arbeitsgruppe „Eigentum" der CDU/CSU-Bundestagsfraktion vom 5.12.1978.
180 Vgl. unveröffentlichter „Sachstandsbericht zur Vorbereitung eines Gesetzentwurfs der Bundesregierung zur Vermögensbildung, Der Bundesminister der Finanzen, Bonn, 1.12.1978, S. 1; Kopie dieses „Sachstandsberichtes" liegt dem Verfasser vor.
181 Ebenda; S. 2; vgl. auch Handelsblatt vom 5.12.1977 „Kurswechsel in der Vermögenspolitik". Bayerisches Staatsministerium für Arbeit und Sozialordnung; a.a.O., S. 21.
182 Ebenda; vgl. Frankfurter Rundschau vom 8.2.1979 „Regierung plant Vermögensbildungsinitiative".
183 Vgl. Bundesratsdrucksache 371/77.
184 Vgl. Bundestagsdrucksache 8/1565.
185 Vgl. „Sachstandsbericht des BMF, a.a.O., S. 1; Bayerisches Staatsministerium für Arbeit und Sozialordnung, a.a.O., S. 26.
186 Vgl. Frankfurter Rundschau vom 8.2.1979; General-Anzeiger vom 8.2.1979; Sozialdemokratischer Pressedienst Wirtschaft vom 8.2.1979.
187 Sozialdemokratischer Pressedienst Wirtschaft vom 8.2.1979, S. 2.
188 Vgl. Plenarprotokoll 8/135 vom 8.2.1979.
189 Vgl. Süddeutsche Zeitung vom 9.2.1979; Handelsblatt vom 20.8.1979.
190 Vermerk über „Ergebnis des Koalitionsgesprächs am 20. September zur Vermögenspolitik" liegt dem Verfasser als Kopie vor; vgl. auch Bayerisches Staatsministerium. . ., a.a.O., S. 27 f.

191 BMF-Finanznachrichten 7/80 vom 7.2.80; vgl. auch Fankfurter Rundschau vom 7.2.1980; Handelsblatt vom 7.2.1980.
192 So der General-Anzeiger vom 28.2.1980.
193 Vgl. Frankfurter Allgemeine Zeitung, Rheinische Post, Stuttgarter Zeitung, Frankfurter Rundschau v. 15.3.80.
194 Vgl. Stuttgarter Nachrichten vom 15.3.1980 „Große Verwirrung in der Koalition".
195 Vgl. Rheinische Post vom 15.3.1980.
196 Vgl. Handelsblatt, General-Anzeiger und Stuttgarter Nachrichten vom 20.3.1980.
197 Vgl. Plenarprotokoll 8/216 des Deutschen Bundestages, Stenographischer Bericht der 216. Sitzung, S. 17337 f., insbes. S. 17354.
198 Dies ist der Eindruck des Verfassers auf Grund der zahlreichen Diskussionen, die innerhalb der Verbände, Parteien und Ministerien geführt worden sind.
199 Vgl. Jahresgutachten 1972 . . ., a.a.O,
200 Vgl. z. B. Programm der CDU zur Wiedergewinnung der Vollbeschäftigung, beschlossen vom Bundesvorstand der CDU am 6.6.1977.
201 Vgl. Jahresgutachten des Sachverständigenrates zur Begutachtung der gesamtwirtschaftlichen Entwicklung 1972, Bundesrats-Drs. 612/72, Zi. 501 f.; und 1975; Bundestags-Drs. 7/4326, Zi. 370 f.; vgl. Jahreswirtschaftsbericht 1976 vom 30.1.1976, Bundestags-Drs. 7/4677, S. 12 f.; vgl. Herbstgutachten der Wirtschaftsforschungsinstitute 1976, S. General-Anzeiger vom 25.10.1976.
202 Vgl. Pagel, Jörg; Vermögensbildung in der Bundesrepublik, dpa-Hintergrund, Teil III; dpa-Archiv/HG 2683, Hamburg vom 12.7.1977, S. 14.
203 Vgl. Kurz, Rudi; Rall, Lothar; a.a.O., S. 14 und S. 16 f.; Friderichs, Hans; Realistische Vorschläge zur Fortentwicklung der Vermögenspolitik. In: BMWI-Dokumentation Nr. 229, Bonn August 1976, S. 1; Schlecht, Otto; Beteiligung der Arbeitnehmer am Produktivvermögen – Eine Herausforderung der Tarifparteien. Manuskript eines Vortrages vor dem Beirat der Gewerkschaft Textil/Bekleidung am 9.3.1979 in München, S. 3 f.; Pieroth, Elmar; Rede im Deutschen Bundestag am 13.5.80; vgl. Plenarprot. 8/216 der 216. Sitzg., S. 17338.
204 Vgl. Abschnitt 3.3, s. S. 31 f.
205 Vgl. auch Schäfer, Claus; Gegen die Vorhaben der Bundesregierung zur Förderung betrieblicher Vermögensbildung. In: Gewerkschaftliche Monatshefte 1/1978, S. 28 f.
206 Vgl. Abschnitt 4.4, s. S. 48 f.
207 Vgl. dazu auch die Feststellung von Gärtner, Ulrich; Luder, Peter; Ziele und Wege einer Demokratisierung der Wirtschaft. Diessenhofen 1979, S. 413 und 415.
208 Vgl. Schrift der Firma Pieroth. „Der Tradition verwachsen – dem Fortschritt verpflichtet: Das Weingut Ferd. Pieroth GmbH Weinkellerei stellt sich vor." Burg Layen o. J.
209 Vgl. Zahlen für 1971; Lebensmittelzeitung vom 19.5 1972; Handelsblatt vom 22.8.1971, Zahlen für 1978: Handelsblatt vom 28.11.1979; Pieroth-Sozialbilanz 1977-1978, hrsg. von Ferdinand Pieroth Weingut-Weinkellerei GmbH, Burg Layen o. J., S. 5 f.
210 Die Zeit vom 9.8.1968.
211 Lebensmittelzeitung, a.a.O.
212 Vgl. Pieroth-Sozialbilanz 1975/1976, Hrsg. Ferd. Pieroth Weingut-Weinkellerei GmbH, Burg Layen, S. 3.
213 Vgl. Lebensmittelzeitung vom 19.5.1972; Allgemeine Deutsche Wein-Fachzeitung vom 14.4. 1972; Alkohol-Industrie vom 16.2.1973; Pieroth-Intern 1/73 vom 20.2.1973.
214 Vgl. Pieroth-Intern 1/74 vom 27.2.1974, S. 4; Pieroth-Sozialbilanz 1977-1978, a.a.O., S. 6.
215 Vgl. Pieroth-Sozialbilanz 1977-1978, a.a.O., S. 8 f.; vgl. „Pieroth, a.a.O., S. 20; Lebensmittelzeitung vom 19.5.1972; Pieroth-Sozialbilanz 1975/76, S. 3.
216 Vgl. Handelsblatt vom 3.6.1980; Pieroth-Sozialbilanz 1975/76, S. 4; „Pieroth – Der Tradition verwachsen. . ., a.a.O., S. 20. Die Verwendung von Zahlenangaben für verschiedene Jahre liegt in dem Bemühen des Verfassers begründet, die jeweils letzten greifbaren und veröffentlichten Angaben zu verwenden und diese mit Angaben aus früheren Jahren zu vergleichen.
217 Vgl. Handelsblatt vom 3.6.1980; Pieroth-Sozialbilanz 1975/76, S. 3; Pieroth-Sozialbilanz 1977-1978, a.a.O., S. 5.
218 Ebenda.
219 Vgl. Handelsblatt vom 3.6.1980; Pieroth-Sozialbilanz 1973/74, S. 11; Pieroth-Sozialbilanz 1975/76, S. 6; Pieroth-Sozialbilanz 1977-1978, a.a.O., S. 10.
220 Huber, Adolf; Wirtschaftlicher Erfolg und sozialer Fortschritt, in: Pieroth-Sozialbilanz 1975/76, a.a.O., S. 3.

221 Das Jahr 1976 wurde gewählt, weil hierfür veröffentlichte Angaben vorliegen, die nach Gewinnbeteiligung, Mitarbeiterdarlehen und stille Beteiligungen aufgeschlüsselt sind. Vgl. Pieroth-Sozialbilanz 1975-1976, a.a.O., S. 9.

222 Vgl. Pieroth-Sozialbilanz 1973/74, S. 13; Pieroth-Sozialbilanz 1975/76, S. 18; Die Pensionsrückstellungen beliefen sich danach für 1976 auf 6,5 Mill. DM. Sie sind für 1978 nach den jährlichen Zuweisungen der Jahre 1977 und 1978 hochgerechnet worden; vgl. dazu Pieroth-Sozialbilanz 1977-1978, S. 20.

223 Vgl. Pieroth-Sozialhandbuch, Sicherung älterer Mitarbeiter, Heft 6 B; Hrsg. von Weingut Ferd. Pieroth Weinkellerei GmbH, Burg Layen.

224 Vgl. Frankfurter Allgemeine Zeitung vom 27.4.1979, Handelsblatt vom 27.4 1979, Frankfurter Rundschau vom 27.4.1979; Pieroth-Sozialbilanz 1977-1978, a.a.O., S. 13.

225 Vgl. Broschüre „Kinder im Betrieb. Anregungen und Grundsätze für die Mitarbeiter der Pieroth-Gruppe" Hrsg. von Pieroth-GmbH; Pieroth-Sozialbilanz 1975/76, S. 12.

226 Vgl. Das Pieroth-Sozialsystem. Hrsg. von Pieroth-GmbH; a.a.O., S. 6; Das Pieroth-Modell 1973, Teil A, § 19; Das Pieroth-Modell 1975, Teil A, § 20; 10 Jahre Pieroth-Modell. Gewinn- und Kapitalbeteiligung der Mitarbeiter. Erläuterungen für die Mitarbeiter. Informationsbroschüre der Firmengruppe Pieroth, Planegg o. J. (1978), S. 7.

227 Vgl. Pieroth-Sozialbilanz 1973/74, S. 1 f.

228 Vgl. Pieroth-Sozialbilanz 1975/76, S. 2.

229 Vgl. Handelsblatt vom 28.11.1979.

230 Vgl. Pieroth-Sozialbilanz 1975/76, a.a.O., S. 13.

231 Vgl. Faltlhauser, Kurt; Miteigentum. Das „Pieroth-Modell" in der Praxis; Düsseldorf, Wien 1971, S. 57 f.

232 Vgl. „Das Pieroth-Modell im Originalwortlaut", im folgenden zitiert als „Pieroth-Modell 1968".

233 Vgl. Pieroth-Modell 1975, Teil A; Grundvereinbarung, § 1.

234 Vgl. Pieroth-Modell 1973, Teil B, § 4.

235 Vgl. Pieroth-Modell 1973, Teil A, § 4.

236 Pieroth, Elmar; in: 10 Jahre Pieroth-Modell. Gewinn- und Kapitalbeteiligung der Mitarbeiter. Erläuterungen für die Mitarbeiter. Informationsbroschüre der Firmengruppe Pieroth, S. 2.

237 Vgl. Pieroth-Modell 1975, Teil B: Ausführungsbestimmungen, § 1.

238 Vgl. Pieroth-Modell 1975, Teil B, § 17 und Teil A, § 24.

239 Vgl. Pieroth-Modell 1975, Teil A, § 21.

240 Vgl. Pieroth-Modell 1968, Abschnitt VIII.

241 Dazu nähere Ausführungen unter 5.2.2.3.

242 Pieroth-Modell 1973, Teil B, § 4.

243 Vgl. Pieroth-Modell 1973, Teil B, § 4 und § 5.

244 Vgl. Pieroth-Modell 1973, Teil B, § 6-7; Pieroth-Modell 1975, Teil A, § 13 und Teil B, § 5-6.

245 Vgl. Pieroth-Modell 1968, Abschnitt IV, Ziffer 3; Pieroth-Modell 1973, Teil B, § 7.

246 Vgl. Abschnitt 5.4.2.

247 Vgl. Pieroth-Modell 1973, § 6-7.

248 Vgl. Pieroth-Modell 1975, Teil B, § 5-6.

249 Vgl. Pieroth-Modell 1968, Abschnitt V, Ziffer 1.

250 Vgl. Pieroth-Modell 1975, Teil B, § 3.

251 Vgl. Pieroth-Modell 1973, Teil B, § 3.

252 Vgl. Pieroth-Modell 1968, Abschnitt V, Ziffer 4.

253 Vgl. Pieroth-Sozialbilanz 1975/76, S. 17.

254 Pieroth-Modell 1973, S. 4 f.

255 Vgl. Pieroth-Modell 1968, Abschnitt V, Ziffer 5.

256 Vgl. Pieroth-Modell 1973, Teil A, § 15-17, Teil B, § 9-11; Pieroth-Modell 1975, Teil A, § 15-17, Teil B, § 10-12.

257 Vgl. 10 Jahre Pieroth-Modell. Gewinn- und Kapitalbeteiligung der Mitarbeiter. Erläuterungen für die Mitarbeiter, a.a.O., S. 13.

258 Vgl. auch s. S. 67.

259 Vgl. Pieroth-Modell 1973 und 1975, Teil A, § 22.

260 Vgl. 12 Jahre Pieroth-Modell. Gewinn- und Kapitalbeteiligung der Mitarbeiter. Erläuterungen für die Mitarbeiter. Informationsbroschüre der Firmengruppe Pieroth. Planegg o. J. (1980), S. 14.

261 Vgl. Pieroth-Modell 1973 und 1975, Teil A, § 19.

262 Vgl. S. 64.

263 Vgl. Anmerkungen Nr. 226
264 Vgl. Pieroth-Modell 1973, Teil A, § 20, Teil B, § 13; Pieroth-Modell 1975, Teil A, § 20, Teil B, § 17.
265 Zu dem Methoden empirischer Sozialforschung vgl. Atteslander, Peter; Methoden der empirischen Sozialforschung, Berlin, New York 1971.
266 Nach den Erfahrungen der empirischen Sozialforschung kann diese Rücklaufquote als befriedigend angesehen werden. Voraussetzung dafür ist die Repräsentativität des Rücklaufs. Diese Voraussetzung ist in unserer Befragung erfüllt. Vgl. dazu: Scheuch, Erwin K.; Das Interview in der Sozialforschung. In: René König (Hrsg.); Handbuch der empirischen Sozialforschung, Bd. 2. Grundlegende Methoden und Techniken der empirischen Sozialforschung. Erster Teil. 3. Aufl., Stuttgart 1973, S. 126.
267 Vgl. dazu Anlage Nr. 3.
268 Vgl. dazu Anlage Nr. 1.
269 Vgl. Faltlhauser, Kurt; Miteigentum. Das „Pieroth-Modell" in der Praxis, a.a.O.
270 So haben z. B. während der Beobachtung sich einige Mitarbeiter skeptisch darüber geäußert, ob die Anonymität gewahrt worden sei.
271 Vgl. Frage Nr. 1 Statist. Teil.
272 Frage Nr. 9: „Möchten Sie Ihren jetzigen Arbeitsplatz gerne behalten oder würden Sie innerhalb der Firma gern einmal wechseln?".
273 Vgl. Frage Nr. 5, Statistischer Teil.
274 Vgl. Frage Nr. 7, Statistischer Teil.
275 Vgl. Frage Nr. 2, Statist. Teil.
276 Vgl. Frage Nr. 3, Statist. Teil.
277 Vgl. Frage Nr. 10a, Statist. Teil.
278 Vgl. Frage Nr. 10b, Statist. Teil.
279 Vgl. dazu Anlage Nr. 3.
280 Vgl. Frage Nr. 2.
281 Bunz, Axel R.; Jansen, Rolf; Schacht, Konrad; Qualität des Arbeitslebens. Soziale Kennziffern zu Arbeitszufriedenheit und Berufschancen. Als Forschungsauftrag des Bundesministers für Arbeit und Sozialordnung erstellt vom Institut für angewandte Sozialwissenschaft. Bonn-Bad Godesberg, Dezember 1973, S. 120.
282 Vgl. Frage Nr. 10c, Statist. Teil.
283 Vgl. Frage Nr. 11, Statist. Teil.
284 Methodische Anmerkungen zu dieser Frage sind enthalten in der Anlage Nr. 3.
285 Vgl. Frage Nr. 12, Statist. Teil: „Verdient außer Ihnen noch jemand aus Ihrem Haushalt?"
286 Vgl. Pieroth-Sozialbilanz 1975/76, S. 5.
287 Vgl. Frage Nr. 9, Statist. Teil.
288 Vgl. dazu auch die methodischen Vorbemerkungen.
289 Vgl. Frage Nr. 28 „In der Öffentlichkeit (Fernsehen, Presse usw.) wird viel über das „Pieroth-Modell" gesprochen. Wie finden Sie das?"
290 Vgl. Frage Nr. 25 „Wurden Sie von Bekannten oder Freunden schon auf das „Pieroth-Modell" angesprochen?"
291 Vgl. Frage Nr. 14: „Was ist – Ihrer Meinung nach – für den Arbeitnehmer am wichtigsten? Eigene Angabe bitte:".
292 Vgl. Frage Nr. 16: „Welche Maßnahme könnte – Ihrer Meinung nach – die Lage der Arbeitnehmer weiter verbessern? Eigene Angabe bitte:".
293 Frage Nr. 21: „Wenn Sie wählen könnten zwischen einer Lohnerhöhung und einer Gewinnbeteiligung, die im Betrieb verbleibt, was würden Sie bevorzugen?"
294 Vgl. a. S. 77.
295 Vgl. „10 Jahre Pieroth-Modell. Gewinn- und Kapitalbeteiligung der Mitarbeiter. Erläuterungen für die Mitarbeiter", a.a.O., S. 5.
296 Vgl. Frage Nr. 33 „Wurden Sie schon von Kollegen angesprochen, mehr zu arbeiten oder Kosten zu sparen, um dadurch den Gewinn zu erhöhen?"
297 Vgl. Frage Nr. 34 „Wurden Sie schon von einem Vorgesetzten angesprochen, mehr zu arbeiten oder Kosten zu sparen, um den Gewinn zu erhöhen?"
298 Vgl. S. 77.
299 Vgl. Frage Nr. 20: „Wenn Sie einmal den Lohn bei Pieroth- (ohne Gewinnbeteiligung) mit dem bei anderen Firmen vergleichen, zahlt Pieroth dann mehr – genauso viel – weniger – weiß nicht."

300 Vgl. Tabelle 18.

301 Vgl. Frage Nr. 31: „Wenn Sie die Jahre Ihrer Tätigkeit bei Pieroth überblicken oder die Arbeit bei Pieroth einmal vergleichen mit anderen Firmen, glauben Sie, daß sich durch die Gewinnbeteiligung etwas geändert hat?"

302 Frage Nr. 30: „Durch Ihre Gewinnbeteiligung bilden Sie im Betrieb Vermögen. Haben Sie deshalb von Ihrem bar ausgezahlten Lohn weniger gespart als vorher?"

303 Vgl. Frage Nr. 29: „Wie würden Sie Ihre Gewinnbeteiligung verwenden, wenn sie Ihnen jedes Jahr in voller Höhe bar ausgezahlt würde?"

304 Vgl. auch Emnid-Institut; Einstellung, Meinungsbild und Verhaltenstendenzen der Bevölkerung zur vermögenspolitischen Auseinandersetzung. Eine vertrauliche, nicht veröffentlichte Untersuchung im Auftrage der Bundesvereinigung der Deutschen Arbeitgeberverbände. Bielefeld Spezialerhebung April, Mai 1971, Bd. 1, S. 31.

305 Vgl. dazu Emnid-Studie, a.a.O.

306 Als echte investive Anlage können nur Aktien und die stillen Beteiligungen gelten. In der Firma Pieroth werden die dem Unternehmen zur Verfügung gestellten Darlehen aber ebenfalls sprachlich als investives Mitarbeiter-Kapital behandelt und von den Mitarbeitern auch so verstanden.

307 Vgl. Dahrendorf, Ralf; Sozialstruktur des Betriebes. – Betriebssoziologie – Wiesbaden 1959, S. 73 f.

308 Vgl. Bunz, Axel R.; Jansen, Rolf; Schacht, Konrad; Qualität des Arbeitslebens. A.a.O., S. 48.

309 Entnommen Dahrendorf, Ralf; a.a.O., S. 75.

310 Vgl. dazu Gärtner, Ulrich; Luder, Peter; Ziele und Wege einer Demokratisierung der Wirtschaft. Reihe Arbeits- und Sozialwissenschaft Bd. 2a. Diessenhofen 1979, S. 67 f.; Bellebaum, Alfred; Soziologie der modernen Gesellschaft, Hamburg 1977, S. 159 f.

311 Vgl. Frage Nr. 7: „Wenn Sie einmal an Ihre Lage im Betrieb denken, wie beurteilen Sie das Betriebsklima? Benoten Sie bitte mit: sehr gut (1), gut (2), es geht (3), schlecht (4), sehr schlecht (5)."

312 Dahrendorf, Ralf, a.a.O., S. 41.

313 Frage Nr. 10a: „Bestehen Ihrer Meinung nach allgemein gute oder schlechte Chancen, einen besseren Posten zu bekommen?" Frage Nr. 10b: „Glauben Sie, daß Sie selbst hier die Möglichkeit zum Weiterkommen haben?"

314 Frage Nr. 17: „Wodurch könnten Sie am ehesten Ihre Einkommenssituation verbessern?"

315 Vgl. auch Frage Nr. 20; behandelt s. S. 84.

316 Frage Nr. 31: „Wenn Sie die Jahre Ihrer Tätigkeit bei Pieroth überblicken oder die Arbeit bei Pieroth einmal mit anderen Firmen vergleichen, glauben Sie, daß sich durch die Gewinnbeteiligung etwas geändert hat?"

317 Vgl. Frage Nr. 31.

318 Vgl. Frage Nr. 4: „Welcher Arbeitsplatz im Betrieb ist Ihrer beruflichen Fähigkeit am besten angepaßt?"

319 Vgl. Dahrendorf, Ralf; a.a.O., S. 77; Bellebaum, Alfred; a.a.O., S. 162 f.

320 Vgl. Materialien zur Lebens- und Arbeitssituation der Industriearbeiter in der BRD. Von Martin Osterland u. a., Studienreihe des soziologischen Forschungsinstituts Göttingen, Frankfurt 1973, Anmerkung 4 zu Kapitel 3.5, S. 303; Kern, Horst; Schumann, Michael; Industriearbeit und Arbeiterbewußtsein, 2 Bde., Frankfurt 1970; Bellebaum, Alfred; a.a.O., S. 163.

321 Vgl. Bunz, Axel R.; Jansen, Rolf; Schacht, Konrad; Qualität des Arbeitsleben . . ., a.a.O., In dieser Erhebung ist ein gesonderter „Tabellenband" erstellt worden, aus dem die Bundesregierung einige Ergebnisse veröffentlicht hat. Vgl. dazu: Gesellschaftliche Daten 1973. Bundesrepublik Deutschland. Hrsg. v. Presse- und Informationsamt der Bundesregierung, S. 228-249. Auf dieses Datenmaterial stützen sich auch Übersichten zur Arbeitszufriedenheit, die bei Bellebaum und im Soziologischen Almanach wiedergegeben worden sind. Vgl. dazu: Bellebaum, Alfred; a.a.O., S. 162; Ballerstedt, Eike; Glatzer, Wolfgang; Soziologischer Almanach. Frankfurt, New York 1975, S. 270.

322 Vgl. Gesellschaftliche Daten 1973, a.a.O., S. 234-239.

323 Vgl. Bunz, Axel R. u. a.; Qualität des Arbeitslebens. . ., a.a.O.

324 Von den Bewertungsmöglichkeiten der Dimensionen der Arbeitszufriedenheit „sehr zufrieden", „zufrieden" und „eher unzufrieden", vgl. ebenda, S. 15, unterscheidet die Studie die Einstufung „Hohe Zufriedenheit" und „Ausgeprägte Unzufriedenheit", vgl. ebenda S. 94. Letztere Einstufung ist identisch mit den Einstufungen „besonders zufrieden" und „besonders unzufrieden" in den Gesellschaftlichen Daten 1973, die hier als Vergleichsgrundlage herangezogen werden.

325 Vgl. Frage Nr. 15: „Sind Sie mit Ihrer Stellung als Arbeiter bzw. Angestellter zufrieden?"
326 Vgl. Nieder, Peter; Der Zusammenhang zwischen Produktivität und Zufriedenheit. In: Arbeit und Leistung. Zeitschrift für angewandte Arbeits- und Personalwissenschaft, Nr. 9/1974, S. 227.
327 Vgl. Maier, Kurt; Interdependenzen zwischen Mitbestimmung und betrieblicher Partnerschaft. Berlin 1969, S. 85.
328 Vgl. ebenda, S. 90 f.
329 Ebenda, S. 103.
330 Vgl. Bunz, Axel R.; Jansen, Rolf; Schacht, Konrad; Qualität des Arbeitslebens, a.a.O., S. 60.
331 Vgl. Nieder, Peter; a.a.O., S. 225.
332 Ebenda, S. 227.
333 Vgl. ebenda.
334 Vgl. Wirtschaftswoche vom 2.7.1976 „Mitarbeiter-Wechsel. Was Kündigungen kosten."; Handelsblatt vom 27.6.1975 „Einstellung neuer Mitarbeiter ist nun mal die wichtigste Investition."
335 Zu Frage Nr. 31, vgl. oben S. 85; Frage Nr. 33: „Wurden Sie schon von Kollegen angesprochen, mehr zu arbeiten oder Kosten zu sparen, um dadurch den Gewinn zu erhöhen?"
Frage Nr. 34: „Wurden Sie schon von einem Vorgesetzten angesprochen, um den Gewinn zu erhöhen?"
336 Vgl. Bunz, Axel R. u. a.: Qualität des Arbeitsleben . . .; a.a.O., S. 209.
337 Dabei stellen sich andere methodische Probleme. So sind in diesen Angaben z. B. auch Beamte enthalten.
338 Die Infas-Studie kann objektive Daten auf Grund ihrer Technik nicht erbringen. Der Verfasser hat von der Fa. Pieroth zum Zeitpunkt der Beobachtung und der Befragung keine Angaben über den objektiven Krankheitsstand erhalten können.
339 Sinnvoll wäre es, wenn der Fluktuationsbereitschaft die tatsächliche Fluktuation gegenübergestellt und wenn die Fluktuation vor Einführung der Gewinnbeteiligung mit der danach verglichen werden könnte. Dem Verfasser ist aber von der Fa. Pieroth mitgeteilt worden, daß solche Statistiken bis zum Zeitpunkt der Befragung (1974) nicht erstellt worden seien.
340 Vgl. Frage Nr. 8: „Bevor Sie zu Pieroth kamen, wie oft hatten Sie vorher Ihre Firma gewechselt?"
341 Vgl. Frage Nr. 11: „Würden Sie den Betrieb gern einmal wechseln?"
342 Vgl. Frage Nr. 9: „Möchten Sie Ihren jetzigen Arbeitsplatz gern behalten, oder würden Sie innerhalb der Firma gerne einmal wechseln?"
343 Vgl. Frage Nr. 13: „Würden Sie bei einem Betriebswechsel in der Umgebung einen angemessenen Arbeitsplatz finden?"
344 Frage Nr. 12: „Hat die Gewinnbeteiligung des Betriebes einen Einfluß darauf, ob Sie im Betrieb bleiben?"
345 Vgl. Frage Nr. 5, s. S. 81.
346 Frage Nr. 6: „Angenommen, Sie suchen eine neue Stellung: Ist für Sie dann eine Gewinnbeteiligung in einem bestimmten Betrieb ein Grund, sich gerade für diesen Betrieb zu entscheiden?"
347 Vgl. Pieroth-Sozialbilanz 1975/76, S. 5; dies sind die einzigen Angaben zur Fluktuation, die veröffentlicht vorliegen.
348 Vgl. Wirtschaftswoche vom 2.7.1976: „Mitarbeiter-Wechsel. Was Kündigungen kosten.", S. 41.
349 Vgl. Bunz, Axel R. u. a.; Qualität des Arbeitslebens . . ., a.a.O., S. 221; Die Frage lautete: „Werden Sie von sich aus in den nächsten fünf Jahren den Betrieb wechseln, sich eine neue Stellung suchen?"
350 Diese Feststellung steht nur scheinbar im Widerspruch zu dem sonstigen Verhalten dieser Gruppe. Gerade die Beobachtung hat gezeigt, daß auch die Mitarbeiter, die mit der Gewinnbeteiligung nichts anfangen können und ihr eher skeptisch gegenüberstehen, sich den hohen Leistungsanforderungen der Firma nicht verweigern. Man betrachtet die Gewinnbeteiligung als ein höheres Einkommen, mit dem nur die höheren Leistungsforderungen ausgeglichen werden. In dieser Form wird die Gewinnbeteiligung nicht als Beteiligung am Betriebserfolg gesehen, die den Lohncharakter der Arbeit verändert. Die Gewinnbeteiligung geht damit nicht in die Motivation ein, derart, daß das Leistungsverhalten aus eigenem Antrieb intensiviert wird.
351 Vgl. Frage Nr. 18: „Wovon hängt die Entwicklung Ihres Einkommens überwiegend ab?"

352 Frage Nr. 36: „In letzter Zeit wird so viel von Mitbestimmung der Arbeitnehmer gesprochen. Glauben Sie, daß Ihre Interessen im Betrieb ausreichend vertreten werden?"
353 Frage Nr. 38: „Welche Interessen vertritt nach Ihrer Meinung der Partnerschaftsausschuß wirklich?"
354 Vgl. Frage Nr. 41: „In welchen Vereinen und Organisationen sind Sie aktives Mitglied?"
355 Vgl. Osterland, Martin u.a.; Materialien zur Lebens- und Arbeitssituation der Industriearbeiter in der BRD. Studienreihe des Soziologischen Forschungsinstituts Göttingen. Frankfurt 1973, Tabelle 183; spätere Angaben über die Zahl der Beschäftigten in den einzelnen Organisationsbereichen sind nicht mehr veröffentlicht worden.
356 Vgl. Frage Nr. 35: „Angenommen, Sie stehen vor der Alternative, entweder eine kostenverursachende Maßnahme zur Verbesserung der Arbeitsplätze durchzuführen oder die Gewinnanteile erhöhen zu können. Wie würden Sie sich entscheiden?"
357 Vgl. Tabelle 10, s. o. S. 76; Der Begriff „Mitbestimmung" ist hier allgemein formuliert. Er kann daher vielfältig assoziiert werden. Ein automatischer Rückschluß auf ein konkretes Modell gewerkschaftlicher Forderungen ist damit also noch nicht verbunden.
358 Vgl. 12 Jahre Pieroth-Modell. Gewinn- und Kapitalbeteiligung der Mitarbeiter. Erläuterungen für die Mitarbeiter. Planegg o. J. (1980), S. 19.
359 Angaben bis 1976 sind entnommen: 10 Jahre Pieroth-Modell, a.a.O., S. 19; die weiteren Angaben bis 1978 sind berechnet nach den Angaben über die Höhe der Verzinsung der Darlehen und der Gewinnanteile für stille Beteiligungen, in: Pieroth-Sozialbilanz 1977-1978, hrsg. von Fa. Pieroth, Burg Layen o. J., S. 22.
360 Vgl. 10 Jahre Pieroth-Modell, a.a.O., S. 20.
361 Vgl. 12 Jahre Pieroth-Modell, a.a.O., S. 17.
362 Vgl. 12 Jahre Pieroth-Modell, a.a.O., S. 20.
363 Vgl. o. S. 65.
364 Faltlhauser, Kurt; Das Pieroth-Modell der Mitarbeiterbeteiligung der Firma Weingut Ferdinand Pieroth, Weinkellerei GmbH. Sonderdruck aus: Die Beteiligung von Mitarbeitern. Unternehmer stellen vor, wie ihre Mitarbeiter zu Mitunternehmern werden. Zwölf Praxisbeispiele. Herne o. J., S. 75.
365 Vgl. „Vermögensbildner Pieroth. Wein, Mein und Dein.", „Capital" Nr. 3/1971, S. 21-22.
366 Das Pieroth-Modell der Mitarbeiterbeteiligung, Betriebsvereinbarung von 1973, S. 4 f.
367 Vgl. Guski, Hans-Günter; Schneider, Hans J.; Betriebliche Vermögensbeteiligung in der Bundesrepublik Deutschland. Eine Bestandsaufnahme. Köln 1977, S. 31 f.
368 Ebenda, S. 33 f.
369 Vgl. Schneider, Hans J.; Die partnerschaftliche Kapitalbeteiligung der Arbeitnehmer am mittelständischen Industrieunternehmen. Köln-Bonn 1973; Gaugler, Eduard; Kuchinka, Horst; Mitarbeiterbeteiligung und Steuerrecht. AGP-Veröffentlichungen Reihe 2, Heft 11; Köln 1972, Weyer, Helmut; Die Gewinn- und Kapitalbeteiligung der Mitarbeiter. Funktionselemente, finanzwirtschaftliche Wirkungen und Determinanten aus der Sicht der Unternehmung. München 1978; Bayerisches Staatsministerium, a.a.O.
370 Vgl. z. B.: Kampschulte, Ferdinand; „Höhere Leistung durch Ergebnisbeteiligung", in: Der Volkswirt Nr. 2/1954, S. 13-15; Günther, Michael; Der Einfluß von Partnerschaft und Erfolgsbeteiligung auf die Wettbewerbsfähigkeit der Betriebe. AGP-Veröffentlichungen Reihe I, Heft 3, Hilden 1965, S. 57 ff.; Hagen, Karl-Heinz; Die betriebswirtschaftlichen Auswirkungen der Erfolgsbeteiligung. Eigenverlag des Verfassers, München o. J., S. 45 f.; Schneider, Hans J.; Die partnerschaftliche Kapitalbeteiligung der Arbeitnehmer am mittelständischen Industrieunternehmen, Köln-Bonn 1973, S. 222 f.
371 Vgl. Kampschulte, Ferdinand; a.a.O., S. 14.
372 Vgl. Abschnitt 5.3.1.6, s. S. 99 f.
373 Vgl. Nieder, Peter; a.a.O., S. 226.
374 Vgl. Faltlhauser, Kurt; Schneider, Hans J.; Kapital für die Firma – Vermögen für Alle. Sonderdruck des Manager-Magazins aus Heft Nr. 12, Dez. 1975, S. 6.
375 Ebenda.
376 Vgl. Barth, Kuno; Vermögensbeteiligungsabgabe – Enteignung der Unternehmen auf Raten? Schriftenreihe „Der Betrieb", Düsseldorf 1971, S. 103.
377 Vgl. Faltlhauser, Kurt; Schneider, Hans J.; Kapital für die Firma . . ., a.a.O., S. 6.
378 Vgl. Faltlhauser, Kurt; Mitarbeiterbeteiligung bei Pieroth GmbH, a.a.O., S. 87.
379 Vgl. Vermerk über die Besprechung des Partnerschaftsausschusses vom 16.4.1973.
380 Vgl. o. S. 68.

381 Z. B. ist hier nicht die Ersparnis an Vemögenssteuer und die Abzugsfähigkeit der Gewinnanteile aus der stillen Beteiligung berücksichtigt; vgl. Barth, Kuno; a.a.O., S. 102 f.

382 Vgl. o. S. 113.

383 Barth, Kuno; a.a.O., S. 103 f.

384 Faltlhauser, Kurt; Schneider, Hans J.; Kapital für die Firma . . ., a.a.O., S. 6.

385 Faltlhauser, Kurt; Beteiligung der Mitarbeiter am Unternehmen. In: Ausgewählte Probleme des Personal-Managements. Hrsg.: Deutsche Gesellschaft für Betriebswirtschaft, Berlin 1972, S. 102 f.

386 Vgl. o. S. 47 f.

387 Vgl. Erklärungen der IG Bau-Steine-Erden, s. o. S. 47f. Ergebnis des Koalitionsgespräches vom 20.9.1979; s. o. S. 53 f.; Jahresgutachten 1975 des Sachverständigenrates zur Begutachtung der gesamtwirtschaftlichen Entwicklung, Ziffer 370 f.; Toillie, Barbara; Dezentrale Vermögensbildungsfonds. Organisation, Funktionsbedingungen, Probleme und Lösungsansätze. Berlin 1977, S. 243 f.; Schlecht, Otto; Beteiligung der Arbeitnehmer am Produktivvermögen. Eine Herausforderung der Tarifparteien. Vortrag vor dem Beirat der Gewerkschaft Textil-Bekleidung am 9.3.1979 in München, unveröffentlichtes Manuskript; ders.; Plädoyer für eine stärker investitionsorientierte Vermögenspolitik, unveröffentlichtes Redemanuskript einer Rede vom 7.11.1978 in Rolandseck; o. V., „Risiken und Chancen tarifvertraglicher Mitarbeiterbeteiligung: Tariffonds im Kreuzfeuer. Eine Veranstaltung der Stiftung ‚Sozialer Wandel in der Unternehmerischen Wirtschaft' im Wissenschaftszentrum Bonn. In: AGP-Mitteilungen Nr. 228 vom 15.11.1980, S. 8 f.

388 Der Verfasser ist allerdings der Auffassung, daß nach dem Urteil des Bundesverfassungsgerichtes vom 1.3.1979 über die Klage der Arbeitgeberverbände zum Mitbestimmungsgesetz von 1976 eine solche verfassungsrechtliche Problematik nicht gegeben ist, solange die Leistungsverpflichtung der Arbeitgeber in Form von Aktien und typischen stillen Beteiligungen nicht dazu führt, daß die Anteilseigner ihren maßgeblichen Einfluß im Unternehmen verlieren. Bezogen auf das Mitbestimmungsgesetz von 1976 stellte das Bundesverfassungsgericht fest: „Zwar würden die mitgliedschaftsrechtlichen Befugnisse der Anteilseigner durch das Gesetz verringert . . ., doch halte sich diese Beschränkung im Rahmen der Sozialbindung des Eigentums, die desto weiter reiche, je mehr das Eigentumsobjekt in einem sozialen Bezug und einer sozialen Funktion stehe." Verlautbarung der Pressestelle des Bundesverfassungsgerichts, Karlsruhe 1.3.1979, Ziffer 2 a; vgl. Urteil vom 1. März 1979 – 1 BvR 532 und 533/77, 419/78 und 1 BvL 21/78.

389 Vgl. Guski, Hans Günter; Schneider, Hans J.; Betriebliche Vermögensbeteiligung . . ., a.a.O., S. 38, 40 und 43; Bayerisches Staatsministerium für Arbeit und Sozialordnung; Vermögenspolitik . . ., a.a.O., S. 47 f.

390 Vgl. o. S. 54 f.

391 Vgl. o. S. 49 f.

392 Vgl. o. S. 124 f., Ziffer f.

393 Vgl. Vollmer, Lothar; Unternehmensbezogene (investive) Gewinnbeteiligung. Rechtspolitische Bedeutung – Kollektivvertragliche Regelung. In: Der Betrieb, Heft 1/2 vom 6./13.1. 1978, S. 102.

394 Vgl. Beschlüsse des 22. Bundesparteitages. Vermögenspolitisches Grundsatzprogramm, Ziffer D 1; hrsg. von der CDU, o. O., o. J.

395 Vgl. FAZ vom 20.9.1980, S. 14; Handelsblatt vom 22.9.1980.

396 Handelsblatt vom 22.9.1980.

397 Vgl. o. S. 49.

398 Vgl. Anmerkung 32.

399 Auf der Anhörung zur „Vermögenspolitik und Tarifpolitik" der Arbeitsgruppe „Eigentum" der CDU/CSU-Bundestagsfraktion am 19.10.1978 ist auf die Frage, ob eine betriebliche Vermögensbeteiligung die Verhandlungsmacht der Gewerkschaften beeinträchtigen könnte, von Gewerkschaftsseite dies für Branchenverträge ausdrücklich verneint worden. Vgl. unkorrigierte Abschrift der Anhörung, S. 11.

Anhang:

Anschreiben der Mitarbeiter zur Befragung

Fragebogen

Daten zur Repräsentativität des Fragebogen-Rücklaufs

Text des Pieroth-Modells von 1975

Anlage 1

Anschreiben der Mitarbeiter zur Befragung:

Westfälische Wilhelms-Universität 44 Münster/Westf.
Seminar für Politikwissenschaft Bispinghof 3
Tel. 0251/4904370

Sehr geehrter Pieroth-Mitarbeiter!

In der Bundesrepublik Deutschland wird eine große Diskussion über die Vermögensbildung in Arbeitnehmerhand geführt. Politiker und Wissenschaftler sind sich uneinig, welche Maßnahmen getroffen werden sollen. In dem Unternehmen Pieroth werden die Mitarbeiter am Gewinn beteiligt und wird Vermögen gebildet. Diese Art der Vermögensbildung ist einer der vielen möglichen Lösungsvorschläge.

Die Erfahrungen, die Sie mit der Gewinnbeteiligung und der Vermögensbildung in Ihrem Betrieb gemacht haben, können wichtige Erkenntnisse liefern für die konkrete Ausgestaltung eines Vermögensbildungs-Gesetzes. In einem Forschungsvorhaben des Seminars für Politikwissenschaft der Universität Münster soll dieses untersucht werden. Wir bitten Sie höflichst, uns bei diesem Vorhaben zu helfen, indem Sie den beigefügten Fragebogen ausfüllen.

Wir garantieren Ihnen, daß unser Institut neutral und unabhängig ist. Nach Ihrem Namen wird auf dem Fragebogen nicht gefragt. Der Firma Pieroth wird kein einziger Fragebogen zur Einsicht gelangen. Sie bleiben also völlig anonym.

Noch eine Bitte: Füllen Sie den Fragebogen am besten

- 2 -

so schnell wie möglich aus. Sie wissen ja selbst! Was hinausgeschoben wird, vergißt man leicht. Für Ihre Bemühungen danken wir Ihnen im voraus recht herzlich.

Mit freundlichen Grüßen

gez. Prof. Dr. Dieter Grosser Dipl.Volkswirt Johannes Kramer

Hinweis zur Ausfüllung des Fragebogens: Der Fragebogen ist leicht auszufüllen. In der Regel kreuzen Sie bitte e i n e Antwort, die Sie für richtig halten, in dem dafür vorgesehenen Kreis an. Wo es heißt MEHRFACHNENNUNGEN MÖGLICH, können Sie m e h r e r e Antworten ankreuzen. Bei BITTE EIGENE ANGABEN bitten wir Sie um eine kurze eigene Stellungnahme. Vielen Dank.

Anlage 2

F R A G E B O G E N

Frage Nr.		Auswertung	
1. Welchen Beruf üben Sie im Augenblick aus? BITTE EIGENE ANTWORT (Einstiegsfrage; keine Auswertung)			
2. Welchen Beruf haben Sie erlernt?		abs.	%
- kein Lernberuf	( )	14	6,7
- heute ausgeübter Beruf	( )	66	31,7
- anderer als der heute ausgeübte Beruf	( )	124	59,6
3. Haben Sie hier bei Pieroth in der gleichen Stellung angefangen, in der Sie heute sind, oder haben Sie irgendwann einmal gewechselt?			
- in derselben	( )	109	52,4
- in anderer	( )	12	5,8
Wenn Sie bei Pieroth gewechselt haben, haben Sie sich einkommensmäßig			
- verbessert	( )	61	29,3
- verschlechtert	( )	5	2,4
- nicht verändert	( )	18	8,7
4. Welcher Arbeitsplatz im Betrieb ist Ihrer beruflichen Fähigkeit am besten angepaßt?			
- der jetzige	( )	166	79,8
- keiner	( )	7	3,4
- völlig anderer Bereich des Betriebes	( )	7	3,4
- nicht sonderlich zufrieden mit dem jetzigen Arbeitsplatz, man kann aber nicht wechseln	( )	15	7,2
- weiß nicht	( )	5	2,4

5. Sie erinnern sich sicher noch an den einen oder anderen Grund, warum Sie damals gerade zu Pieroth gekommen sind.

Welche Gründe waren das?

- Keine andere Wahl	( )	4	1,9
- Besserer Verdienst	( )	68	32,7
- kürzerer Arbeitsweg	( )	19	9,1
- gutes Betriebsklima	( )	20	9,6
- Gewinnbeteiligung	( )	17	8,2
- Zufall	( )	74	35,6
- andere Gründe	( )	65	31,3

6. Angenommen, Sie suchen eine neue Stellung: Ist für Sie dann eine Gewinnbeteiligung in einem bestimmten Betrieb ein Grund, sich gerade für diesen Betrieb zu entscheiden?

- ein Grund unter vielen anderen	( )	110	52,9
- ein wichtiger Grund	( )	28	13,5
- ein sehr wichtiger Grund	( )	17	8,2
- überhaupt kein Grund	( )	46	22,1
- weiß nicht	( )	3	1,4

7. Wenn Sie einmal an Ihre Lage im Betrieb denken, wie beurteilen Sie das Betriebsklima?

BENOTEN SIE BITTE MIT: SEHR GUT (1), GUT (2), ES GEHT (3), SCHLECHT (4), SEHR SCHLECHT (5).

(nur in %)

		1	2	3	4	5
- Betriebsklima	12345	8,2	52,9	23,1	3,4	1,0
Warum ist es so?						
- Bezahlung	12345	5,8	40,4	33,2	9,6	0,5
- Verhältnis zu den Kollegen	12345	13,9	60,6	17,3	1,9	0
- Verhältnis zu den Vorgesetzten	12345	19,2	48,1	22,1	3,4	1,4
- Verhältnis zur Betriebsleitung	12345	11,5	38,9	24,0	9,6	5,3

		1	2	3	4	5
- Arbeitsbelastung	12345	5,8	31,3	37,5	8,7	5,3
- Arbeitsplatzsicherheit	12345	11,1	53,4	19,7	2,9	1,9
- Aufstiegsmöglichkeiten	12345	5,8	29,3	30,3	19,7	4,8
- Sozialleistungen der Firma	12345	19,2	48,6	18,3	2,9	1,4
- Sicherung gegen Unfälle	12345	6,3	38,0	24,0	9,1	2,9
- Arbeitsinhalt	12345	13,0	47,6	23,1	1,9	2,4
- keine Begründung			( )			
- Weiß nicht			( )			

8. Bevor Sie zu Pieroth kamen, wie oft hatten Sie vorher Ihre Firma gewechselt?

- überhaupt nicht, da Pieroth die erste Stelle	( )	20	9,6
- nur ein Wechsel von vorheriger Firma zu Pieroth	( )	40	19,2
- 1 bis 2 mal	( )	59	28,4
- 3 bis 5 mal	( )	82	39,4
- häufiger	( )	6	2,9

9. Möchten Sie Ihren jetzigen Arbeitsplatz gerne behalten, oder würden Sie innerhalb der Firma gern einmal wechseln?

- behalten	( )	121	58,2
- teils-teils	( )	46	22,1
- wechseln	( )	36	17,3

WENN SIE WECHSELN WOLLEN? BITTE KURZE BEGRÜNDUNG:

(Antworten zusammengefaßt in 7 Kategorien)

- besserer Verdienst, Aufstiegsmöglichkeiten	( )	17	8,2
- Auslandstätigkeit, Erfahrungserweiterung	( )	9	4,3
- Arbeitsinhalt	( )	5	2,4
- Arbeitsplatz im Alter (vor allem Wechsel vom Außen- zum Innendienst)	( )	4	1,9
- andere Gründe	( )	4	1,9
- Arbeitsbelastung	( )	1	0,5
- Verhältnis zu Vorgesetzten	( )	1	0,5
- weiß nicht	( )	3	1,4

10. a) Bestehen hier Ihrer Meinung nach allgemein gute oder schlechte Chancen, einen besseren Posten zu bekommen?

- gut	( )	53	25,5
- mittel	( )	96	46,2
- schlecht	( )	45	21,6
- weiß nicht	( )	11	5,2

b) Glauben Sie, daß Sie selbst hier die Möglichkeit zum weiterkommen haben?

- ja	( )	96	46,2
- nein	( )	42	20,2
- vielleicht	( )	64	30,8
- weiß nicht	( )	2	1,0

11. Würden Sie den Betrieb gern einmal wechseln?

- ja	( )	26	12,5
- nein	( )	117	56,3
- vielleicht	( )	60	28,9
- weiß nicht	( )	5	2,4

12. Hat die Gewinnbeteiligung des Betriebes einen Einfluß darauf, ob Sie im Betrieb bleiben?

- Einfluß	( )	64	30,8
- keinen Einfluß	( )	137	65,9
- weiß nicht	( )	7	3,4

13. Würden Sie bei einem Betriebswechsel in der Umgebung einen angemessenen Arbeitsplatz finden?

- ja	( )	85	40,9
- nein	( )	40	19,2
- vielleicht	( )	73	35,1
- weiß nicht	( )	10	4,8

14. Was ist - Ihrer Meinung nach - für den Arbeitnehmer am wichtigsten? EIGENE ANGABE BITTE:

(Antworten in 9 Kategorien zusammengefaßt)

1. allgemeine wirtschaftliche Lage	( )	60	28,9
2. Einkommen (Verdienst, Altersversorgung, Sozialleistungen u.ä.)	( )	41	19,7
3. Arbeitsinhalt (Motivation, Aufgabe, Anerkennung in der Arbeit u.ä.)	( )	38	18,3
4. Betriebsklima (Verhältnis zu Kollegen und Vorgesetzten u.ä.)	( )	38	18,3
5. tradierte Werte (Treue, Fleiß, Leistung, ordentliches Arbeiten)	( )	6	2,9
6. Aufstiegschancen (Aufstieg, Fortbildung)	( )	2	1,0
7. Information (Einblick in Unternehmensplanung, Betriebsführung u.ä.)	( )	2	1,0
8. Arbeitsbedingungen (kürzere Arbeitzeit, Arbeitsweg u.ä.)	( )	1	0,5
9. Mitbestimmung	( )	0	0

15. Sind Sie mit Ihrer Stellung als Arbeiter bzw. Angestellter zufrieden?

- sehr zufrieden	( )	35	16,8
- zufrieden	( )	119	57,2
- es geht	( )	45	21,6
- unzufrieden	( )	4	1,9
- sehr unzufrieden	( )	2	1,0

16. Welche Maßnahme könnte - Ihrer Meinung nach - die Lage der Arbeitnehmer weiter verbessern? EIGENE ANGABEN BITTE:

(Antworten sind in die gleichen 9 Kategorien zusammengefaßt wie in Frage Nr. 14)

1. allgemeine wirtschaftliche Lage	( )	10	4,8
2. Einkommen	( )	38	18,3
3. Arbeitsinhalt	( )	10	4,8
4. Betriebsklima	( )	15	7,2

Fortsetzung Frage 16.

5. tradierte Werte	( )	1	0,5
6. Aufstiegschancen	( )	13	6,3
7. Information	( )	21	10,1
8. Arbeitsbcdingungen	( )	2	1,0
9. Mitbestimmung	( )	26	12,5

17. Wodurch könnten Sie am ehesten Ihre Einkommenssituation verbessern?

- größere Leistung	( )	83	39,9
- innerbetrieblicher Aufstieg	( )	63	30,3
- Arbeitsplatzwechsel	( )	21	10,1
- Fortbildung außerhalb des Betriebes	( )	17	8,2
- Umschulung	( )	7	3,4
- weiß nicht	( )	9	4,3

18. Wovon hängt die Entwicklung Ihres Einkommens überwiegend ab?

- eigene Leistung	( )	154	74,0
- wirtschaftliche Entwicklung	( )	22	10,6
- Stärke der Gewerkschaften	( )	6	2,9
- Gewinnsituation des Betriebes	( )	19	9,1
- weiß nicht	( )	4	1,9

19. Meinen Sie, daß man hier im Betrieb einen Lohn erhält, der der jeweiligen Leistung entspricht? (Lassen Sie die Gewinnbeteiligung bei Pieroth hier bitte unberücksichtigt)

- entsprechend der Leistung	( )	119	57,2
- Lohn ist geringer als die Leistung	( )	76	36,5
- Lohn ist höher als die Leistung	( )	0	0
- weiß nicht	( )	10	4,8

20. Wenn Sie einmal den Lohn bei Pieroth (ohne Gewinnbeteiligung) mit dem bei anderen Firmen vergleichen, zahlt Pieroth dann

- mehr	( )	18	8,7
- genauso viel	( )	108	51,9
- weniger	( )	49	23,6
- weiß nicht	( )	31	14,9

21. Wenn Sie wählen könnten zwischen einer Lohnerhöhung und einer Gewinnbeteiligung, die im Betrieb verbleibt, was würden Sie bevorzugen?

- Lohnerhöhung	( )	141	67,8
- Gewinnbeteiligung	( )	58	27,9
- weiß nicht	( )	8	3,9

22. Halten Sie - ganz allgemein - eine Beteiligung der Arbeitnehmer am Gewinn ihres Betriebes für

- nicht notwendig	( )	6	2,9
- weniger wichtig	( )	27	13,0
- eine Sache, die den Arbeitnehmern ohnehin zusteht	( )	43	20,7
- für wichtig	( )	94	45,2
- für unbedingt notwendig	( )	34	16,4
- weiß nicht	( )	4	1,9

23. Warum bleiben Ihrer Meinung nach die Gewinnanteile im Betrieb stehen?

- damit der Betrieb nicht Pleite geht	( )	6	2,9
- dem Betrieb kein Geld für Investitionszwecke entzogen wird	( )	9	43,8
- doch alles wieder beim alten bleibt	( )	3	1,4
- die Anteile der Arbeitnehmer schneller wachsen	( )	17	8,2
- die Arbeitnehmer an ihrem Betrieb beteiligt werden können	( )	47	22,6
- der einzelne das Geld nicht gleich wieder verbraucht	( )	15	7,2
- der Arbeitgeber doch wieder das Geld für sich arbeiten läßt	( )	25	12,0
- weiß nicht	( )	4	1,9

24. Wenn Sie Lohn und Gewinnbeteiligung zusammennehmen, glauben Sie, daß Sie gerecht bezahlt werden?

- ja	( )	124	59,6
- nein	( )	52	25,0
- weiß nicht	( )	30	14,4

25. Wurden Sie von Bekannten oder Freunden schon auf das "Pieroth-Modell" angesprochen?

- schon oft	( )	100	48,1
- ja	( )	60	28,9
- selten	( )	21	10,1
- nein	( )	27	13,0

26. Konnten Sie dabei das "Pieroth-Modell"

- genau erklären	( )	54	26,0
- in den wesentlichen Punkten erklären	( )	110	52,9
- nur so ungefähr erklären	( )	23	11,1
- nicht erklären	( )	14	6,7

27. Sollte Sie der Partnerschaftsausschuß noch besser informieren über das "Pieroth-Modell" oder sind die Informationen ausreichend?

- ausreichend	( )	59	28,4
- es geht	( )	43	20,7
- nicht ausreichend	( )	42	20,2
- ich wünsche mehr Information	( )	62	29,8

28. In der Öffentlichkeit (Fernsehen, Presse usw.) wird viel über das "Pieroth-Modell" gesprochen? Wie finden Sie das?

- ich finde das nicht richtig	( )	9	4,3
- das ist der Sache nicht angemessen	( )	33	15,9
- das ist der Sache angemessen	( )	97	46,6
- ich bin sogar etwas stolz darauf	( )	56	26,9
- weiß nicht	( )	11	5,3

29. Wie würden Sie Ihre Gewinnbeteiligung verwenden, wenn sie Ihnen jedes Jahr in voller Höhe bar ausgezahlt würde?

- für den täglichen Gebrauch (Haushalt, Essen, Kleidung usw.)	( )	6	2,9
- für größere Anschaffungen wie Auto, Fernseher, Möbel	( )	40	19,2
- sparen oder sonst igendwie anlegen	( )	156	75,0
- weiß nicht	( )	5	2,4

30. Durch Ihre Gewinnbeteiligung bilden Sie im Betrieb Vermögen. Haben Sie deshalb von Ihrem bar ausgezahlten Lohn weniger gespart als vorher

- ich habe mit Blick auf die Gewinnbeteiligung sogar Schulden gemacht	( )	3	1,4
- ich habe weniger gespart als vorher	( )	7	3,4
- ich habe genauso viel gespart wie vorher	( )	167	80,3
- ich habe sogar mehr gespart als vorher	( )	11	5,3
- weiß nicht	( )	17	8,2

31. Wenn Sie die Jahre Ihrer Tätigkeit bei Pieroth überblicken oder die Arbeit bei Pieroth einmal vergleichen mit anderen Firmen, glauben Sie, daß sich durch die Gewinnbeteiligung etwas geändert hat?

MEHRFACHNENNUNGEN MÖGLICH!

- es hat sich nichts geändert	( )	92	44,2
- ich habe jetzt mehr Freude an der Arbeit	( )	26	12,5
- ich strenge mich mehr an, um dadurch den Gewinn zu erhöhen	( )	44	21,2
- ich verdiene dadurch mehr	( )	51	24,5
- ich fühle mich als "Partner"	( )	71	34,1

31. (Fortsetzung)

- das Verhältnis zu den Vorgesetzten hat sich gebessert	( )	16	7,7
- das Verhältnis zu den Kollegen hat sich gebessert	( )	14	6,7
- ich sehe keinen Unterschied zu früher oder zu anderen Firmen	( )	67	32,2
- die Gewinnbeteiligung ist nur eine Täuschung der Arbeitnehmer	( )	11	5,3
- weiß nicht	( )		

32. Wenn Sie fünf Jahre Gewinnbeteiligung bekommen haben und dann freie Wahl hätten, welche Möglichkeit würden Sie wählen?

- die Anteile weiterhin als Darlehen im Betrieb stehen lassen	( )	27	13,0
- in Höhe des Darlehens Gesellschaftsanteile bei Pieroth erwerben	( )	89	42,8
- die Vermögensbildung aus dem Betrieb herausnehmen und anlegen in:			
- Bausparvertrag	( )	33	15,9
- Aktien	( )	11	5,3
- Sparbuch	( )	19	9,1
- größere Anschaffung (z.B. Auto, Möbel, Reisen)	( )	18	8,7
- weiß nicht	( )	9	4,3

33. Wurden Sie schon von Kollegen angesprochen, mehr zu arbeiten oder Kosten zu sparen, um dadurch den Gewinn zu erhöhen?

- ja,ich sollte mehr arbeiten	( )	3	1,4
- ja, ich sollte Kosten sparen	( )	52	25,0
- beides	( )	21	10,1
- nein, ich wurde deswegen nicht angesprochen	( )	128	61,5

34. Wurden Sie schon von einem Vorgesetzten angesprochen, mehr zu arbeiten oder Kosten zu sparen, um den Gewinn zu erhöhen?

- ja	( )	107	51,4
- nein	( )	84	40,4
- keine Antwort	( )	15	7,2

der Alternative, entweder eine kostenverursachende Maßnahme zur Verbesserung der Arbeitsplätze durchzuführen oder die Gewinnanteile erhöhen zu können. Wie würden Sie sich entscheiden?

- Verbesserung des Arbeitsplatzes durchführen	( )	151	72,6
- den Gewinnanteil für den einzelnen erhöhen	( )	36	17,3
- weiß nicht	( )	16	7,7

36. In letzter Zeit wird so viel von Mitbestimmung der Arbeitnehmer gesprochen. Glauben Sie, daß Ihre Interessen im Betrieb ausreichend vertreten werden?

- ausreichend	( )	46	22,1
- es geht	( )	54	26,0
- teils-teils	( )	43	20,7
- nicht ausreichend	( )	51	24,5
- weiß nicht	( )	12	5,8

37. Welche Interessenvertretung haben Sie in Ihrer Firma?

EIGENE ANGABEN BITTE:

(Antworten sind in 9 Kategorien zusammengefaßt)

1. Betriebsrat	( )	65	31,3
2. Betriebsrat und Partnerschaftsausschuß	( )	34	16,4
3. keine Interessenvertretung (Interessenvertretung = null)	( )	22	10,6
4. Interessen werden selbst wahrgenommen	( )	5	2,4
5. Partnerschaftsausschuß	( )	4	1,9
6. Gewerkschaften	( )	1	0,5
7. Aufsichtsrat	( )	1	0,5
8. Vorgesetzte	( )	1	0,5
9. Jugendvertreter	( )	1	0,5
N =		74	35,6

38. Welche Interessen vertritt nach Ihrer Meinung der Partnerschaftsausschuß wirklich? Die Interessen

- der Arbeitnehmer	( )	20	9,6
- der Betriebsleitung	( )	15	7,2
- seine eigenen	( )	6	2,9
- er vermittelt zwischen den verschiedenen Interessen	( )	125	60,1
- er hat keinen Einfluß	( )	9	4,3
- weiß nicht	( )	27	13,0

39. Welches sind eigentlich die für Sie wichtigsten Dinge, über die Sie Bescheid wissen wollen hier im Betrieb? MEHRFACHNENNUNGEN MÖGLICH!

- Marktlage	( )	144	69,2
- Stand der Produktion	( )	65	31,3
- Auftragslage	( )	96	46,2
- Errechnung des Jahrgewinnes	( )	128	61,5
- Investition und Planung	( )	139	66,8
- Oberblick über den Produktionsprozeß	( )	45	21,6
- Oberblick über das "Pieroth-Modell"	( )	72	34,6
- weiß nicht	( )		

40. Was können Sie tun, wenn Sie mit bestimmten betrieblichen Zuständen nicht einverstanden sind?

- nichts, die "da oben" tun ja doch was sie wollen	( )	30	19,2
- eine Beschwerde einreichen	( )	76	36,5
- die Interessenvertretung anrufen	( )	62	29,8
- sich zusammenschließen und streiken	( )	1	0,5
- die Firma wechseln	( )	17	8,2
- weiß nicht	( )	5	2,4

41. In welchen Vereinen und Organisationen sind Sie aktives Mitglied? MEHRFACHNENNUNGEN MÖGLICH!

- Partei	( )	22	10,6
- Gewerkschaft	( )	12	5,8
- Sportverein, Gesangsverein, Kirchenchor	( )	75	36,1
- Schützenverein	( )	10	4,8

41. (Fortsetzung)

- Freiwillige Feuerwehr, DRK	( )	20	9,6
- Andere	( )	43	20,7
- nicht Mitglied	( )		

---

42. Sie erlauben mir vielleicht, daß ich Ihnen einige Fragen zum familiären Bereich stelle? (eine Auswertung ist nicht erfolgt)

a.) Wie viele Kinder haben Sie? männl. ... weibl. ...

b.) Welche Schulausbildung bzw. Berufsausbildung haben Ihre Kinder?

	1.	2.	3.	4. Kind
- Hauptschule	( )	( )	( )	( )
- Realschule	( )	( )	( )	( )
- Gymnasium	( )	( )	( )	( )
- weiterführende Schule	( )	( )	( )	( )
- Universität	( )	( )	( )	( )
- Lehre	( )	( )	( )	( )
- weiterführende Berufsausbildung	( )	( )	( )	( )
- Sonstige	( )	( )	( )	( )
- entfällt	( )	( )	( )	( )

c.) Was sollen, wenn es nach Ihnen geht, Ihre Kinder eigentlich einmal werden? Bitte, geben Sie die Daten getrennt an nach männlich und weiblich!

	männl.	weibl.
- Hauptschule	( )	( )
- Realschule	( )	( )
- Gymnasium	( )	( )
- eventuell Ingenieurschule	( )	( )
- Studium	( )	( )
- auf jeden Fall eine Lehre	( )	( )
- keine Gedanken gemacht	( )	( )
- was das Kind leisten kann	( )	( )
- anderes	( )	( )
- das gleiche wie sein Vater	( )	( )
- das Kind soll es besser haben als der Vater	( )	( )

42. (Fortsetzung)

d.) Was meinen Sie, wozu man seine Kinder erziehen sollte? MEHRFACHNENNUNGEN MÖGLICH!

- Selbständigkeit	( )	158	76,0
- Anpassungsfähigkeit	( )	79	38,0
- Kritisches Denken	( )	128	61,5
- Selbstbeherrschung	( )	70	33,7
- soll auf eigenen Füßen stehen	( )	74	35,6
- Gehorsam	( )	23	11,1
- Toleranz	( )	101	48,6
- Strebsamkeit	( )	49	23,6
- Erfolg	( )	43	20,7
- entwickeln lassen/was drin steckt	( )	46	22,1
- anderes	( )	3	1,4
- weiß nicht	( )		

---

43. Was tun Sie selbst hauptsächlich in Ihrer freien Zeit?

- Gartenarbeit und Landwirtschaft	( )	26	12,5
- Basteln	( )	19	9,1
- Lesen	( )	61	29,3
- Sport, Spazierengehen, Ausflüge, Reisen	( )	62	29,8
- Fernsehen	( )	7	3,4
- Aktivität in Vereinen und Organisationen	( )	11	5,3
- Hausarbeit	( )	17	8,2

---

44. Welche Sendungen im Fernsehen sehen Sie regelmäßig? MEHRFACHNENNUNGEN MÖGLICH!

- Unterhaltung (z.B. Krimis, Wild-West-Filme, Shows usw.)	( )	112	53,7
- Sport	( )	96	46,2
- Fachliche Sendungen (z.B. Dokumentarfilme, Natur, Technik usw.)	( )	82	39,4
- Nachrichten (Tagesschau, heute)	( )	153	73,6
- politische Magazine (z.B. Report, Monitor, usw.)	( )	124	59,6
- bei Wahlen Wahlreportagen	( )	101	48,6

Statistischer Teil

1. Wie alt sind Sie?

- unter 20 Jahre	( )	11	5,3
- 20 bis 25 Jahre	( )	37	17,8
- 26 bis 35 "	( )	95	45,7
- 36 bis 45 "	( )	40	19,2
- 46 bis 55 "	( )	12	5,8
- 56 und älter	( )	12	5,8

2. Geschlecht:

männl.: ( ) 167 80,3 % weibl.: ( ) 41 19,7 %

3. Konfession:

- keine	( )	24	11,5
- römisch-kath.	( )	99	47,6
- evangelisch	( )	83	39,9
- andere	( )	2	1,0

4. Familienstand:

- ledig	( )	38	18,3
- verheiratet	( )	157	75,5
- verwitwet	( )	0	0
- geschieden	( )	13	6,3

5. Sind Sie bei Pieroth im Innendienst oder im Außendienst tätig?

- Innendienst	( )	99	47,6
- Außendienst	( )	109	52,4

6. Wie sind Sie zeitlich bei Pieroth beschäftigt?

- Vollzeit	( )	196	94,2
- Teilzeit	( )	12	5,8
- Heimarbeiter	( )	0	0

7. Betriebszugehörigkeit

- unter 1 Jahr	( )	28	13,5
- 1 bis 3 Jahre	( )	81	38,9
- 3 bis 5 "	( )	38	18,3
- 5 bis 10 "	( )	37	17,8
- über 10 "	( )	24	11,5

8. Wieviele Tage etwa haben Sie in den letzten 12 Monaten nicht gearbeitet, weil Sie krank waren oder sich nicht wohl fühlten?

- keinen Tag	( )	95	45,7
- bis zu einer Woche	( )	52	25,0
- 1 bis 2 Wochen	( )	29	13,9
- über 2 Wochen	( )	29	13,9

9. Ist Ihr jetziger Wohnort eine

- Kleinstadt	( )	43	20,7
- Mittelstadt	( )	40	19,2
- Großstadt	( )	44	21,2
- Land/Dorf	( )	80	38,5

10. a.) Welche Schulausbildung hatten Sie?

- Volksschule	( )	88	42,3
- Realschule	( )	34	16,4
- Gymnasium	( )	27	13,0
- Studium	( )	22	10,6
- andere	( )	37	17,8

b.) Welche Berufsausbildung hatten Sie?

- an- bzw. ungelernter Arbeiter	( )	8	3,9
- Facharbeiter	( )	47	22,6
- Angestellter	( )	123	59,1
- leitender Angestellter	( )	19	9,1
- Beamter	( )	0	0
- anderer	( )	11	5,3

c.) Welchen Beruf hatte Ihr Vater?

- an- bzw. ungelernter Arbeiter	( )	8	3,9
- Facharbeiter	( )	44	21,2
- Angestellter	( )	23	11,1
- leitender Angestellter	( )	23	11,1
- Beamter	( )	34	16,4
- selbständiger Handwerker, Kaufmann, kleinerer Unternehmer	( )	43	20,7
- selbständiger Landwirt	( )	20	9,6
- anderer	( )	12	5,8
- weiß nicht	( )	1	0,5

11. Welches Bruttoeinkommen haben Sie monatlich?

- unter 800 DM	( )	7	3,4
- 801 bis 1000 DM	( )	12	5,8
- 1000 bis 1250 DM	( )	12	5,8
- 1251 bis 1500 DM	( )	23	11,1
- 1501 bis 2000 DM	( )	35	16,8
- über 2000 DM	( )	118	56,7

12. Verdient außer Ihnen noch jemand aus Ihrem Haushalt?

- Ehemann bzw. Ehefrau	( )	79	38,0
- Sonstige	( )	10	4,8
- Keiner	( )	111	53,4

Für Ihre Mühe herzlichen Dank!

Anlage 3

Daten zur Repräsentativität des Fragenbogen-Rücklaufs

Daten aus Pieroth-Material		Daten aus Befragung
1. Altersstruktur lt. Jahrgangsstatistik vom 31.12.1973		
- unter 20	: 90 (10,4 %)	11 (5,3 %)
- 20 bis 25	: 164 (19,0 %)	37 (17,8 %)
- 26 bis 35	: 397 (46,0 %)	95 (45,7 %)
- 36 bis 45	: 115 (13,3 %)	40 (19,2 %)
- 46 bis 55	: 77 (8,9 %)	12 (5,8 %)
- 56 und älte-	: 30 (3,5 %)	12 (5,8 %)
2. Geschlecht lt. Jahrgangsstatistik vom 31.12.1973		
- männlich	: 570 (66,1 %)	167 (80,3 %)
- weiblich	: 293 (33,9 %)	41 (19,7 %)
3. Beschätigung im Innendienst oder Außendienst		
a.) lt. Adressenmaterial von Okt. 1974		
- Innendienst	: 707 (68,97 %)	99 (47,6 %)
- Außendienst	: 318 (31,03 %)	109 (52,4 %)

Diese erhebliche Abweichung erklärt sich z.T. daraus, daß Sekretärinnen, die in Verkaufsbüros arbeiten und nach dem Adressenmaterial zum Innendienst zählen, sich - wie die Fragebogen gezeigt haben - dem Außendienst zugerechnet haben. Dies könnte in einem größeren Ausmaß geschehen sein. Unterstellt man, daß die meisten Mitarbeiter, sofern sie außerhalb des Stammsitzes der Firma in Burg Layen/Langenlonsheim arbeiten, sich zum Außendienst gerechnet haben, ergibt sich lt. Personalbestandsstatistik Pieroth-Inland per 30.6.1974 folgender Vergleich:

b.) lt. Personalbestandsstatistik vom 30.6.1974		lt. Befragung
- Burg Layen/Langenlonsheim (=ID)	: 412 (46,5 %)	99 (47,6 %)
- Verkaufsbüros, Verkäufer, Außenstellen (=AD)	: 476 (53,5 %)	109 (52,4 %)

4. Anstellungsverhältnis
lt. Personalbestandsstatistik
vom 30.6.1974

- lt. Angestellte	: 80 (9,0 %)	19 (9,1 %)
- Angestellte	: 594 (66,9 %)	123 (59,1 %)
- Arbeiter	: 149 (16,8 %)	55 (26,5 %)
- Andere (Auszubildende, Fahrer)	: 64 (7,2 %)	11 (5,3 %)

Es war auffallend, daß manchmal Facharbeiter und Angestellte zugleich angekreuzt worden waren. Wegen der Wertschätzung des Facharbeiters ist es daher möglich, daß kleinere Angestellte auch oder eher Facharbeiter angegeben haben.

5. Einkommensgruppen

a.) lt. Statistik vom 11.9.1970		Daten aus Befragung
- bis 1000 DM	99 (41,9 %)	19 (9,14 %)
- 1000 bis 1500 DM	49 (20,8 %)	35 (16,83 %)
- 1500 bis 2000 DM	34 (14,4 %)	35 (16,83 %)
- über 2000 DM	54 (22,9 %)	118 (56,73 %)

Hierzu muß zunächst angemerkt werden, daß ein Vergleich erschwert wird, weil die einzige, zur Verfügung stehende Statistik, die alle Mitarbeiter der Firma umfaßt, vier Jahre hinter dem Befragungszeitraum zurückliegt. In der Zwischenzeit aber dürften erhebliche Einkommenssteigerungen vorgelegen haben.

b.) Eine neuere Statistik für 1976 (Vgl. Pieroth-Sozialbilanz 1975/76, S. 7) weist nur den Monatsverdienst des Innendienstes aus:

Innendienst 1976		Daten aus Befragung		
		gesamt	ID	AD
- bis 1000 DM	3,6 %	9,1 %	18,2 %	0,9 %
- 1000 bis 1500 DM	31,4 %	16,8 %	24,2 %	10,1 %
- 1500 bis 2000 DM	31,6 %	16,8 %	23,2 %	11,0 %
- über 2000 DM	33,4 %	56,7 %	34,3 %	77,1 %

Unter der Berücksichtigung, daß seit dem Befragungszeitraum eine Einkommenssteigerung von über 11 % stattgefunden hat, zeigt das Datenmaterial jetzt eine größere Annäherung, vor allem beim Einkommen des Innendienstes.

Andererseits wird in der Befragung auch ein Verhalten der Arbeitnehmer zum Tragen gekommen sein, tendenziell höhere Einkommenswerte anzugeben. Diese Erfahrung konnte schon bei anderen Untersuchungen gemacht werden, in denen das Einkommen erfaßt werden sollte.

Allerdings ist bei dieser Frage auch ein methodischer Fehler unterlaufen. Die vorgegebenen Antwortmöglichkeiten hätten bei der Einkommenshöhe über 2000,- DM stärker untergliedert werden müssen. Aber aufgrund der Erfahrungen während der Beobachtung hatte der Verfasser eine solche Einkommensstruktur, die vor allem beim Außendienst angefallen ist, nicht erwartet.

Anlage 4

Text des Pieroth-Modells von 1975[1]

Teil A: Grundvereinbarung

§ 1

Die Ziele der Pieroth-Mitarbeiterbeteiligung

Die Pieroth-Mitarbeiterbeteiligung ist Teil des PIEROTH-SOZIAL-SYSTEMS, das in seiner Gesamtheit dazu beitragen will, die Arbeitnehmer (Mitarbeiter) wirtschaftlich dauerhaft zu sichern, sie besser über alle betrieblichen Angelegenheiten zu informieren, sie an betrieblichen Entscheidungen stärker zu beteiligen, sowie ihre Weiterbildung zu fördern.

Die Pieroth-Mitarbeiterbeteiligung soll darüber hinaus einen Beitrag leisten zur Festigung des Unternehmens und damit zur langfristigen Sicherung der Arbeitsplätze.

§ 2

Die Elemente der Pieroth-Mitarbeiterbeteiligung

Die Elemente der Pieroth-Mitarbeiterbeteiligung sind
- die Gewinnbeteiligung auf Grund der Mitarbeit
- die betriebsbezogene Vermögensbildung und
- die Mitbestimmung

der Mitarbeiter.

§ 3

Die Mitarbeiter als Gewinnbeteiligte

Der Betriebserfolg ist das Ergebnis des Zusammenwirkens von Kapitalgebern und Mitarbeitern. Deshalb sollen auch die Mitarbeiter am Gewinn beteiligt werden.

§ 4

Die betriebsbezogene Vermögensbildung

Die Gewinnbeteiligung soll beitragen zur Ansammlung von Vermögen in den Händen der Mitarbeiter. Die Gewinnanteile werden deshalb nicht bar ausbezahlt, sondern verbleiben in der Firma. Nach 5 Jahren können sie in Kapitalanteile (typische stille Beteiligung) umgewandelt werden. Nach 8 Jahren besteht unter bestimmten Voraussetzungen die Möglichkeit der Barentnahme.

§ 5

Die Mitarbeiter als Mitbestimmende

Die Mitarbeiter haben Anspruch auf Mitbestimmung aufgrund ihrer Mitarbeit. Darüber hinaus haben die Mitarbeiter in der Firma aufgrund der Gewinn- und Kapitalbeteiligung weitere Mitspracherechte.

§ 6

Die Rechtsgrundlage der Gewinnbeteiligung

Die Mitarbeiterbeteiligung nach dem PIEROTH-MODELL richtet sich nach den Bestimmungen der Betriebsvereinbarung in ihrer jeweils gültigen Fassung.
Die Betriebsvereinbarung besteht aus zwei Teilen und zwar aus:

Teil A : Grundvereinbarung und
Teil B: Ausführungsbestimmungen
(im Folgenden AB)

Auf andere Gesellschaften der Pieroth-Gruppe kann das PIEROTH-MODELL nur ausgedehnt werden, wenn die Bestimmungen dieser Betriebsvereinbarung grundsätzlich unverändert und zwar in ihre jeweils gültigen Fassung vereinbart oder übernommen werden.

1) Entnommen: Pieroth-Sozialhandbuch. Das Pieroth-Modell. Heft 3. Stand Mai 1977. Burg Layen o.J.

Unter Anhang C werden mit dieser Betriebsvereinbarung Richtlinien bekanntgegeben, nach denen innerhalb der Pieroth-Gruppe einheitlich verfahren werden soll.
(AB I § 1)

§ 7

Die Rechtsgrundlage der Kapitalbeteiligung

Der Anspruch der Mitarbeiter auf die Beteiligung am Gewinn aus ihren Kapitalanteilen ist durch einen stillen Gesellschaftsvertrag gesichert, den jeder berechtigte Mitarbeiter mit der Geschäftsführung der Firma abschliessen kann. Inhalt des stillen Gesellschaftsvertrages sind die entsprechenden Vorschriften dieser Betriebsvereinbarung.
(AB I § 1)

§ 8

Die Gewinnbeteiligungs-Berechtigten

Alle Mitarbeiter, die bei der Firma in einem ungekündigten Arbeitsverhältnis stehen, sind nach einem vollen Kalenderjahr Anwartschaft ab dem darauffolgenden Wirtschaftsjahr gewinnbeteiligt.
(AB II § 2)

§ 9

Der verteilungsfähige Gewinn

Der Gewinnanteil aller berechtigten Mitarbeiter der Firma errechnet sich auf der Basis des Jahresgewinnes der Firma gemäß Steuerbilanz.
Der verteilungsfähige Gewinn ergibt sich nach Abzug der Grundvergütungen für die am betrieblichen Leistungsprozeß beteiligten Faktoren sowie durch Hinzurechnung des Vorleistungsbetrages.
(AB II § 3)

§ 10

Der Mitarbeiter-Gesamtanteil

Der verteilungsfähige Gewinn wird im Verhältnis 1 : 1 zwischen Altgesellschaftern und Mitarbeitern aufgeteilt.
Die auf die Mitarbeiter entfallende Hälfte abzüglich des Vorleistungsbetrages ist der Mitarbeiter-Gesamtanteil.
(AB II § 3)

§ 11

Der Gewinnanteil des einzelnen Mitarbeiters

Vom Mitarbeiter-Gesamtanteil, der den Mitarbeitern insgesamt zusteht, werden 50 % auf alle Gewinnbeteiligungs-Berechtigten gleichmäßig aufgeteilt.
Die restlichen 50 % werden entsprechend der Bruttojahreslohnsumme der einzelnen Mitarbeiter aufgeteilt.
Der Mindestbeteiligungsbetrag eines vollzeitbeschäftigten Mitarbeiters darf nicht mehr als 20 % unter dem Durchschnittsbeteiligungsbetrag liegen.
(AB II § 4)

§ 12

Die investive Verwendung der Gewinnanteile

Die Gewinnanteile der Mitarbeiter verbleiben als Darlehen in der Firma. In den ersten 3 Jahren werden die Gewinnanteile - jährlich abgestuft - teilweise bar ausgeschüttet.
(AB III § 5)

§ 13

Die Verzinsung der Darlehen

Das Darlehen (Summe der festgelegten Gewinnanteile des Mitarbeiters) wird von der Firma während der Dauer der

Betriebszugehörigkeit entsprechend der Altkapitalverzinsung mit grundsätzlich 8 % p. a. verzinst.
(AB III § 6)

§ 14

Die Auszahlung der Gewinnanteile

Die Gewinnanteile und Darlehen werden ganz oder teilweise ausgezahlt:
a) wenn der Mitarbeiter seine Mindesteinlage als stiller Gesellschafter geleistet hat,
b) bei Beendigung des Arbeitsverhältnisses,
c) nach Erreichen von Altersgrenzen ("betriebliche" oder gesetzliche Altersgrenze,
d) bei Tod des Mitarbeiters und bei Erwerbsunfähigkeit.
(AB III §§ 7, 8, 9)

§ 15

Die Mitarbeiter als Kapitalbeteiligte

Ist ein Mitarbeiter fünf Jahre am Gewinn beteiligt, kann er seinen jeweils fünf Jahre alten Gewinnanteil in einen Kapitalanteil umwandeln.
(AB III § 10)

§ 16

Die Einbringung der Kapitalanteile

Jeder stille Gesellschafter muß mindestens drei Jahres-Gewinn-Anteile in nicht unterbrochener Reihenfolge in Kapitalanteile umwandeln. Danach kann er zwischen zwei Möglichkeiten wählen:
a) Er kann die jeweils fünf Jahre alten Gewinnanteile weiter in Kapitalanteile umwandeln. Eine Einlagen-Obergrenze besteht grundsätzlich nicht.
b) Er kann die jeweils fünf Jahre im Betrieb stehenden Gewinnanteile auszahlen lassen.
(AB III § 11)

§ 17

Die Teilnahme der Kapitalbeteiligten am Gewinn

Der beteiligte Mitarbeiter nimmt entsprechend der Höhe seiner Kapitalbeteiligung (Einlage) am Gewinn, aber nicht am Verlust der Firma teil.
Der Gewinn aus den Kapitalanteilen wird den Beteiligten jährlich ausgezahlt.
(AB III § 12)

§ 18

Die Beendigung der Kapitalbeteiligung

Während der Dauer des Arbeitsverhältnisses kann die stille Gesellschaft erstmals wegen Erreichens der betrieblichen Altersgrenze vom Mitarbeiter gekündigt werden.
Die stille Gesellschaft endet beim Tod des Mitarbeiters mit Ende des Monats, in dem der stille Gesellschafter gestorben ist.
In allen anderen Fällen schließt die Kündigung des Arbeitsverhältnisses mit der Firma oder mit einer anderen Gesellschaft der PIEROTH-GRUPPE die Kündigung der mit der Firma bestehenden stillen Gesellschaft zum Ende des Monats ein, in dem das Arbeitsverhältnis endet.
Der ausscheidende Kapitalbeteiligte hat Anspruch auf eine Abfindung in Höhe des Nominal-Wertes seiner Einlage.
(AB III §§ 13, 14, 15)

§ 19

Die Mitbestimmung auf der Grundlage der Arbeit

Die Mitbestimmung aufgrund der Arbeit erfolgt im Rahmen des Betriebsverfassungsgesetzes und wird von den gewählten Vertretern der Mitarbeiter im Aufsichtsrat und im Betriebsrat wahrgenommen.
Diese Mitbestimmungsrechte aufgrund der Arbeit werden in der Firma durch zusätzliche Mitbestimmungsrechte auf der Grundlage der Gewinn- und oder Kapitalbeteiligung ergänzt.

§ 20

Die Mitbestimmung auf der Grundlage der Gewinn- und Kapitalbeteiligung

Die Mitbestimmung in allen Angelegenheiten der Gewinn- und Kapitalbeteiligung wird im Partnerschaftsausschuß wahrgenommen, dem nicht nur Mitarbeiter der Firma, sondern auch anderer Gesellschaften der PIEROTH-GRUPPE angehören können.
Der Partnerschaftsausschuß setzt sich aus zehn Mitgliedern zusammen. Er ist paritätisch besetzt:

- fünf Mitglieder stellen die beteiligten Mitarbeiter
- fünf Mitglieder berufen die Geschäftsführer der Firma.

Von den fünf Mitarbeiter-Vertretern im Partnerschaftsausschuß werden zur Wahrnehmung der Rechte der Gewinnbeteiligten drei vom Betriebsrat bestellt.
Zwei Mitarbeiter-Vertreter im Partnerschaftsausschuß werden von den stillen Gesellschaftern zur Wahrnehmung der Rechte der Kapitalbeteiligten gewählt.
(AB IV § 16)

§ 21

Laufzeit und Kündigung der Betriebsvereinbarung

Diese Betriebsvereinbarung wurde am 31. Januar 1975 geschlossen und tritt rückwirkend ab 1.1.1974 in Kraft. Sie hat eine Geltungsdauer von zwei Jahren. Innerhalb dieser zwei Jahre ist eine Kündigung dieser Betriebsvereinbarung grundsätzlich nicht möglich.
Nach Ablauf dieser Geltungsdauer kann diese Betriebsvereinbarung bis zum 30.9. für das darauffolgende Jahr gekündigt werden. Erfolgt keine Kündigung, so verlängert sich die Geltungsdauer der Betriebsvereinbarung um ein weiteres Jahr.
Eine Fortwirkung der Betriebsvereinbarung ist nach der Kündigung ausgeschlossen.

§ 22

Auszahlung bei Kündigung

Wird diese Betriebsvereinbarung gekündigt und kommt keine neue Betriebsvereinbarung zustande, werden die Darlehen und Einlagen in fünf gleichen Jahresraten an die Mitarbeiter ausgezahlt.

§ 23

Anrechenbarkeit gesetzlicher und tariflicher Bestimmungen

Sollten durch Gesetze zur betrieblichen oder überbetrieblichen Vermögensbildung in Arbeitnehmerhand oder durch tarifvertragliche Vereinbarungen vermögenswirksame Leistungen von der Firma aufzubringen sein, so kann die Geschäftsführung diese Leistungen auf die hier zugesagten Leistungen in Anrechnung bringen.

§ 24

Änderung der Betriebsvereinbarung

Der Partnerschaftsausschuß entscheidet mehrheitlich über Änderungsvorschläge zu dieser Betriebsvereinbarung. Die Vertragspartner - Geschäftsführung und Betriebsrat - sind an diese Vorschläge zwingend nicht gebunden. Änderungen und Ergänzungen der Betriebsvereinbarung sind den Mitarbeitern schriftlich bekanntzugeben.

Teil B: Ausführungsbestimmungen

§ 1

Die Rechtsgrundlage
der Gewinn- und Kapitalbeteiligung

(1) Die Rechtsgrundlage des Anspruches der berechtigten Mitarbeiter auf Gewinnbeteiligung ist diese Betriebsvereinbarung entsprechend § 77 Betriebsverfassungsgesetz.

(2) Die Rechtsgrundlage des Anspruches der berechtigten Mitarbeiter auf Kapitalbeteiligung ist ein Vertrag über eine stille Gesellschaft, der von jedem einzelnen berechtigten Mitarbeiter einerseits und der Geschäftsführung der Firma andererseits unterzeichnet wird.

(3) Sollten Vorschriften des PIEROTH-MODELLS (Grundvereinbarung und Ausführungsbestimmungen) gegen geltendes Recht verstoßen, so sind diese durch gültige Vorschriften zu ersetzen, die dem Sinn der nichtigen Vorschriften möglichst entsprechen.

(4) Die Nichtigkeit oder Unwirksamkeit einzelner Bestimmungen läßt die Betriebsvereinbarung im übrigen unberührt.

(5) Die Ansprüche der berechtigten Mitarbeiter aus der Gewinn- und Kapitalbeteiligung entstehen jeweils zum 31.12. eines Beteiligungsjahres. Spätestens bis zum 31.7. des darauffolgenden Jahres erhält der Mitarbeiter

- das Gewinnbeteiligungs-Zertifikat;
- den Auszug des persönlichen Kapitalkontos;
- sowie in bar
  - die Auszahlung aus der Gewinnbeteiligung,
  - die Zinsen aus der Gewinnbeteiligung,
  - den Gewinn aus der Kapitalbeteiligung.

§ 2

Die Gewinnbeteiligungs-Berechtigten

(1) Gewinnbeteiligungsberechtigt ist, wer am 1.1. eines Wirtschaftsjahres bereits ein volles Kalenderjahr bei der Firma im Arbeitsverhältnis steht. Zeiten der Betriebszugehörigkeit bei anderen Gesellschaften der PIEROTH-GRUPPE, die am PIEROTH-MODELL teilnehmen, werden angerechnet.

(2) Für Mitarbeiter, die im Laufe eines Jahres eintreten, beginnt die Anwartschaft erst am 1.1. des Folgejahres. Wenn ein Mitarbeiter zwei volle Kalenderjahre im ununterbrochenen Arbeitsverhältnis steht, wird er also für das zweite Kalenderjahr rückwirkend erstmalig am Gewinn beteiligt.

(3) Die Zeit, die ein Mitarbeiter aufgrund seiner Wehrpflicht bei der Bundeswehr, dem Bundesgrenzschutz oder in einem Ersatzdienst (höchstens 2 Jahre) verbringt, wird auf die Betriebszugehörigkeit angerechnet, wenn der Mitarbeiter unmittelbar nach Beendigung dieser Dienstzeiten wieder die Arbeit in der Firma aufnimmt.

(4) Bei Vertretern im Nebenberuf (WIN), die als Mitarbeiter eingestellt werden, wird der bis zum Beginn des Arbeitsverhältnisses verprovisionierte Umsatz angerechnet. Dabei entsprechen DM 30.000,- des Umsatzes, den er als VIN getätigt hat, einer Anwartschaft von einem Kalendermonat.

(5) Wird ein Mitarbeiter, der auf eigenen Wunsch ausgeschieden war, wieder eingestellt, so ist für den Anspruch auf Gewinnbeteiligung das jüngste Eintrittsdatum entsprechend AB II § 2 Abs. 2 maßgebend.

(6) Der Partnerschaftsausschuß kann Mitarbeitern, die vor Unterzeichnung des Arbeitsvertrages bereits dauerhaft für die PIEROTH-GRUPPE tätig waren, die Anwartschaft erlassen.

(7) Scheidet ein Mitarbeiter, der bereits beteiligungsberechtigt ist, für einen Zeitraum bis höchstens vier Monate aus der Firma aus, verliert er zwar seinen Anspruch auf Beteiligung für dieses Jahr, nicht jedoch für das darauffolgende Beteiligungsjahr.

(8) Das Ausscheiden eines Mitarbeiters aus der Firma für einen Zeitraum bis höchstens vier Monate unterbricht nicht dessen Anwartschaft auf Gewinnbeteiligung.

(9) Anspruch auf Gewinnbeteiligung haben auch Auszubildende, Heimarbeiter und Teilzeitbeschäftigte.

(10) Keinen Anspruch auf Gewinnbeteiligung haben
- die Geschäftsführer der Firma,
- freie Handelsvertreter und
- nebenberufliche Mitarbeiter (z.B. VIN).

(11) Keinen Anspruch auf Gewinnbeteiligung hat ein Mitarbeiter, der der Firma vorsätzlich Schaden zufügt. Sollte sich dieser Sachverhalt nach Ausscheiden eines Mitarbeiters aus der Firma herausstellen, hat die Firma ein Rückforderungsrecht, wenn die Gründe nachträglich zur fristlosen Kündigung im Zeitraum des Anspruchserwerbes ausgereicht hätten.

(12) Anspruch auf Gewinnbeteiligung haben alle Berechtigten, die am 31.12. in einem ungekündigten Arbeitsverhältnis stehen.
Scheidet ein Mitarbeiter zum 31.12. aus, entscheidet der Partnerschaftsausschuß alljährlich vor der Auszahlung, ob der Mitarbeiter für das entsprechende Leistungsjahr Gewinnbeteiligung erhält.

§ 3

Der verteilungsfähige Gewinn
und der Mitarbeiter-Gesamtanteil

(1) Ausgangsbasis zur Ermittlung des verteilungsfähigen Gewinnes ist der vorläufige Nettogewinn gemäß Steuerbilanz der Firma (=vorläufiger Bruttogewinn, von dem die vorläufig errechneten Ertragssteuern wie z.B.: Gewerbesteuer, Körperschaftssteuer u.a. abgezogen

wurden). Hierbei bleibt die steuerliche Abzugsfähigkeit der Gewinnanteile der Mitarbeiter unberücksichtigt. Nachträglich sich ergebende Änderungen der Berechnungsbasis werden mit dem Bilanz-Ergebnis des nächsten Jahres verrechnet. Entsprechend ist bei späteren Berichtigungen des Bilanz-Ergebnisses durch die steuerliche Betriebsprüfung zu verfahren.

(2) Dann werden zum Zwecke der Gleichbehandlung der am betrieblichen Leistungsprozeß beteiligten Faktoren folgende Grundvergütungen abgezogen:

- Eine Verzinsung des Eigenkapitals in der Höhe der Verzinsung der Mitarbeiterguthaben: 8 %.
  Das Eigenkapital besteht aus dem eingezahlten Stammkapital, den Rücklagen und dem Gewinnvortrag.
  Eigenkapitalerhöhungen von außen durch Eigenmittel der Gesellschafter, die während des laufenden Beteiligungsjahres vorgenommen werden, werden anteilmäßig ab dem 1. des Einzahlungsmonats verzinst.
  Eine Verzinsung des Gewinnes des laufenden Jahres erfolgt nicht.
  Eine Verzinsung der stillen Reserven erfolgt nicht.
- Eine Risikoprämie in Höhe von 3 % des nominalen Eigenkapitals.
- Als Grundvergütung für die Mitarbeiter wurden Löhne und Gehälter einschließlich der gesetzlichen und freiwilligen Sozialleistungen bei Ermittlung des vorläufigen Nettogewinnes bereits als Aufwand abgezogen.

(3) Die Gewinnanteile der nicht zur Firma gehörenden Mitarbeiter schmälern den verteilungsfähigen Gewinn nicht, sondern werden in dem Unternehmen der PIEROTH-GRUPPE bilanziell ausgewiesen, bei dem der Mitarbeiter bis zum 31.12. des Beteiligungsjahres angestellt ist.

(4) Schließt ein Wirtschaftsjahr der Firma mit Verlust ab, wird dieser Verlust auf die künftigen Jahre vorgetragen und mit den Gewinnen dieses Jahres verrechnet. Gewinnanteile der Mitarbeiter, die aus den Vorjahren stammen, verringern sich durch Verluste nachfolgender Jahre nicht.

(5) Alle freiwilligen Sozialleistungen der Firma bleiben von der Gewinnbeteiligung unberührt.

(6) Die für das PIEROTH-VERSORGUNGSWERK jährlich aufgewendeten Beträge (Vorleistungsbetrag) werden dem Gewinn nach § 3 Abs. 2 hinzugerechnet. Diese Summe ist der verteilungsfähige Gewinn. Er wird im Verhältnis 1 : 1 zwischen Alt-Gesellschaftern und Mitarbeitern aufgeteilt.

(7) Von dem auf die Mitarbeiter entfallenden Anteil von 50 % des verteilungsfähigen Gewinnes wird der Vorleistungsbetrag wieder abgezogen, da diese Aufwendungen als Vorauszahlungen auf den Gewinnanteil gelten. Der verbleibende Betrag ist der zur Verteilung verfügbare Gewinnanteil der Gesamtheit der Mitarbeiter.

(8) Beispiele für die Errechnung des verteilungsfähigen Gewinnes und des Mitarbeiter-Gesamtanteils:

VORLÄUFIGER BRUTTOGEWINN
./. Ertragssteuern: Gewerbesteuer, Körperschaftssteuer,
= vorläufiger Nettogewinn gemäß Steuerbilanz
./. Eigenkapitalverzinsung 8 %
./. Risikoprämie 3 %
\+ Vorleistungsbetrag
= verteilungsfähiger Gewinn (= 100 %)
hiervon die Hälfte:
= Mitarbeiteranteil am verteilungsfähigen Gewinn (= 50 %)
./. Vorleistungsbetrag
= Mitarbeiter-Gesamtanteil

(9) Die Aufteilung des verteilungsfähigen Gewinnes im Verhältnis 1 : 1 zwischen Altgesellschaftern und Mitarbeitern wurde gewählt, da eine genaue Zurechnung des Gewinnes auf die betrieblichen Leistungsfaktoren nachweislich nicht möglich ist und mit der Halbierung eine plausible Aufteilung auf die Faktoren Arbeit und Kapital gegeben ist.

§ 4

Der Gewinnanteil der einzelnen Mitarbeiter

(1) 50 % des Mitarbeiter-Gesamtanteils (Sockelbetrag) werden zu gleichen Teilen auf alle berechtigten Mitarbeiter aufgeteilt. Diese Pro-Kopf-Verteilung soll dem sozialen Ausgleich zwischen den berechtigten Mitarbeitern dienen.

(2) Ebenfalls dem Ziel des sozialen Ausgleichs entspricht die Festlegung eines Mindest-Beteiligungsbetrages. Demnach darf der Beteiligungsbetrag eines vollzeitbeschäftigten Mitarbeiters nicht mehr als 20 % unter dem durchschnittlichen Beteiligungsbetrag aller vollzeitbeschäftigten Mitarbeiter liegen.
Die Errechnung dieses Mindestbeteiligungsbetrages wird nach einer der Personalabteilung bindend vorgeschriebenen Methode ermittelt.

(3) Für die Aufteilung der zweiten Hälfte des Mitarbeiter-Gesamtanteils (Lohnsummenbetrag) wird die Jahreslohnsumme des einzelnen Berechtigten zur Grundlage genommen. Diese Aufteilung soll dem Ziel der Leistungsbelohnung dienen.

(4) Spesen- und Kostenersatz (auch wenn lohnversteuert), Kostenpauschalen, sachliche Zuwendungen sowie Mietzuschüsse und Autogeldzahlungen gehören nicht zur Jahreslohnsumme. Sämtliche Beträge, die im Rahmen dieser Betriebsvereinbarung zugesagt sind, werden ebenfalls nicht zur Jahreslohnsumme gerechnet.

(5) Teilzeitbeschäftigte, die nach Arbeitsvertrag 50 % oder mehr der jeweils geltenden, wöchentlichen Arbeitszeit arbeiten, erhalten die Hälfte des Pro-Kopf-Betrages, Teilzeitbeschäftigte, deren persönliche Arbeitszeit nach Vertrag weniger als 50 % der regelmäßigen Wochenarbeitszeit beträgt, erhalten keinen Pro-Kopf-Betrag. Dafür wird für die Berechnung des Gewinnanteils der Jahreslohn oder das Jahresgehalt verdoppelt.
Die gleiche Regelung gilt für Auszubildende und Heimarbeiter.
Die Mindestbeteiligungsregelung gilt für diese Gruppen nicht.

(6) Schema für die Errechnung der Teilbeträge der berechtigten Mitarbeiter:

Mitarbeiter-Gesamtanteil
100 %

50 % "Sockelbetrag"	50 % "Lohnsummenbetrag"
SCHRITT 1: Ermittlung des individuellen Pro-Kopf-Betrages durch Aufteilung des Sockelbetrages auf alle beteiligungsberechtigten Mitarbeiter (ohne Auszubildende, Heimarbeiter und Teilzeitbeschäftigte, mit einer persönlichen Arbeitszeit unter 50 %	SCHRITT 2: Addition der indviduellen Jahreslohnsummen aller beteiligungsberechtigten Mitarbeiter. Dabei sind die Jahreslohnsummen der Auszubildenden, Heimarbeiter und Teilzeitbeschäftigten (unter 50 %) zu verdoppeln.
	SCHRITT 3: Feststellung der Summe aller negativen Differenzen zum Mindestbeteiligungsbetrag (vgl. AB II § 4 Abs. 2) und Abzug dieser Summe der jeweiligen Regelarbeitszeit).
	SCHRITT 4: Aus dem restlichen Lohnsummenbetrag wird der Lohnsummenbetrag pro Mitarbeiter entsprechend der individuellen Jahreslohnsumme ermittelt.

SCHRITT 5: Die Addition der Ergebnisse aus Schritt 1 und Schritt 4 ergibt die Gewinnanteile der vollzeitbeschäftigten Mitarbeiter und der teilzeitbeschäftigten Mitarbeiter mit einer persönlichen Arbeitszeit von 50 % und mehr.

§ 5

Die investive Verwendung der Gewinnanteile

(1) Die Gewinnanteile der Mitarbeiter verbleiben nach Abzug der Lohnsteuer und Sozialversicherung als Darlehen in der Firma.

(2) Die Zinsen auf das Darlehen verbessern das Einkommen des Mitarbeiters in den ersten Jahren noch nicht spürbar. Deshalb werden in den ersten drei Jahren die Gewinnanteile teilweise ausgezahlt und zwar vom
- ersten Anteil 18 %;
- zweiten Anteil 12 %;
- dritten Anteil 6 %.

(3) Die Barauszahlungen sind keine zusätzlichen Leistungen, sondern schmälern den insgesamt für den Mitarbeiter berechneten Gewinnanteil.

§ 6

Die Verzinsung der Darlehen

(1) Die auf die Darlehen gezahlten Zinsen sind nach deutschem Einkommensteuerrecht nicht Arbeitslohn, sondern Erträge aus Kapitalvermögen. Sie unterliegen daher weder der Lohnsteuer noch der Sozialversicherung.

(2) Ist das Darlehen eines Mitarbeiters deshalb zur Rückzahlung fällig geworden, weil der Mitarbeiter aus dem Dienste der PIEROTH-GRUPPE ausgeschieden ist, so wird das Darlehen bis zur Rückzahlung mit 4 % jährlich verzinst. In allen anderen Fällen, in denen das Darlehen oder einzelne Gewinnanteile zur Rückzahlung fällig werden, bleibt es bei der üblichen Verzinsung.

(3) In Verlustjahren entscheidet der Partnerschaftsausschuß über die Höhe der Verzinsung der Darlehen.

§ 7

Das Ende der investiven Bindung

Bei Auszahlung ist zu unterscheiden zwischen:
- einzelnen Gewinnanteilen, (vgl. AB § 8)
- dem gesamten Darlehen (die Summe mehrerer einzelner Gewinnanteile)
  (vgl. AB § 9)
- der Kapitalbeteiligung (Einlage), vgl. AB § 13).

§ 8

Die Auszahlung einzelner Gewinnanteile

(1) Wenn ein Mitarbeiter seine Einlage als stiller Gesellschafter geleistet hat - 3 Darlehensanteile wurden in stille Anteile umgewandelt - wird ab dem Folgejahr der jeweils 5 Jahre alte Gewinnanteil ausgezahlt. (Der Mitarbeiter hat nach 5 Jahren Gewinnbeteiligung die Möglichkeit im 6. Jahr seinen 1. Anteil umzuwandeln, im 7. Jahr den 2. Anteil und im 8. Jahr den 3. Anteil. Diese 3 Anteile müssen umgewandelt werden, wenn der Mitarbeiter eine Auszahlung wünscht. Die Auszahlung ist bei Umwandlung des 4. Anteils möglich. Der Mitarbeiter kann dann (im 9. Jahr) entscheiden, ob er den 4. Anteil in eine stille Beteiligung umwandelt oder auszahlen läßt.) Die Firma weist den Mitarbeiter jährlich schriftlich darauf hin, daß er zwischen weiterer Umwandlung und Auszahlung wählen kann. Meldet der Mitarbeiter daraufhin seine Wünsche nicht an, geht die Firma davon aus, daß der Mitarbeiter seine Gewinnanteile nicht umwandeln will.

(2) Die Auszahlung unterbleibt, wenn der Mitarbeiter bis zum 30.9. des Jahres, in dem ein Gewinnanteil zur Auszahlung fällig wird, schriftlich gegenüber der Personalabteilung der Firma erklärt, daß er diesen weiter seinem Kapitalkonto zuführen will. Diese Erklärung kann nicht widerrufen werden.

(3) Sowohl bei der Auszahlung als auch bei der Umwandlung gilt generell das "Nachrückverfahren": Es wird immer erst der jeweils älteste Gewinnanteil entweder ausbezahlt oder umgewandelt. Dies gilt z.B. dann, wenn der Mitarbeiter einmal ein oder mehrere Jahre ausgesetzt hat, seine Darlehen in Kapitalanteile umzuwandeln.

(4) Zieht es ein Mitarbeiter vor, den Vertrag über die stille Gesellschaft nicht abzuschließen, bleibt er weiter gewinnbeteiligt. Er hat jedoch keinen Anspruch auf die Auszahlung einzelner Gewinnanteile gemäß des § 8 Abs. 1. Bei Weiterbestehen des Arbeitsverhältnisses kann er dann frühestens zum Ende des Monats sein Darlehen kündigen, in dem er die betriebliche Altersgrenze überschreitet.

(5) Die Mitarbeiter können ihre im Betrieb gebundenen Gewinnanteile nicht gegenüber Dritten abtreten oder verpfänden.

(6) Vorhandene Verbindlichkeiten eines Mitarbeiters gegenüber einem Unternehmen der PIEROTH-GRUPPE sind gegen seine angesammelten Gewinnanteile sowie noch nicht ausgezahlten Zinsen und Barauszahlungen aufrechenbar.

§ 9

Die Rückzahlung des Darlehens

(1) Das Darlehen wird zum Ende des Monats zur Rückzahlung fällig, zu dem das Guthaben gekündigt wird oder in dem der Mitarbeiter aus den Diensten der PIEROTH-GRUPPE ausscheidet.

(2) Mit Eintritt der Fälligkeit endet die Unterteilung des Darlehens in einzelne Gewinnanteile.

(3) Das Darlehen wird zurückgezahlt:
- sofort: bei Tod oder Erwerbsunfähigkeit des Mitarbeiters,
- in drei gleichen Jahresraten: bei ordentlicher Kündigung des Arbeitsverhältnisses durch die Firma und bei Beendigung des Arbeitsverhältnisses im gegenseitigen Einvernehmen, soweit in der Vereinbarung nicht eine Rückzahlung in fünf Jahresraten getroffen wurde.
- in fünf gleichen Jahresraten: bei Kündigung des Arbeitsverhältnisses durch den Mitarbeiter und bei fristloser Entlassung oder außerordentlicher Kündigung durch die Firma.

§ 10

Die Mitarbeiter als Kapitalbeteiligte

(1) Der Mitarbeiter hat erstmalig nach fünf Jahren Gewinnbeteiligung die Möglichkeit, sich als stiller Gesellschafter bei der Firma zu beteiligen.

(2) Da sich der Ertrag (Verzinsung) der eingezahlten Kapitalanteile nach dem Gewinn der Firma richtet, erhält der Mitarbeiter damit die Chance, über die stille Beteiligung eine höhere Verzinsung zu bekommen.

(3) Die Firma bietet dem Mitarbeiter jeweils bis zum 30.9. eines Wirtschaftsjahres die Unterzeichnung des stillen Gesellschaftsvertrages an. Der Mitarbeiter seinerseits hat bis zum 31.12. Erklärungsfrist. Er hat also erstmals nach fünf Jahren, aber auch in nachfolgenden Jahren die Möglichkeit, sich für den stillen Gesellschaftsvertrag zu entscheiden.

(4) Da ein stiller Gesellschafter weiterhin seinen Gewinnanteil aufgrund seiner Arbeit erhält, besitzt er nach acht Jahren ein Darlehen aus fünf Gewinnanteilen und eine Kapitalbeteiligung bei der Firma, bestehend aus drei Kapitalanteilen.

(5) Die Summe der kumulierten Kapitalanteile aller stillen Gesellschafter ist grundsätzlich nach oben ebensowenig begrenzt, wie die kumulierten Kapitalanteile eines einzelnen stillen Gesellschafters.

(6) Die Firma kann das dem Mitarbeiter in dieser Betriebsvereinbarung eingeräumte Recht, sich als

stiller Gesellschafter zu beteiligen, und/oder sein Kapitalkonto über die Mindesteinlage hinaus weiter zu erhöhen, aussetzen. Die Geschäftsführung muß dies dem Partnerschaftsausschuß bis zum 30.9. eines Beteiligungsjahres schriftlich mitteilen. Eine solche Erklärung ist nur mit Wirkung ab Beginn des folgenden Beteiligungsjahres und nur für alle beteiligten Mitarbeiter möglich. Eine Beschränkung der Aussetzung auf einzelne Mitarbeiter oder Gruppen von Mitarbeitern ist ausgeschlossen.

§ 11

Die Einbringung der Kapitalanteile

(1) Die bei der Firma bestehenden Gewinnanteile werden durch Umbuchen vom Darlehens-Konto auf das Kapital-Konto des Mitarbeiters eingebracht.

(2) Bei anderen Gesellschaften stehende Gewinnanteile sind auf das Kapitalkonto des Mitarbeiters bei der Firma einzuzahlen.

§ 12

Teilnahme der Kapitalbeteiligten am Gewinn

(1) Die Kapitalbeteiligten nehmen am Jahresgewinn gemäß Steuerbilanz im Verhältnis ihrer Kapitalanteile teil. Die Mitarbeiter-Gesellschafter sind jedoch nicht am Verlust beteiligt, um zu vermeiden, daß sie dem vollen doppelten Risiko (Kapital und Arbeitsplatz) ausgesetzt sind.

(2) Bei der Errechnung des Gewinnes aus der Kapitalbeteiligung wird der Wert der Beteiligungen der Alt-Gesellschafter der Firma zum 31.12. des Beteiligungsjahres durch eine Wirtschaftsprüfungsgesellschaft ermittelt. Zu diesem Wert wird die Summe der stillen Beteiligungen addiert und zum Netto-Gewinn ins Verhältnis gesetzt.

§ 13

Die Auszahlung einzelner Kapitalanteile

(1) Es ist bei der Kapitalbeteiligung zu unterscheiden zwischen:
- der Gesamtsumme aller Kapitalanteile eines Mitarbeiters (Einlage),
- den ersten drei (Netto-) Gewinnanteilen, die in eine Kapitalbeteiligung umgewandelt werden (Sockeleinlage),
- die über die Sockeleinlage hinaus vom Mitarbeiter freiwillig in Kapitalanteile umgewandelten Beträge (freiwillige Einlage).

(2) Die Auszahlung der Einlage erfolgt entsprechend § 14 AB.

(3) Die Sockeleinlage kann außer den in § 9 Abs. 3 AB genannten Fällen nur bei Erreichen der Altersgrenze ausgezahlt werden.

(4) Die freiwillige Einlage wird je nach Wunsch des Mitarbeiters ganz oder teilweise ausgezahlt. Die teilweise Auszahlung ist nur in Höhe von jeweils jährlich umgewandelten Kapitalanteilen möglich.

(5) Die Mitarbeiter können ihre im Betrieb gebundenen Kapitalanteile nicht gegenüber Dritten abtreten oder verpfänden.

(6) Vorhandene Verbindlichkeiten eines Mitarbeiters gegenüber einem Unternehmen der PIEROTH-GRUPPE sind gegen seine angesammelten Kapitalanteile sowie noch nicht ausgezahlten Zinsen, Gewinne aus Kapitalanteilen und Barauszahlungen aufrechenbar.

§ 14

Die Beendigung der Kapitalbeteiligung

(1) Die Kündigung des Arbeitsverhältnisses ist auch die Kündigung der Kapitalbeteiligung.

(2) Die Kapitalbeteiligten haben einen Anspruch auf Abfindung in Höhe des Buchwertes, der zum Zeitpunkt des Ausscheidens des Kapitalbeteiligten auf seinem Kapitalkonto eingetragen ist.

(3) Eine Beteiligung an den stillen Reserven oder eine weitergehende Auseinandersetzung findet nicht statt.

(4) Abfindungsguthaben, die im Zusammenhang mit dem Ausscheiden des Mitarbeiters entstanden sind, werden bis zur Auszahlung mit 4 % verzinst. Im übrigen wird ein Abfindungsguthaben wie ein Darlehen nach TEIL A § 13 verzinst.

(5) Die Auszahlung der Abfindungsguthaben erfolgt nach der in § 9 für die Rückzahlung der Darlehen getroffenen Regelung.

§ 15

Regelungen bei Erreichen der Altersgrenzen

(1) In der Firma werden zwei Altersgrenzen unterschieden:
- die gesetzliche Altersgrenze und
- die betriebliche Altersgrenze.

(2) Die betriebliche Altersgrenze wird definiert für die männlichen Mitarbeiter bei 55 Jahren, bei den weiblichen Mitarbeitern bei 50 Jahren.

(3) Die Mitarbeiter, die die betriebliche Altersgrenze erreicht haben, können über die ihnen zufließenden Gewinnanteile und die in der Firma stehenden Darlehen und Kapitalanteile nach Belieben verfügen.
Der Mitarbeiter, der die betriebliche Altersgrenze erreicht hat, muß seine jeweiligen Entscheidungen bis 30.9. gegenüber der Firma schriftlich bekanntmachen.

(4) Mitarbeiter, die die gesetzliche Altersgrenze erreichen, haben die Möglichkeit, nach Ausscheiden aus der Firma ihre Darlehen und ihre Kapitaleinlagen im Unternehmen stehenzulassen. Dabei werden die Darlehen und die Kapitaleinlagen als Abfindungsguthaben mit 8 % verzinst.

§ 16

Zusammenfassung der Abwicklung von Darlehen und Kapitalbeteiligung

(1) Bei Fälligkeit werden bei einem Mitarbeiter das Darlehen aus der Gewinnbeteiligung und das Abfindungsguthaben aus der Kapitalbeteiligung für die weitere Behandlung zu einem Betrag, dem Abwicklungsguthaben, zusammengefaßt. Dieses ist entweder in drei oder in fünf Jahresraten auszuzahlen und einheitlich mit 4 % oder wie ein Darlehen zu verzinsen.

(2) Hierbei ist wie folgt zu verfahren:
a) Das Abfindungsguthaben aus der Kapitalbeteiligung, das sich stets bei der Firma befindet, ist auf das Konto:"Abwicklungsguthaben des Mitarbeiters" bei Fälligkeit umzubuchen.
b) Entsprechend sind Darlehen bei der Firma umzubuchen.
c) Darlehen bei anderen deutschen Gesellschaften sind zum gleichen Zeitpunkt von diesen Gesellschaften an die Firma zu Gunsten des Kontos:"Abwicklungsguthaben des betreffenden Mitarbeiters" zu überweisen.
(3) Beträgt das zurückzuzahlende Darlehen weniger als DM 3.000,-, so ist es statt in drei oder fünf Jahresraten auf einmal zu dem Zeitpunkt auszuzahlen, in dem anderenfalls die erste Jahresrate fällig gewesen wäre.
(4) Auszahlungen an Erben können erst erfolgen, wenn diese ihr Erbrecht nach den jeweils geltenden Bestimmungen, z.B. durch Vorlage eines Erbscheines, nachgewiesen haben.
Wird der Nachweis innerhalb Jahresfrist nicht geführt, so ist die Firma berechtigt, fällige Beträge zu hinterlegen.
(5) Die Abtretung oder Verpfändung von Forderungen, die dem Mitarbeiter aus dem PIEROTH-MODELL zustehen, ist der Firma gegenüber unwirksam.

(6) Ist in einem Beteiligungsjahr der aus allen Abwicklungsguthaben auszuzahlende Betrag höher als 10 % der Summe aller Darlehen und Kapitalbeteiligungen zu Beginn dieses Jahres, so kann der Partnerschaftsausschuß die Auszahlung der Abfindungsguthaben mit drei Jahresraten auf fünf Jahresraten verlängern, wenn dies im Hinblick auf die Sicherheit der Arbeitsplätze und im Interesse des Bestandes der PIEROTH-GRUPPE erforderlich ist.

§ 17

Die Mitbestimmung auf der Grundlage der Gewinn- und Kapitalbeteiligung

(1) Der Partnerschaftsausschuß wird bei der Firma gebildet. Diesem können auch Mitarbeiter anderer Gesellschaften der PIEROTH-GRUPPE angehören. Die Mitglieder werden wie folgt bestellt:
a) Fünf Mitglieder werden von der Geschäftsführung benannt.
b) Drei Mitglieder werden vom Betriebsrat benannt. Der Betriebsrat entscheidet über Personen mit einfacher Mehrheit aller Betriebsratsmitglieder.
c) Zwei Mitglieder werden von den stillen Gesellschaftern entsandt. Diese Mitglieder werden von den stillen Gesellschaftern aus ihrer Mitte gewählt. Die Wahl erfolgt analog den Bestimmungen der Wahl der Arbeitnehmervertreter zum Aufsichtsrat der Firma.

(2) Der Partnerschaftsausschuß wählt aus seiner Mitte einen Vorsitzenden und einen Stellvertreter. Der Partnerschaftsausschuß kann sich eine Geschäftsordnung geben.

(3) Der Partnerschaftsausschuß wird jeweils für drei Jahre bestellt. Die Konstituierung muß spätestens sechs Wochen nach der Wahl des neuen Betriebsrates erfolgt sein.

(4) Zu den Aufgaben der Mitbestimmungsrechte des Partnerschaftsausschusses zählen insbesondere:

- Prüfung der Verteilungsbasis und der Errechnung des verteilungsfähigen Gewinnes;
- Entscheidung über den Zeitpunkt der Einbeziehung neu zur PIEROTH-GRUPPE hinzugetretener Unternehmen, in die Regelungen dieser Betriebsvereinbarung.
- Prüfung von Sonderfällen und Anträgen aus den Reihen der beteiligten Mitarbeiter;
- laufende Information der Mitarbeiter über alle Angelegenheiten der Gewinn- und Kapitalbeteiligung;
- Kontrolle über die Abwicklung der Gewinn- und Kapitalbeteiligung.

(5) Den gewählten Vertretern der stillen Gesellschafter im Partnerschaftsausschuß ist die Ausübung der Befugnisse aus § 338 HGB übertragen. Sie haben vor allem das Recht, stellvertretend für alle Mitarbeiter-Kapitalbeteiligten die abschriftliche Mitteilung der jährlichen Bilanz zu verlangen und ihre Richtigkeit unter Einsicht der Bücher und Papiere zu prüfen.

(6) Jedes Mitglied des Partnerschaftsausschusses hat das Recht, einen Stellvertreter zu benennen. Dieser Stellvertreter muß bei Übernahme seines Mandats im Partnerschaftsausschuß dem Vorsitzenden namentlich benannt werden.

(7) Der Partnerschaftsausschuß entscheidet mit der Mehrheit seiner Mitglieder. Bei Änderung der Grundvereinbarung des PIEROTH-MODELLS ist die Zustimmung von mindestens sieben Mitgliedern erforderlich.

Teil C: Richtlinien für die PIEROTH-GRUPPE

Diese Richtlinien enthalten Entscheidungen und Anweisungen der Geschäftsführung der PIEROTH-GRUPPE, die bei der Durchführung des PIEROTH-MODELL'S bei in- und ausländischen Gesellschaften der Gruppe zu beachten sind.
Zur PIEROTH-GRUPPE gehören Unternehmen, an denen die Firma oder die Gesellschafter der Firma unmittelbar oder mittelbar zu 100 % beteiligt sind. Die Richtlinien sind mit dem Betriebsrat der Firma abgestimmt.

§ 1

Die Rechtsgrundlage der Gewinn- und Kapitalbeteiligung

(1) Es besteht Übereinstimmung, daß unter Berücksichtigung der wirtschaftlichen und rechtlichen Gegebenheiten jeweils versucht wird, die Mitarbeiter aller Firmen der PIEROTH-GRUPPE an den Leistungen entsprechend oder analog des PIEROTH-MODELL teilhaben zu lassen.
Über die Übertragung des PIEROTH-MODELL - ganz oder teilweise - auf andere Gesellschaften der PIEROTH-GRUPPE im In- und Ausland entscheidet in jedem Fall der Partnerschaftsausschuß. Der Partnerschaftsausschuß entscheidet dabei sowohl über die Übertragung als auch die Modalitäten der Übertragen des PIEROTH-MODELL auf eine Gesellschaft der PIEROTH-GRUPPE.

(2) Hat eine Gesellschaft der PIEROTH-GRUPPE, deren Mitarbeiter bereits entsprechend oder analog dem PIEROTH-MODELL beteiligt sind, mindestens zwei Jahre in ununterbrochener Reihenfolge Verlust gemacht, kann der Partnerschaftsausschuß darüber entscheiden, ob die Mitarbeiter dieser Gesellschaft weiter am PIEROTH-MODELL teilhaben können.

(3) Die Ausweitung der Leistungen entsprechend oder analog dem PIEROTH-MODELL auf andere Gesellschaften der PIEROTH-GRUPPE bedürfen der schriftlichen Zustimmung durch den Partnerschaftsausschuß.

(4) Bei der Auslegung der Regelung entsprechend oder analog dem PIEROTH-MODELL in andere Gesellschaften ist die deutschsprachige Betriebsvereinbarung maßgebend.

§ 2

Der Anspruch auf Gewinnbeteiligung

(1) Beteiligungsjahr ist für alle Unternehmen und Gesellschaften, die in das PIEROTH-MODELL einbezogen sind, das Kalenderjahr.

(2) Der Anspruch auf Gewinnbeteiligung des einzelnen Mitarbeiters entsteht jeweils gegenüber der Gesellschaft, bei der der Mitarbeiter am 31.12. eines Gewinnbeteiligungsjahres in ungekündigtem Arbeitsverhältnis beschäftigt ist.

(3) Die Brutto-Gewinnanteile gehen zu Lasten des Ergebnisses der Gesellschaft, bei der der Mitarbeiter am Ende des Beteiligungsjahres angestellt ist.

(4) Zur Berechnung der auf die einzelnen Mitarbeiter entfallenden Gewinnanteile haben die anderen Gesellschaften der PIEROTH-GRUPPE die berechtigten Mitarbeiter unter Angabe der erforderlichen Daten, wie z.B. Jahreslohn oder Jahresgehalt, Teilzeitbeschäftigte (%) bis spätestens 15.2. des Folgejahres der Personalabteilung der Firma mitzuteilen.
Von ausländischen Gesellschaften sind dabei Jahreslohn oder -gehalt in Landeswährung mitzuteilen. Die Umrechnung auf DM erfolgt zum Mittelkurs (Geld/Brief der Notierung der Frankfurter Börse am letzten Börsentag des Beteiligungsjahres). Entsprechend wird bei der Umrechnung des in DM anfallenden Gewinnanteils in die Landeswährung verfahren.

Von der Personalabteilung sind an andere Gesellschaften die einzelnen Brutto-Gewinnanteile umgehend nach der Berechnung mitzuteilen, an ausländische Gesellschaften in Landeswährung.
Bei ausländischen Gesellschaften der PIEROTH-GRUPPE werden das Gewinnzertifikat und der Kontoauszug in der betreffenden Landeswährung ausgestellt.

(5) Nach Durchführung der Versteuerung durch die jeweilige Gesellschaft sind die nach Einbehaltung der Lohnsteuer und Sozialversicherung u.a. verbleibenden Netto-Gewinnanteile ebenfalls umgehend wieder der Personalabteilung der Firma mitzuteilen.

(6) Die Netto-Gewinnanteile sind grundsätzlich in der Bilanz der Gesellschaften als Darlehen der Mitarbeiter auszuweisen.

§ 3

Die Obertragung der Darlehen

(1) Wechselt ein Mitarbeiter zu einer anderen Gesellschaft der PIEROTH-GRUPPE, ist ein Darlehen - unterteilt nach Gewinnanteilen zum 1. des Monats, der dem Wechsel folgt, einschließlich der bis zu diesem Zeitpunkt aufgelaufenen Zinsen - grundsätzlich von der alten auf die neue Gesellschaft zu übertragen.

(2) Die Obertragung ist umgehend dem Mitarbeiter und der Personalabteilung - bei Mitarbeitern ausländischer Gesellschaften unter Angabe des Umrechnungskurses - schriftlich mitzuteilen.

(3) Soweit Mitarbeiter vor Inkrafttreten dieser Regelung gewechselt haben, sind die bei anderen Gesellschaften stehenden Darlehen (einschl. anteiliger Zinsen für 1974) zum 31.12.1974 auf die Gesellschaft, bei der er zu diesem Zeitpunkt beschäftigt ist, zu übertragen (Obergangsregelung).

(4) Der Partnerschaftsausschuß bestimmt in begründeten Einzelfällen darüber, ob ein Mitarbeiter einer nichtdeutschen Gesellschaft der PIEROTH-GRUPPE seine Netto-Gewinnanteile als Darlehen in die Firma einzahlen kann.

Die Personalabteilung der Firma führt über diese Fälle eine Liste. Das Risiko dieser Obertragungen (Devisenbestimmungen des betreffenden Landes etc.) trägt der Mitarbeiter.

§ 4

Die Mitarbeiter als Kapitalbeteiligte

(1) Mitarbeiter inländischer Gesellschaften der PIEROTH-GRUPPE können sich bei der Gesellschaft als stille Gesellschafter beteiligen.

(2) Mitarbeiter ausländischer Gesellschaften können sich unter den gleichen Bedingungen in Form eines partiarischen Darlehens (Darlehen mit Gewinnbeteiligung) bei der Firma beteiligen.

(3) Die Kapitalbeteiligung kann nur einheitlich, d. h. entweder in Form der stillen Gesellschaft oder des partiarischen Darlehens erfolgen.

(4) Wechselt ein Mitarbeiter von einer inländischen zu einer ausländischen Gesellschaft, wird seine stille Beteiligung automatisch zum partiarischen Darlehen. Umgekehrt wird ein partiarisches Darlehen automatisch zur stillen Beteiligung, wenn ein Mitarbeiter von einer ausländischen zu einer inländischen Gesellschaft wechselt.

(5) Auch bei ausländischen Gesellschaften der PIEROTH-GRUPPE muß die schriftliche Erklärung des Mitarbeiters, ob er sich in Form eines partiarischen Darlehens bei der Firma beteiligen will bis zum 30.9. des betreffenden Jahres bei der Firma eingegangen sein, bei der der Mitarbeiter angestellt ist. Die ausländische Gesellschaft ist verpflichtet, die Erklärungen spätestens bis zum

10.10. an die Personalabteilung der Firma weiterzugeben.

§ 5

Das Einbringen der Kapitalanteile

(1) Für Mitarbeiter anderer deutscher Gesellschaften werden die Einlagen als stille Gesellschafter bei Pieroth dadurch eingezahlt, daß die Gesellschaft zu Beginn eines Beteiligungsjahres die Netto-Gewinnanteile der Mitarbeiter zu Lasten der Darlehenskonten an Pieroth zur Gutschrift auf den Einlagekonten der Mitarbeiter überweist.

(2) Entsprechend ist von ausländischen Gesellschaften bei den Einzahlungen auf die Konten partiarischer Darlehen zu verfahren, wenn die Oberweisung nach Landesrecht möglich und die Firma an der Entgegennahme der Zahlungen nicht durch gesetzliche Bestimmungen (z.B. Bardepot-Gesetz) gehindert ist.

§ 6

Die Teilnahme der Kapitalbeteiligten am Gewinn

(1) Die partiarischen Darlehen werden in Höhe des jährlich auf die stille Beteiligung entfallenden Gewinnes verzinst. Eine Hinzurechnung entsprechend AB § 12 Abs. 2 findet nicht statt.

(2) Ist der auf die Einlage als stiller Gesellschafter entfallende Gewinn höher als 8 %, so zahlt die Firma an die Mitarbeiter ausländischer Gesellschaften als Kapitalbeteiligte 8 % Zinsen auf das partiarische Darlehen. Der 8 % übersteigende Betrag wird von der ausländischen Gesellschaft, bei der der Mitarbeiter angestellt ist, als Prämie ausgezahlt. Die 8 % Zinsen werden von der Firma an die ausländische Gesellschaft zur Auszahlung überwiesen, falls der Oberweisung keine gesetzlichen Vorschriften entgegenstehen. Bei der Auszahlung durch die ausländische Gesellschaft sind die Zinsen nach den jeweils bestehenden Doppelbesteuerungsabkommen zahlbar. Die Prämie ist Arbeitslohn und nach den steuerrechtlichen Vorschriften des betreffenden Landes zu versteuern.

(3)Die Auszahlungendurch ausländische Gesellschaften erfolgen in der Landeswährung.

§ 7

Abtretung und Verpfändung

Die Abtretung und Verpfändung von Forderungen, die dem Mitarbeiter aus dem PIEROTH-MODELL zustehen, ist nicht nur gegenüber der Firma, sondern auch gegenüber anderen Gesellschaften der PIEROTH-GRUPPE unwirksam.

§ 8

Auszahlung an Erben, Verwirkung

Auszahlungen an Erben können erst erfolgen, wenn diese ihr Erbrecht nach den jeweils geltenden Bestimmungen, z.B. durch Vorlage eines Erbscheines, nachgewiesen haben. Wird der Nachweis nicht innerhalb Jahresfrist geführt, so verfallen diese Ansprüche.
Die Firma muß diese Beträge der Unterstützungskasse der Firma zuführen.

GPSR Compliance

The European Union's (EU) General Product Safety Regulation (GPSR) is a set of rules that requires consumer products to be safe and our obligations to ensure this.

If you have any concerns about our products, you can contact us on ProductSafety@springernature.com

In case Publisher is established outside the EU, the EU authorized representative is:

Springer Nature Customer Service Center GmbH
Europaplatz 3
69115 Heidelberg, Germany

Batch number: 10809468

Printed by Printforce, the Netherlands